TEXTBÜCHER ZU STUDIEN ÜBER
WIRTSCHAFT UND STAAT
HERAUSGEGEBEN VON PROF. DR. J. JASTROW

BAND 2

ARBEITERSCHUTZ

BERLIN 1912
DRUCK UND VERLAG VON GEORG REIMER

Vorwort.

Das vorliegende zweite „Textbuch“ ist nach denselben Grundsätzen bearbeitet, wie das erste. Die Stücke sind so ausgewählt und angeordnet, daß sie in der Reihenfolge gelesen werden können, in der sie zum Abdruck gebracht sind.

Einem Textbuche zum Arbeiterschutz erwächst aus der wenig einladenden äußeren Gestalt der meisten einschlägigen Gesetze eine nicht geringe Schwierigkeit. Namentlich das „Deutsche Arbeiterschutzgesetz“, wie man den Titel VII unserer Gewerbeordnung zu nennen pflegt, zeigt die ganze Unbeholfenheit, die dieses so oft umgearbeitete Gesetzeswerk im Laufe der Zeit angenommen hat. Nach meinen Erfahrungen ist die beste Vorbereitung auf die Lektüre der Gewerbeordnung ein Auszug daraus mit Inhaltsangaben, aus denen die Systematik der Anordnung, soweit eine solche vorhanden ist, hervorgeht. Daß daher bei diesen und ähnlichen Gesetzen nicht der ganze Text, sondern nur die wichtigeren Abschnitte und Paragraphen gegeben werden, geschieht nicht bloß aus Rücksicht auf den Raum; für eine erste Lektüre dieser Gesetze muß auch grundsätzlich die Auswahl als der richtige Weg angesehen werden. Durch Anführung billiger Gesetzesausgaben ist überall die Anleitung gegeben, wie auch bei beschränkten Mitteln eine kleine Büchersammlung über Arbeiterschutz zusammengestellt werden kann. Eine derartige Einführung in die Gesetzeslektüre wird in einer Zeit, in der nicht nur Juristen und Verwaltungsbeamte, sondern auch in steigender Zahl Arbeitgeber und Arbeiter in Gewerbegerichten, Kaufmannsgerichten, öffentlichen und privaten Einigungsämtern etc. zur Handhabung dieser Gesetze berufen werden, eine immer wichtigere Aufgabe. — Dem neusten deutschen Gesetze, dem Hausarbeitsgesetz vom 20. Dezember 1911, sind die wichtigsten Teile der Ausführungsanweisungen beigegeben, da die Ausführung des Gesetzes gerade in die Zeit des Erscheinens dieses Textbuches fällt.

Als Beispiel der Ideenentwicklung über Arbeiterpolitik im allgemeinen sind einige Abschnitte aus dem Kommunistischen Manifest und der Enzyklika Rerum Novarum, sowie die Kaiserlichen Erlasse von 1881 und 1890 abgedruckt worden. Ich glaube nicht, daß auf hundert Personen, die das Kommunistische Manifest gelesen haben, eine kommt, der jene Enzyklika aus eigener Anschauung bekannt ist, und umgekehrt. Wenn diese Stücke dem einzelnen Benutzer zeigen, daß außer dem Ideenkreise, in dem er sich bewegt, noch andere existieren, deren Dokumente gedruckt sind und gelesen werden können, so haben sie ihren nächsten Zweck erfüllt.

Die internationale Seite des Arbeiterschutzes ist dadurch gewahrt, daß neben Deutschland namentlich auch England sowie dessen koloniale Entwickelung in Neuseeland und Australien berücksichtigt sind. Die Berner Konventionen sind in der Art abgedruckt, daß sie gleichzeitig ein Beispiel der äußeren Förmlichkeiten völkerrechtlicher Abmachung gewähren. Nachweise über amtliche Materialien in allen Ländern der Erde findet man in den Beigaben.

Das Register ist so eingerichtet, daß man mit seiner Hilfe für jedes nur einigermaßen wichtige Gewerbe zum mindesten die Einsatzpunkte für weitere Studien auffinden kann.

Allen denen, die mich bei der Herstellung dieses Textbuches mit Rat, Auskunft und Materialbeschaffung unterstützt haben, insbesondere dem Internationalen Arbeitsamt zu Basel und seinem Leiter, Professor Dr. Bauer, sage ich auch an dieser Stelle meinen verbindlichsten Dank.

Charlottenburg-Berlin, im September 1912.
Nußbaumallee 24.

Der Herausgeber.

Inhalt.

Zweiter Teil:
Das geltende deutsche Arbeiterschutz-Recht.

Buchstaben bei Fußnoten [a]) [b]) [c]), eckige Klammern [ ] und — wenn nicht ein anderes ausdrücklich bemerkt — *schräge Schrift* bezeichnen Zusätze des Herausgebers.

RGBl. = Reichsgesetzblatt. — GS. = (Preußische) Gesetzsammlung. — GO. = Gewerbeordnung. — GGG., KGG. = Gewerbegerichtsgesetz, Kaufmannsgerichtsgesetz. — BGB., HGB. = Bürgerliches Gesetzbuch, Handelsgesetzbuch.

| = Absatz.

Erster Teil: Geschichte.

I. Die alte Gewerbeverfassung.

1] a) Allgemeines Landrecht (1794.)

Allgemeines Landrecht für die preußischen Staaten. Berlin 1794 u. ö. in zahlreichen amtlichen Ausgaben. — Anerkannt klassischer Kommentar von C. F. Koch, seit 1852 (die neueren Auflagen jedoch unter Weglassung aufgehobener Teile).

In allen europäischen Staaten hatte sich seit dem Mittelalter das Gewerbe in korporativer Verfassung entwickelt: wie es betrieben werden sollte, bestimmte in den Hauptpunkten die Körperschaft der Berufsgenossen (Innung, Zunft, Gilde). Der aufgeklärte Despotismus des 18. Jh. suchte diese Körperschaften beiseite zu schieben, indem er die Reglementierung der Gewerbe den Staatsbehörden übertrug; gleichzeitig suchte er, sich ihrer zu bedienen, um etwaige Gesellenverbände vollständig niederzuhalten.

Ein ungefähres Bild der Zustände bei Ausgang des 18. Jh. gibt das von Friedrich d. Gr. veranlaßte, unter seinem Nachfolger verkündete „Allgemeine Landrecht für die Preußischen Staaten" in Teil II, Titel 8, Abschn. 3 „Von Handwerkern und Zünften". Geltung beanspruchte das Landrecht nur, soweit nicht Provinzial- und Ortsrechte ein anderes bestimmten. Diese gab es allerdings für alle Gewerbe. Aber die Tendenz, in der ihre letzten Neuredigierungen sich vollzogen hatten, spiegelt sich in dem Landrecht sehr getreu wieder. — Aus dem folgenden Abschn. 4 sind die Bestimmungen über „Fabrikanten" herausgehoben. Das Aufkommen von Fabriken war eine Durchbrechung der Zunftverfassung und wurde als solche vom Absolutismus beschützt.

2] Von Handwerkern und Zünften.

Allgemeine Grundsätze.

§. 179. Wo bisher eine Art von Gewerbe in keine Zunft und Innung eingeschlossen gewesen ist, da soll auch ferner der Betrieb desselben einem Jeden, welcher damit fortzukommen sich getrauet, frei und unverschränkt sein.

§. 180. Doch muss Jeder, welcher dergleichen Gewerbe anstellen will, zuvor der Obrigkeit des Orts davon Anzeige machen.

§. 181. Wo Zünfte sind, muss ein Jeder, der in der Stadt ein zunftmässiges Gewerbe treiben will, sich in dieselben aufnehmen lassen.

§. 182. Neue Zünfte zu errichten, kommt allein dem Landesherrn zu.

§. 183. Der Landesherr allein hat das Recht, eine bisher ungeschlossen gewesene Zunft in eine geschlossene zu verwandeln; d. h. die Zahl der Mitglieder, aus welchen die Zunft an einem Orte bestehen soll, zu bestimmen.

§. 184. Auch wo geschlossene Zünfte sind, bleibt dem Staate nach wie vor das Recht, nach Befinden der Umstände, Freimeister anzustellen.

Verfassung der Zünfte.

§. 190. Zur Errichtung einer eigenen Zunft in einer Stadt werden wenigstens Drei daselbst wohnende Meister erfordert.

§. 191. Die Zünfte haben, gleich der ganzen städtischen Gemeine, zu welcher sie gehören, die Rechte privilegirter Corporationen.

§. 192. Ihre innere Verfassung, und die Rechte und Pflichten der Zunftgenossen, sind hauptsächlich nach den vom Staate ertheilten oder bestätigten Gildebriefen, Innungsprivilegiis und Zunftartikeln zu beurtheilen.

§. 193. Sie stehen unter der Aufsicht des Magistrats, und des von demselben verordneten Beisitzers.

§. 194. Ausserordentliche Versammlungen können nur mit Vorwissen und Genehmigung des Beisitzers veranlasst werden.

§. 198. Die Zünfte können in ihren Versammlungen nichts beschliessen, was allgemeinen Polizeigesetzen zuwider ist, oder dem gemeinen Besten überhaupt nachtheilig werden könnte.

§. 199. Sie dürfen keinen Preis der von den Zunftgenossen zu verfertigenden Arbeiten bestimmen.

§. 200. Sie müssen es der Obrigkeit allein überlassen: ob die Festsetzung einer Taxe nothwendig und rathsam sei.

§. 201. Soll jedoch dergleichen Taxe bestimmt werden: so muss die Obrigkeit die Zunftältesten zuziehen, und mit ihrem Gutachten hören.

§. 202. Keine Zunft ist berechtigt, ihren Genossen die Vollendung der von einem andern angefangenen Arbeit zu untersagen.

§. 205. Wie weit übrigens zu den Zunftschlüssen obrigkeitliche oder landesherrliche Genehmigung und Bestätigung hinzukommen müsse, ist nach den allgemeinen Grundsätzen von Corporationen überhaupt, und von Stadtcommunen insonderheit zu bestimmen.

§. 206. Neue Zunftartikel vorzuschreiben, ist der Landesherr allein berechtigt.

§. 207. Auch bleibt dem Staate das Recht, die bisherigen Innungsartikel, nach den Erfordernissen des gemeinen Besten, zu bestimmen und abzuändern.

§. 208. Doch sollen in beiden Fällen (§. 206. 207.), die Zünfte zuvörderst allemal mit ihrer Nothdurft und etwanigen Gegengründen vernommen werden.

§. 213. Die Zunftältesten sind die Verwalter des gemeinschaftlichen Zunftvermögens.

§. 214. Sie stehen dabei zunächst unter der Aufsicht des Beisitzers, und mittelbar unter der Oberaufsicht des Magistrats.

Zunftzwang. §. 224. Der Zunftzwang besteht in dem Rechte, die Treibung eines zunftmässigen Gewerbes, innerhalb des der Zunft angewiesenen Distrikts, allen, welche weder zur Zunft gehören, noch vom Staate besonders privilegirt sind, zu untersagen.

§. 225. Handwerker, welche als Freimeister, oder sonst, ein besonderes Privilegium vom Staate erhalten haben, müssen die darin gesetzten Schranken, bei Verlust ihres Rechts, genau beobachten.

§. 226. Wer den Rechten der Zünfte unbefugter Weise Eingriff thut, dem soll das Handwerkszeug genommen, und zum Besten der Zunftcasse an den Meistbietenden verkauft werden.

§. 227. Bei beharrlicher Fortsetzung solcher Eingriffe ist die Zunft berechtigt, auf die Wegschaffung des Fuschers aus ihrem Zunftdistrikte anzutragen.

§. 238. Die Wittwe eines Zunftgenossen kann, wo nicht die Zunftartikel ein Anderes verordnen, das Gewerbe ihres Mannes durch Gesellen fortsetzen.

§. 245. Keine Zunft darf der andern Eingriffe in ihre Geschäfte thun.

§. 246. Kein Zunftgenosse darf die Vollendung einer Arbeit, die nach der Verfassung für eine andere Zunft gehört, weder selbst, noch durch unzünftige Gesellen bewirken.

Meisterrecht; dessen Erlangung. §. 247. Was ausser der Gewinnung des Bürgerrechts, zur Aufnahme in eine Zunft, als Meister, erforderlich sey, bestimmen die Zunftartikel und Gildebriefe.

§. 248. Niemanden soll die Aufnahme in eine Zunft, als Meister, bloss aus dem Grunde, weil er bereits verheirathet ist, versagt werden.

§. 249. Wer einmal als Lehrbursche, und in der Folge als Geselle, in eine Zunft gehörig aufgenommen worden, dem darf die Zunft die Aufnahme als Meister, wenn er übrigens den Erfordernissen der Innungsartikel ein Gnüge leistet, unter keinerlei Vorwand verweigern.

§. 250. Wer Meister werden will, muss seinen Lehrbrief und seine Kundschaft der Zunft vorlegen, und dadurch seine bisherige gute Aufführung nachweisen.

§. 251. Vor der Aufnahme muss er ein Meisterstück, unter Aufsicht der Aeltesten, ohne fremde Beihülfe verfertigen.

§. 252. Durch Aufgebung allzu kostbarer oder unverkäuflicher Meisterstücke soll Niemanden der Eintritt in die Zunft erschwert werden.

Von Lehrlingen.

§. 278. Wer Lehrbursche werden will, muss sich bei der Zunft einschreiben lassen.

Aufnahme derselben.

§. 279. Wegen unehelicher Geburt soll Niemanden, welcher die Legitimation erhalten, (Tit. 2. §. 592—608.) die Aufnahme in die Lehre versagt werden.

§. 280. Nur diejenigen, welche bisher die Geschäfte eines Schinders oder Abdeckers wirklich getrieben haben, ist eine Zunft oder Innung aufzunehmen nicht schuldig.

§. 281. Ausserdem kann eine Zunft nur die Aufnahme solcher Lehrlinge verweigern, die wegen eines körperlichen Gebrechens, oder eines offenbaren Mangels an Verstandeskräften, zur Erlernung des Handwerks, dem sie sich widmen wollen, untauglich sind.

§. 282. In wie fern Personen, die einer Herrschaft unterthänig sind, bei einer Zunft als Lehrburschen angenommen werden können, ist im vorigen Titel verordnet. (Tit. 7. §. 172. sqq.)

§. 283. Die Wahl des Meisters, bei welchem Jemand in die Lehre treten soll, steht dessen Aeltern, Vormündern, oder den Vorstehern öffentlicher Anstalten, in welchen der künftige Lehrling erzogen wird, frei.

§. 284. Kann ein Lehrling keinen Lehrmeister finden: so sind die Innungsältesten schuldig, für die Unterbringung desselben möglichst zu sorgen.

§. 285. Meister, die noch keine Lehrburschen, und doch hinlängliche Arbeit haben, können durch einen Schluss der Zunft zur Annahme eines solchen Lehrlings, auch wider ihren Willen angehalten werden.

§. 286. Nur alsdann, wenn alle Innungsmeister an einem Orte mit einer hinlänglichen Anzahl von Lehrlingen schon versehen sind, kann die Zunft den, welcher sich zur Aufnahme meldet, vor der Hand, und bis unter den vorhandenen Lehrlingen eine Stelle ledig wird, abweisen.

§. 290. Wo das Lehrgeld und die Lehrjahre in den Zunftartikeln nicht festgesetzt sind, muss beides entweder durch einen schriftlichen Vertrag, oder in dem bei der Aufnahme des Lehrlings abzuhaltenden Protokolle festgesetzt werden.

Pflichten des Meisters.

§. 292. Die Pflicht des Meisters ist, dem Lehrlinge die nöthige Anweisung zu den Kenntnissen zu geben, welche zu einem ordentlichen Betriebe des Gewerbes erforderlich sind.

§. 293. Auch muss er denselben zu guten Sitten und fleissiger Besuchung des öffentlichen Gottesdienstes anhalten, vor Ausschweifungen und Gelegenheiten zu Lastern möglichst hüten, und zu einer anhaltenden nützlichen Thätigkeit gewöhnen.

§. 294. Wer einen Lehrling annimmt, welcher im Lesen und Schreiben, und in der Religion, den nöthigen Unterricht noch nicht erhalten hat, ist schuldig denselben bis zur Erlangung dieser Kenntnisse zur Schule zu halten.

Pflichten des Lehrlings.

§. 295. Der Lehrling muss sowohl in Gewerks-, als häuslichen Angelegenheiten, den Anordnungen des Lehrherrn Gehorsam leisten.

§. 297. Zu Gesindediensten darf der Meister den Lehrling nur in so fern brauchen, als dadurch die Erlernung des Handwerks nicht versäumt wird.

Recht der Zucht.

§. 298. Dem Lehrherrn gebührt das Recht, den Lehrling, nach Erforderniss der Umstände, mässig zu züchtigen.

§. 299. Er darf aber dabei die einem Vater vorgeschriebene Gränzen nicht überschreiten. (Tit. 2. §. 86 sqq.)

§ 301. Ein von dem Meister gemisshandelter Lehrbursche soll von den Aeltesten, bis zur Vollendung seiner Lehrjahre, bei einem andern Meister untergebracht werden.

§. 302. Die dazu erforderlichen Kosten muss der vorige Meister tragen; doch kommt demselben darauf das bei der Annahme des Lehrlings etwa bedungene, und noch rückständige Lehrgeld zu gute.

Aufhebung des Vertrages zwischen dem Meister und Lehrlinge,

a) durch den Tod des erstern.

§ 303. Stirbt der Meister: so haben der Lehrling, oder dessen Aeltern, Vormünder, oder Pfleger die Wahl: ob sie ihn bei der das Handwerk fortsetzenden Wittwe lassen, oder zu einem andern Meister bringen wollen.

b) durch Entweichung des letztern.

§ 308. Wenn der Lehrbursche ohne gegebene Ursache aus der Lehre entläuft: so muss dem Meister das Lehrgeld auch für das ganze noch laufende Jahr bezahlt, und er überdem, wegen des, aus dem Verluste des Lehrlings, oder den Kosten bei der Annahme eines andern, etwa entstandenen Nachtheils schadlos gehalten werden.

§. 309. Auch muss ein solcher Lehrling, wenn er in der Folge wiederum zu einem Meister gebracht wird, die Lehrjahre, auf Verlangen desselben, von neuem anfangen.

c) durch Ergreifung eines andern Gewerbes.

§. 310. Wenn der Lehrbursche ein anderes Gewerbe ergreifen will: so hat der Meister das Lehrgeld nicht nur für die verflossenen Lehrjahre, sondern auch für das ganze noch laufende zu fordern.

Rechte des Meisters in Ansehung des Lehrgeldes.

§. 311. So lange das Lehrgeld nicht vollständig berichtigt ist, kann der Meister den Lehrling loszusprechen nicht angehalten werden.

§. 312. Ist der Lehrling das rückständige Lehrgeld zu entrichten unvermögend; so muss er dem Meister eine gewisse Zeit, noch über die gewöhnlichen oder bedungenen Lehrjahre, unentgeltlich dienen.

§. 313. Ist in den Zunftartikeln keine Zeit bestimmt: so muss dieselbe nach dem billigen Ermessen der Gewerksältesten, und allenfalls durch einen Zunftschluss, festgesetzt werden.

§. 315. Einen Lehrling, welcher sich grober Veruntreuungen schuldig macht; oder sich den Anweisungen des Meisters hartnäckig widersetzt; oder den Meister oder dessen Familie, durch Thätlichkeiten, oder andre grobe Beschimpfungen vorsätzlich beleidigt; oder sich, aller Ermahnungen und Züchtigungen ungeachtet, einem liederlichen Wandel ergiebt; oder nach dem Befinden der Aeltesten zu der Erlernung des Handwerks gar keine Fähigkeit zeigt, kann der Meister zurückschicken.

§. 316. In diesen, so wie in allen übrigen vorstehend nicht bestimmten Fällen, wo die Lehrzeit ohne Schuld des Meisters nicht ausgehalten wird, kann derselbe das rückständige Lehrgeld, nach Verhältniss der verflossenen Zeit, und für das ganze laufende Jahr fordern.

Krankheiten der Lehrlinge.

§. 317. Die Verpflegung eines kranken Lehrlings aus eignen Mitteln kann einem Meister, welcher dieselbe im Vertrage nicht ausdrücklich übernommen hat, nicht zugemuthet werden.

§. 318. Wird der Lehrling durch eine kürzere als Drei Monate dauernde Krankheit an der Fortsetzung der Lehre gehindert: so wird ihm dieser Zwischenraum auf die gesetzmässige oder verabredete Lehrzeit nicht abgerechnet.

§. 319. Hat aber die Krankheit länger gedauert: so kommt es auf die Beurtheilung des Meisters und der Zunftältesten an: in wie fern der Lehrling die versäumte Zeit nachlernen müsse.

Lehrzeit.

§. 320. Dem Lehrherrn steht frei, dem Lehrburschen, zur Belohnung seines Fleisses, einen Theil der Lehrzeit zu erlassen.

§. 321. Ist die Lehrzeit gesetzlich bestimmt: so kann höchstens nur der Dritte Theil derselben erlassen werden.

§. 322. Allemal aber ist zu einem solchen Erlasse die Einwilligung der Aeltesten, nach angestellter Prüfung, erforderlich.

Losspreches.

§. 323. Nach geendigter Lehrzeit muss der Meister den Lehrburschen der versammelten Zunft, zur Prüfung und Aufnahme als Geselle, vorstellen.

§. 324. Bei dieser Aufnahme sind weder Schmausereien auf Kosten des Gesellen, noch andere Erpressungen, auch keine unanständige oder der Gesundheit nachtheilige Gebräuche zulässig.

Von Gesellen.

§. 325. Dem neu aufgenommenen Gesellen muss ein Lehrbrief, unter Vollziehung der Aeltesten und des Beisitzers, mit Beidrückung des Gewerkssiegels ausgefertigt werden.

Wanderschaft und Verhalten auf derselben.

§. 326. Wie lange die Wanderschaft des neu aufgenommenen Gesellen dauern müsse, bestimmen die Innungsartikel einer jeden Zunft.

§. 327. Ein Geselle kann zwar, ohne Nachtheil seines Standes, bei einer Herrschaft in Dienste treten;

§. 328. Die daselbst zugebrachte Zeit aber wird ihm auf seine Wanderjahre nicht abgerechnet.

§. 329. Nur die Landes-Polizei-Instanz kann, nach Bewandniss der Umstände, die Zeit der Wanderschaft verkürzen, oder auch eine gänzliche Befreiung davon ertheilen.

§. 330. Die Wanderschaft soll in der Regel niemals ausserhalb Landes gehen.

§ 331. Nur in besonderen Fällen kann die Landes-Polizei-Instanz die Erlaubniss dazu ertheilen.

§. 334. Das Betteln um Zehrpfennige ist auch den wandernden Gesellen nicht erlaubt.

§. 335. Sie müssen sich gleich nach ihrer Ankunft an einem Orte bei den Gewerksältesten melden.

§. 336. Diese müssen dem Eingewanderten sogleich seine Kundschaft abfordern.

§. 337. Kann er keine Kundschaft vorzeigen: so muss er an den Ort seines vorigen Aufenthalts zurückgewiesen werden.

§. 338. Leistet er dieser Anweisung keine Folge; so muss ihn die Obrigkeit auf die Anzeige der Aeltesten fortschaffen lassen.

§. 339. Legitimirt sich aber der Geselle durch die gehörige Kundschaft: so muss ihm dieselbe abgenommen, und bis er seine Wanderschaft fortsetzen will, in der Gewerkslade aufbewahrt werden.

§. 340. Einem solchen Gesellen müssen die Aeltesten Arbeit bei einem Meister zu verschaffen bemüht sein, und ihm bis dahin diejenige Unterstützung reichen, welche der Zunftgebrauch mit sich bringt.

§. 341. Können die Aeltesten den Gesellen bei einem Meister nicht unterbringen: so muss er, nach Verlauf von Drei Tagen, seine Wanderschaft fortzusetzen angewiesen werden.

§. 343. In wie fern der Geselle den Meister, bei welchem er in Arbeit treten will, selbst wählen könne, oder die Anweisung der Zunftältesten abwarten müsse, ist in den Innungsartikeln bestimmt.

§. 344. Die Zunftältesten müssen die Meister, welche Gesellen verlangen, genau aufzeichnen, und den zuerst ankommenden Gesellen, welcher sich selbst seinen Meister nicht wählen kann oder will, an den noch unversorgten Meister, welcher sich zuerst gemeldet hat, weisen.

§. 345. Doch müssen Wittwen, welche das Handwerk fortsetzen; ingleichen Meister, welche wegen langwieriger Krankheiten, oder anderer unverschuldeter Unglücksfälle, dem Handwerke nicht selbst vorstehen können, mit tüchtigen Gesellen vor allen andern versorgt werden.

§. 346. Von diesem Vorrechte kann jedoch eine Wittwe nicht öfter als dreimal Gebrauch machen.

§. 347. Hat ein Meister einen Gesellen auf eigene Kosten verschrieben, und es dem Aeltesten noch vor der Ankunft des Gesellen gemeldet: so muss ihm derselbe in allen Fällen gelassen werden.

§. 348. In Haupt-, Handlungs- und Seestädten soll kein Meister in der Zahl der von ihm zu haltenden Lehrburschen und Gesellen durch Gesetze eingeschränkt werden.

§. 349. An andern Orten bleibt, diese Bestimmung der zur Aufsicht über die Landespolizei gesetzten Behörde vorbehalten.

§. 350. Lohn und Kostgeld, oder Beköstigung der Gesellen muss die Zunft, unter Direktion der Obrigkeit, bestimmen. Lohn und Kost der Gesellen

§. 351. Die Bestimmung darf kein Meister überschreiten.

§. 352. Das rückständig gebliebene Lohn und Kostgeld der Gesellen hat, auch im Concurse, mit dem Gesindelohne gleiche Rechte.

Verpflegung kranker Gesellen.

§. 353. Die Cur und Verpflegung eines eingewanderten und krank gewordenen Gesellen, er stehe bereits in Arbeit oder nicht, muss, wenn er selbst unvermögend ist, aus der Gesellenlade, und in deren Ermangelung aus der Gewerkskasse bestritten werden.

§. 354. Ist diese nicht hinreichend: so muss die Armencasse des Orts, und bei deren Unzulänglichkeit, die Stadt- oder Kämmereikasse zutreten.

Rechte und Pflichten zwischen Meistern und Gesellen.

§. 356. Der Meister ist befugt und schuldig, über das Betragen der Gesellen Aufsicht zu führen; sie zur Besuchung des öffentlichen Gottesdienstes und zu einem stillen und regelmässigen Lebenswandel fleissig anzumahnen; von Lastern und Ausschweifungen aber so viel an ihm ist, abzuhalten.

§. 357. Der Geselle ist verpflichtet, die ihm aufgetragene Arbeit willig zu übernehmen, und treu und fleissig auszurichten.

§. 358. Nur an Sonn- und solchen Festtagen, deren Feier nach den Gesetzen des Staats verordnet ist, mag er die Arbeit unterlassen.

§. 359. Gesellen, welche an den nach den Gesetzen des Staats zur Arbeit bestimmten Tagen sich derselben entziehen, sollen mit Gefängniss bei Wasser und Brot, das erstemal auf Drei Tage, und im Wiederholungsfalle auf Vierzehn Tage, bestraft werden.

§. 360. Bei hartnäckiger Fortsetzung eines solchen Missbrauchs wird der Geselle auf Vier Wochen zum Zuchthause abgeliefert, und ihm sein Lehrbrief abgenommen.

§. 361. Diesen erhält er nicht eher wieder zurück, als bis er nach ausgestandener Strafe Besserung gelobt, und die Obrigkeit von der Aufrichtigkeit dieses Angelöbnisses sich überzeugt hält.

§. 362. Jeder Meister, dessen Gesellen sich an den zur Arbeit bestimmten Tagen derselben entziehen: ist schuldig, bei Ein bis Drei Thaler Strafe zur Gewerkskasse, der Obrigkeit davon Anzeige zu machen.

§. 363. Kein Wirth, oder sogenannter Krugvater in einer Gewerksherberge, soll an den zur Arbeit bestimmten Tagen, besonders aber an Montagen, einen in Arbeit stehenden Gesellen während der gewöhnlichen Arbeitsstunden bei sich dulden; vielweniger demselben Speisen oder Getränke verabfolgen.

§. 364. Wer diesem Verbote zuwider handelt, soll mit einer Polizeistrafe von Zwei bis Fünf Thalern belegt werden.

§. 365. Jeder Geselle ist schuldig, den häuslichen Einrichtungen seines Meisters, so lange er bei ihm arbeitet, Folge zu leisten.

§. 366. Häusliche Dienste kann kein Meister von seinem Gesellen fordern.

§. 367. Kein Geselle darf andere, als die von seinem Meister ihm angewiesene Arbeit verfertigen.

§. 368. Kein Meister soll dem andern die bei ihm in Arbeit stehenden Gesellen abwendig machen.

§. 369. Geschieht dieses: so muss der Meister um Zwei bis Fünf Thaler zur Gewerkskasse bestraft und der Geselle weiter zu wandern angehalten werden.

§. 370. Nur den Meisterwittwen, welche das Handwerk fortsetzen, muss der geschickteste Geselle nach ihrer Auswahl verabfolgt werden.

§. 371. Wenn aber ein Meister nur einen Gesellen hat, und denselben der Wittwe überlassen muss: so ist er befugt, von einem der Mitmeister, welche mehrere Gesellen halten, die Abgabe eines derselben zu fordern.

§. 374. Verfällt ein Meister in langwierige Krankheit: so kann er die Abtretung eines Gesellen von seinen Zunftgenossen verlangen.

§. 375. Zu dieser Abtretung ist derjenige Meister vorzüglich verpflichtet, bei welchem die meisten Gesellen in Arbeit stehen.

Abschaffung der Gesellen.

§. 378. Wenn der Meister einen Gesellen abschaffen will, muss er ihm solches Vierzehn Tage zuvor ankündigen.

§. 379. Ohne dergleichen Aufkündigung kann der Meister einen Gesellen sofort entlassen: 1) wenn derselbe ihn oder seine Familie durch Thätlichkeiten, Schimpf- und Schmähworte, oder ehrenrührige Nachreden beleidigt;

§. 380. 2) Wenn er sich beharrlichen Ungehorsams und Widerspenstigkeit gegen die Anweisungen des Meisters schuldig macht.

§. 381. 3) Wenn er die Frau oder die Kinder des Meisters zum Bösen verleitet, oder verdächtigen Umgang mit ihnen pflegt;

§. 382. 4) Wenn er sich Diebstahl oder Veruntreuung gegen den Meister zu Schulden kommen lässt;

§. 383. 5) Wenn er sich zur Gewohnheit macht, ohne Vorwissen und Erlaubniss des Meisters über Nacht aus dem Hause zu bleiben;

§. 384. 6) Wenn er mit Feuer und Licht unvorsichtig umgeht, und einer ihm deshalb ertheilten Warnung keine Folge leistet.

Abgang des Gesellen.

§. 385. Auch der Geselle kann den Meister verlassen; er muss aber demselben Vierzehn Tage vorher aufsagen.

§. 386. Doch ist der Meister die Aufkündigung anzunehmen nicht verbunden, wenn die Zeit des Abzuges auf eine Messe, oder einen Jahrmarkt, oder innerhalb Vierzehn Tagen vor den Messen und Jahrmärkten, oder vor den hohen Festen einfallen würde.

§. 388. Hat der Meister sich an dem Gesellen, ohne gegebene dringende Veranlassung, thätlich vergriffen: so ist der Geselle sofort aus der Arbeit zu gehen berechtigt.

§. 389. Will der Geselle seine Wanderschaft fortsetzen: so darf ihm seine Kundschaft, ohne Einwilligung des Meisters, bei welchem er zuletzt gearbeitet hat, nicht verabfolgt werden.

§. 390. Der Meister darf in die Aushändigung der Kundschaft bei eigener Vertretung nicht willigen, wenn er weiss, dass der Geselle Schulden gemacht, oder Verbrechen begangen hat.

§. 391. Vielmehr muss er seine Wissenschaft davon dem Gewerksbeisitzer anzeigen.

§. 392. Findet der Meister gegen den Abzug des Gesellen kein Bedenken; oder ist der vorgewaltete Anstand hinlänglich gehoben: so muss die Kundschaft dem Gesellen zurückgegeben, und darunter vermerkt werden: wie lange der Geselle an dem Orte sich aufgehalten, und wie er nach dem Zeugnisse seiner Meister, sich betragen habe.

§. 393. Nach zurückerhaltener Kundschaft muss der Geselle seine Reise sofort antreten.

§. 394. Wird er daran durch Zufall verhindert: so muss er die Kundschaft bei dem Gewerke anderweit niederlegen.

§. 395. Thut er beides nicht: so muss ihn die Obrigkeit, auf des Gewerkes Anzeige, als einen Landstreicher ansehen und behandeln.

Rechte der Gesellen überhaupt.

§. 396. Die Gesellen machen unter sich keine Commune oder privilegirte Gesellschaft aus.

§. 397. Sie sind nicht berechtigt, eigenmächtiger Weise Versammlungen zu halten.

§. 398. In Fällen, wo ihnen dergleichen Versammlungen nach den Zunftartikeln oder Polizeigesetzen gestattet sind, müssen dieselben nur mit Vorwissen der Gewerksältesten gehalten werden.

§. 399. Uebrigens hat es bei den Polizeigesetzen und Zunftartikeln, wornach den Gesellen erlaubt ist, einen Altgesellen zu wählen, und unter dessen Rechnungsführung eine eigene Casse aus ihren Beiträgen, zu gemeinschaftlichen Bedürfnissen, besonders zur Verpflegung kranker oder sonst verunglückter Gesellen zu errichten, auch noch ferner sein Bewenden.

§. 400. Doch sind die Gesellen, auch in diesen Angelegenheiten, der Aufsicht der Gewerksältesten und des Beisitzers unterworfen.

3] Von Künstlern und Fabrikanten.

...Fabriken.

§. 407. Anstalten, in welchen die Verarbeitung oder Verfeinerung gewisser Naturerzeugnisse im Grossen getrieben wird, werden Fabriken genannt.

§. 408. Der, welcher eine dergleichen Anstalt für seine Rechnung betreibt, heisst ein Fabrikunternehmer, und diejenigen, welche in einer solchen Anstalt arbeiten, führen den Namen der Fabrikanten.

§. 409. Diejenigen, welche eine zunftmässige oder andere Profession für eigene Rechnung einzeln betreiben, sind, wenn sie auch im gemeinen Leben Fabrikanten heissen, dennoch nur nach den Vorschriften des vorhergehenden Abschnitts, je nachdem das Gewerbe in eine Innung eingeschlossen ist oder nicht, zu beurtheilen.

Wer Fabriken anlegen könne. §. 410. Die Erlaubniss zur Anlegung einer Fabrik zu ertheilen, kommt allein dem Staate zu.

§. 411. Dergleichen Erlaubniss ist als ein Privilegium anzusehen und zu deuten.

§. 412. Wird die Erlaubniss zur Anlegung einer neuen Fabrik für ein an sich zunftmässiges Gewerbe, an einem Orte, wo schon eine solche Zunft vorhanden ist, oder in der Nähe desselben nachgesucht; so soll vor deren Ertheilung zuvörderst allemal die Zunft, deren Interesse es betrifft, vernommen werden.

Rechte der Fabrikunternehmer. §. 413. Die Unternehmer der Fabriken haben, in Rücksicht auf den Betrieb derselben, und den Absatz der darin verfertigten Waaren, kaufmännische Rechte.

§. 414. Sie bedürfen zu deren Ausübung keiner Aufnahme in die Kaufmannsgilde, auch da nicht, wo dergleichen Gilde sonst vorhanden ist.

§. 415. Zur Vereinzelung ihrer Fabrikwaaren sind sie in der Regel nicht berechtigt.

§. 416. Sie geniessen in dem Vermögen ihrer Arbeiter und Abnehmer, bei einem darüber entstehenden Concurse, das in der Concursordnung näher bestimmte Vorrecht.

Rechte der Fabrikanten.

§. 417. Eigentliche Fabrikanten (§. 408) sind dem Zunftzwange und den Statuten der Zünfte nicht unterworfen.

§. 418. Sie nehmen aber auch an den Vorrechten und Privilegien der Zünfte keinen Antheil.

§. 419. Die bei ihnen ausgelernten Arbeiter haben sich der Rechte der Zunftlehrlinge und Gesellen nicht zu erfreuen.

§. 420. Doch kann ein Zunftgenosse, ohne Nachtheil seiner Zunftrechte, sich als Arbeiter in Fabriken brauchen lassen.

§. 421. Eigentliche Fabrikanten sind nicht berechtigt, die von ihnen verfertigten Waaren für eigene Rechnung feil zu bieten; sondern sie sollen bloss für den Unternehmer der Fabrik, und nach dessen Bestellung arbeiten.

§. 422. Kein Fabrikunternehmer soll diejenigen, welche in einer ähnlichen Anstalt bisher gearbeitet haben, in die seinige aufnehmen, ehe dieselben ihre Entlassung durch ein schriftliches Zeugniss dargethan haben.

§. 423. Uebrigens sind die Verhältnisse zwischen dem Fabrikunternehmer und den Fabrikanten, nach dem Inhalte des unter ihnen bestehenden Contracts, und nach den über dergleichen Contracte sprechenden Gesetzen zu beurtheilen. (Th. I, Tit. 11, Abschn. 8.)

b) [Churbaierischer] Verruf von Anno 1762 wegen dessen Taglohns. [4

Sammlung der neuest und merkwürdigsten churbaierischen Generalien und Landesverordnungen. Mit Churfürstlich gnädigster Freyheit. München, Anno 1771 (fol.), S. 431.

Nachdeme Ihro Churfürstl. Durchl. in Baiern etc. etc. nicht ohne sonders ungnädigstes Mißfallen vernehmen müßen, wasgestalten das Taglohn allhier immer höher getrieben werde, also, und dergestallten, daß sich erst dieser Tägen auf offentlichen Markt kein Tagwerker, oder Tagwerkerin mehr anderst, als des Tags um 27. und 30. kr. habe verdingen lassen wollen; als wird mittels dieses offenen Verrufs hiemit männiglich kund, und wissend gemacht, daß derjenige, welcher in Zukunft mehrer Taglohn, als höchstens 15. kr. des Tags giebt, um zehen Thaler gestraft, derjenige aber, welcher hieran mehrer begehret, oder annimmt, auf 8. Täg in das Arbeitshaus mit Wasser und Brod, dann all täglichen 12. Carbatschstreichen condemniret, wie nicht weniger die Müßiggänger, welche weder in Dienst, noch Arbeit stehen, auf gleichen Fuß tractiret werden sollen. Nebst deme auch, und weilen ungeachtet des in dem hiesigen Bettelwesen unterm 14-ten Jänner anheur offentlich bekannt gemacht, und in Druck gelegten weitern Verrufs der Höchst-verbothene offentliche Bettel neuerdings wiederum anfangen will; so wird auf gnädigsten Befehl mehr Höchstgedacht Ihrer Churfürstl. Durchl. verstandener Verruf mittels dieß hiemit nochmalen erneueret, und demselben weiters beygesetzet, daß man nicht nur gegen die Uebertrettere desselben auf das Schärfiste verfahren, sondern auch, und insonderheit jene, welche sich gegen soviel widerholte Churfürstliche gnädigste Befehl offentlich Allmosen zu geben, unterstehen, ohne Respect deren Person ohnmittelbar zur Straf, und Correction ziehen lassen werde.

Wornach sich dann männiglich zu achten, und von selbsten vor Schaden und Straf zu hüten wissen wird. München den 17ten September 1762.

c) Die idyllische Hausindustrie am Züricher See.

Lenardos Tagebuch in „Wilhelm Meisters Wanderjahren“. [5

In Zürich hatte bereits in der zweiten Hälfte des 17. Jahrhunderts die Weberei auf dem Lande eine so große Ausdehnung gewonnen, daß der Rat eine Regelung durch Spezialgesetzgebung begann. Der städtische Verleger, der im Mittelpunkte dieser ländlichen Haus-

industrie steht, wird „Fabrikant" genannt, sein Unternehmen „Fabrik", daher auch das Gesetz, das im Jahre 1717 die Einzelbestimmungen zusammenfaßte (und mit gewissen Änderungen und Zusätzen bis zum Sturze des patriarchalischen Regiments im Jahre 1798 in Kraft blieb) „Fabrikordnung". die Tendenz dieser Gesetzgebung geht auf Schutz der Hausindustriellen und zeigt sich hauptsächlich nach vier Richtungen hin: 1. Lohnschutz: Die Lohntaxen sind nicht, wie in der gleichzeitigen Gesetzgebung anderer Staaten (s. o. Nr. 2, auch Nr. 1) Maxima, sondern Minima, Barzahlung, keine Waren-Aufdrängung. 2. Abschaffung der Zwischenpersonen („Träger"), wo sie überflüssig sind, und Regelung ihrer Tätigkeit, da wo sie (wegen großer Entfernung) willkommen ist, im Sinne größerer Reellität: Lohnzettel, Einschärfung des Truckverbotes, keine Nebenbeschäftigung als Bäcker oder Krämer. 3. Beschränkung der Kinderarbeit. 4. Aufsichtsorgan: „Fabrikkommission", unter ihr die Pfarrer.

Wie es mit Hilfe dieser Gesetzgebung gelang, der Hausindustrie am Zürcher See das Gepräge idyllischen Wohlbehagens zu erhalten, davon gibt die Beschreibung in Wilhelm Meisters Wanderjahren ein bis in alle Einzelheiten anschauliches Bild. Daß die frühere Annahme, Goethe habe bei seinem Schweizer Aufenthalte 1797 alle diese Einzelheiten studiert (Goethe und seine Beziehungen zur schweizerischen Baumwollindustrie nebst usw; dem Schweiz. Spinner-, Zwirner- und Weberverein gew. v. F. Bertheau, Aktuar d. Vereins. Wetzikon, Aktien-Buchdruckerei 1888. 4° 9 S.), sich nicht bestätigt, ist unerheblich. Denn der nunmehr geführte Nachweis, daß ihm eine Auskunftserteilung seines Freundes Heinrich Meyer (eines geborenen Zürchers) vom Jahre 1810 vorgelegen hat, sichern ihnen ihren Charakter als Bezeugung der patriarchalischen Zustände in noch höherem Grade (Werke, hrsg. i. A. der Großh. Sophie 25 II — Weimar 1905 — S. 261). Von den beiden Stellen des dritten Buches, über die die Beschreibung verteilt ist (5. und 13. Kapitel) wird hier die erste wiedergegeben (ebda. 25, I, S. 107—28).

Quellen und Literatur zu jener aristokratisch-zürcherischen Gesetzgebung sind außerhalb der Schweiz wenig zugänglich, finden sich aber in dem Artikel von Bücher und Bauer (Handw. d. Staatswiss. I³, S. 723—37) verzeichnet und verarbeitet. In der amtlichen „Sammlung der Bürgerlichen und Policey-Geseze und Ordnungen, Lobl. Stadt und Landschaft Zürich" (1757—79) findet sich zwar nicht die Fabrikordnung von 1717, aber Einzelgesetze von 1722/33, 1755/72, 1779 (Bd. II, IV, V).

6] Montag, den 15.

Tief in der Nacht war ich nach mühsam erstiegener halber Gebirgshöhe eingetroffen in einer leidlichen Herberge, und schon vor Tagesanbruch aus erquicklichem Schlaf durch ein andauerndes Schellen- und Glockengeläute zu meinem großen Verdruß aufgeweckt. Eine große Reihe Saumrosse zog vorbei, eh' ich mich hätte ankleiden und ihnen zuvoreilen können. Nun erfuhr ich auch, meinen Weg antretend, gar bald, wie unangenehm und verdrießlich solche Gesellschaft sei. Das monotone Geläute betäubt die Ohren; das zu beiden Seiten weit über die Tiere hinausreichende Gepäck (sie trugen diesmal große Säcke Baumwolle) streift bald einerseits an die Felsen, und wenn das Tier, um dieses zu vermeiden, sich gegen die andere Seite zieht, so schwebt die Last über dem Abgrund, dem Zuschauer Sorge und Schwindel erregend, und, was das Schlimmste ist, in beiden Fällen bleibt man gehindert, an ihnen vorbeizuschleichen und den Vortritt zu gewinnen.

Endlich gelangt' ich an der Seite auf einen freien Felsen, wo St. Christoph, der mein Gepäck kräftig einhertrug, einen Mann begrüßte, welcher, stille dastehend, den vorbeiziehenden Zug zu mustern schien. Es war auch wirklich der Anführer; nicht nur gehörte ihm eine beträchtliche Zahl der lasttragenden Tiere, andere hatte er nebst ihren Treibern gemietet, sondern er war auch Eigentümer eines geringern Teils der Waren; vornehmlich aber bestand sein Geschäft darin, für größere Kaufleute den Transport der ihrigen treulich zu besorgen. Im Gespräch erfuhr ich von ihm, daß dieses Baumwolle sei, welche aus Makedonien und Cypern über Triest komme und vom Fuße des Berges auf Maultieren und Saumrossen zu diesen Höhen und weiter bis jenseits des Gebirgs gebracht werde, wo Spinner und Weber in Unzahl durch Täler und Schluchten einen großen Vertrieb gesuchter Waren ins Ausland vorbereiteten. Die Ballen waren bequemeren Ladens wegen teils anderthalb, teils drei Zentner schwer, welches letztere die volle Last eines Saumtiers ausmacht. Der Mann lobte die Qualität der auf diesem Wege ankommenden Baumwolle, verglich sie mit der von Ost- und Westindien, besonders mit der von Cayenne, als der bekanntesten; er schien von seinem Geschäft sehr gut unterrichtet, und da es mir auch nicht ganz unbekannt geblieben war, so gab es eine angenehme und nützliche Unterhaltung. Indessen war der ganze Zug vor uns vorüber, und ich erblickte nur mit Widerwillen auf dem in die Höhe sich schlängelnden Felsweg, die unabsehliche Reihe dieser bepackten Geschöpfe, hinter denen her man schleichen und in der herankommenden Sonne zwischen Felsen braten sollte. Indem ich mich nun gegen meinen Boten darüber beschwerte, trat ein untersetzter munterer Mann zu uns heran, der auf einem ziemlich großen Reff eine verhältnismäßig leichte Bürde zu tragen schien. Man begrüßte sich, und es war gar bald am derben Händeschütteln zu sehen, daß St. Christoph und dieser Ankömmling einander wohl bekannt seien; da erfuhr ich denn sogleich über ihn Folgendes. Für die entfernteren Gegenden im Gebirge, woher zum Markte zu gehen für jeden einzelnen Arbeiter zu weit wäre, gibt es eine Art von untergeordnetem Handelsmann oder Sammler, welcher Garnträger genannt wird. Dieser steigt nämlich durch alle Täler und Winkel, betritt Haus für Haus, bringt den Spinnern Baumwolle in kleinen Partien, tauscht dagegen Garn ein, oder kauft es, von welcher Qualität es auch sein möge, und überläßt es dann wieder mit einigem Profit im Größern an die unterhalb ansässigen Fabrikanten.

Als nun die Unbequemlichkeit, hinter den Maultieren herzuschlendern, abermals zur Sprache kam, lud mich der Mann sogleich ein, mit ihm ein Seitental hinabzusteigen, das gerade hier von dem Haupttale sich trennte, um die Wasser nach einer andern Himmelsgegend hinzuführen. Der Entschluß war bald gefaßt, und nachdem wir mit einiger Anstrengung einen etwas steilen Gebirgskamm überstiegen hatten, sahen wir die jenseitigen Abhänge vor uns, zuerst höchst unerfreulich; das Gestein hatte sich verändert und eine schiefrige Lage genommen; keine Vegetation belebte Fels und Gerölle, und man sah sich von einem schroffen Niederstieg bedroht. Quellen rieselten von mehreren Seiten zusammen; man kam sogar an einem mit schroffen Felsen umgebenen kleinen See vorbei. Endlich traten einzeln und dann mehr gesellig Fichten, Lärchen und Birken hervor, dazwischen sodann zerstreute ländliche Wohnungen, freilich von der kärglichsten Sorte, jede von ihren Bewohnern selbst zusammengezimmert aus verschränkten Balken, die großen schwarzen Schindeln der Dächer mit Steinen beschwert, damit sie der Wind nicht wegführe. Unerachtet dieser äußern traurigen Ansicht war der beschränkte innere Raum doch nicht unangenehm; warm und trocken, auch reinlich gehalten, paßte er gar gut zu dem frohen Aussehen der Bewohner, bei denen man sich alsobald ländlich gesellig fühlte.

Der Garnträger schien erwartet, auch hatte man ihm aus dem kleinen Schiebefenster entgegengesehen, denn er war gewohnt, womöglich immer an demselben Wochentage zu kommen; er handelte das Gespinst ein, teilte frische Baumwolle aus; dann ging es rasch hinabwärts, wo mehrere Häuser in geringer Entfernung nahe stehen. Kaum erblickt man uns, so laufen die Bewohner begrüßend zusammen, Kinder drängen sich hinzu und werden mit einem Eierbrot, auch einer Semmel hoch erfreut. Das Behagen war überall groß und vermehrt, als sich zeigte, daß St. Christoph auch dergleichen aufgepackt und also gleichfalls die Freude hatte, den kindlichsten Dank einzuernten; um so angenehmer für ihn, als er sich, wie sein Geselle, mit dem kleinen Volke gar wohl zu betun wußte.

Die Alten dagegen hielten gar mancherlei Fragen bereit; vom Krieg wollte jedermann wissen, der glücklicherweise sehr entfernt geführt wurde, und auch näher solchen Gegenden kaum gefährlich gewesen wäre. Sie freuten sich jedoch des Friedens, obgleich in Sorge wegen einer andern drohenden Gefahr; denn es war nicht zu leugnen, das Maschinenwesen vermehre sich immer im Lande und bedrohe die arbeitsamen Hände nach und nach mit Untätigkeit. Doch ließen sich allerlei Trost- und Hoffnungsgründe beibringen.

Unser Mann wurde dazwischen wegen manches Lebensfalles um Rat gefragt, ja sogar mußte er sich nicht allein als Hausfreund, sondern auch als Hausarzt zeigen; Wundertropfen, Salze, Balsame führte er jederzeit bei sich.

In die verschiedenen Häuser eintretend, fand ich Gelegenheit, meiner alten Liebhaberei nachzuhängen und mich von der Spinnertechnik zu unterrichten. Ich ward aufmerksam auf Kinder, welche sich sorgfältig und emsig beschäftigten, die Flocken der Baumwolle auseinander zu zupfen, und die Samenkörner, Splitter von den Schalen der Nüsse, nebst andern Unreinigkeiten wegzunehmen; sie nennen es e r l e s e n. Ich fragte, ob das nur das Geschäft der Kinder sei, erfuhr aber, daß es in Winterabenden auch von Männern und Brüdern unternommen werde.

Rüstige Spinnerinnen zogen sodann, wie billig, meine Aufmerksamkeit auf sich; die Vorbereitung geschieht folgendermaßen: es wird die erlesene oder gereinigte Baumwolle auf die Karden, welche in Deutschland Krempel heißen, gleich ausgeteilt, gekardet, wodurch der Staub davon geht und die Haare der Baumwolle einerlei Richtung erhalten, dann abgenommen, zu Locken festgewickelt und so zum Spinnen am Rad zubereitet.

Man zeigte mir dabei den Unterschied zwischen links und rechts gedrehtem Garn; jenes ist gewöhnlich feiner, und wird dadurch bewirkt, daß man die Saite, welche die Spindel dreht, um den Wirtel verschränkt; wie die Zeichnung nebenbei deutlich macht (die wir leider wie die übrigen nicht mitgeben können).

Die Spinnende sitzt vor dem Rade, nicht zu hoch; mehrere hielten dasselbe mit übereinander gelegten Füßen in festem Stande, andere nur mit dem rechten Fuß, den linken zurücksetzend. Mit der rechten Hand dreht sie die Scheibe und langt aus, so weit und so hoch sie nur reichen kann, wodurch schöne Bewegungen entstehen, und eine schlanke Gestalt sich durch zierliche Wendung des Körpers und runde Fülle der Arme gar vorteilhaft auszeichnet; die Richtung besonders der letzten Spinnweise gewährt einen sehr malerischen Kontrast, so daß unsere schönsten Damen an wahrem Reiz und Anmut zu verlieren nicht fürchten dürften, wenn sie einmal anstatt der Guitarre das Spinnrad handhaben wollten.

In einer solchen Umgebung drängten sich neue eigene Gefühle mir auf; die schnurrenden Räder haben eine gewisse Beredsamkeit, die Mädchen singen Psalmen, auch, obwohl seltener, andere Lieder.

Zeisige und Stieglitze, in Käfigen aufgehangen, zwitschern dazwischen, und nicht leicht möchte ein Bild regeren Lebens gefunden werden, als in einer Stube, wo mehrere Spinnerinnen arbeiten.

Dem beschriebenen Rädligarn ist jedoch das Briefgarn vorzuziehen; hierzu wird die beste Baumwolle genommen, welche längere Haare hat als die andere. Ist sie rein gelesen, so bringt man sie, anstatt zu krempeln, auf Kämme, welche aus einfachen Reihen langer stählerner Nadeln bestehen, und kämmt sie; alsdann wird das längere und feinere Teil derselben mit einem stumpfen Messer bänderweise (das Kunstwort heißt ein Schnitz) abgenommen, zusammengewickelt und in eine Papierdüte getan, und diese nachher an der Kunkel befestigt. Aus einer solchen Düte nun wird mit der Spindel von der Hand gesponnen, daher heißt es aus dem Brief spinnen, und das gewonnene Garn Briefgarn.

Dieses Geschäft, welches nur von ruhigen bedächtigen Personen getrieben wird, gibt der Spinnerin ein sanfteres Ansehen als das am Rade; kleidet dies letzte eine große schlanke Figur am besten, so wird durch jenes eine ruhige zarte Gestalt gar sehr begünstigt. Dergleichen verschiedene Charaktere, verschiedenen Arbeiten zugetan, erblickte ich mehrere in einer Stube, und wußte zuletzt nicht recht, ob ich meine Aufmerksamkeit der Arbeit oder den Arbeiterinnen zu widmen hätte.

Leugnen aber dürft' ich nicht sodann, daß die Bergbewohnerinnen, durch die seltenen Gäste aufgeregt, sich freundlich und gefällig erwiesen. Besonders freuten sie sich, daß ich so genau mich nach allem erkundigte, was sie mir vorsprachen bemerkte, ihre Gerätschaften und einfaches Maschinenwerk zeichnete, ja selbst ihre Arme, Hände und hübsche Glieder mit Zierlichkeit flüchtig abschilderte, wie hierneben zu sehen sein sollte. Auch ward, als der Abend hereintrat, die vollbrachte Arbeit vorgewiesen; die vollen Spindeln in dazu bestimmten Kästchen beiseite gelegt und das ganze Tagewerk sorgfältig aufgehoben. Nun war man schon bekannter geworden, die Arbeit jedoch ging ihren Gang; nun beschäftigte man sich mit dem Haspeln, und zeigte schon viel freier teils die Maschine, teils die Behandlung vor, und ich schrieb sorgfältig auf.

Der Haspel hat Rad und Zeiger, so daß sich bei jedesmaligem Umdrehen eine Feder hebt, welche niederschlägt, so oft hundert Umgänge auf den Haspel gekommen sind. Man nennt nun die Zahl von tausend Umgängen einen Schneller, nach deren Gewicht die verschiedene Feine des Garns gerechnet wird.

Rechts gedreht Garn gehen 25 bis 30 auf ein Pfund, links gedreht 60 bis 80, vielleicht auch 90. Der Umgang des Haspels wird ungefähr sieben Viertel Ellen oder etwas mehr betragen, und die schlanke fleißige Spinnerin behauptete, vier, auch fünf Schneller, das wären 5000 Umgänge, also 8000 bis 9000 Ellen Garn täglich am Rad zu spinnen; sie erbot sich zur Wette, wenn wir noch einen Tag bleiben wollten.

Darauf konnte denn doch die stille und bescheidene Briefspinnerin es nicht ganz lassen und versicherte: daß sie aus dem Pfund 120 Schneller spinne in verhältnismäßiger Zeit (Briefgarnspinnen geht nämlich langsamer als Spinnen am Rade, wird auch besser bezahlt. Vielleicht spinnt man am Rade wohl das Doppelte). Sie hatte eben die Zahl der Umgänge auf dem Haspel voll, und zeigte mir, wie nun das Ende des Fadens ein paarmal umgeschlagen und geknüpft werde, sie nahm den Schneller ab, drehte ihn so, daß er in sich zusammenlief, zog das eine Ende durch das andere durch, und konnte das Geschäft der geübten Spinnerin als vollbracht mit unschuldiger Selbstgefälligkeit vorzeigen.

Da nun hier weiter nichts zu bemerken war, stand die Mutter auf und sagte: da der junge Herr doch alles zu sehen wünsche, so wolle sie ihm nun auch die Trockenweberei zeigen. Sie erklärte mir mit gleicher Gutmütigkeit, indem sie sich an den Weberstuhl setzte, wie sie nur diese Art handhabten, weil sie eigentlich allein für grobe Kattune gelte, wo der Einschlag trocken eingetragen und nicht sehr dicht geschlagen wird; sie zeigte mir denn auch solche trockene Ware; diese ist immer glatt, ohne Streifen und Quadrate, oder sonst irgend ein Abzeichen, und nur fünf bis fünf ein halbes Viertel Elle breit.

Der Mond leuchtete hell vom Himmel und unser Garnträger bestand auf einer weitern Wallfahrt, weil er Tag und Stunde halten und überall richtig eintreffen müsse; die Fußpfade seien gut und klar, besonders bei solcher Nachtfackel. Wir von unserer Seite erheiterten den Abschied durch seidene Bänder und Halstücher, dergleichen Ware St. Christoph ein ziemliches Paket mit sich trug; das Geschenk wurde der Mutter gegeben, um es an die Ihrigen zu verteilen.

Dienstags, den 16. früh.

Die Wanderung durch eine herrlich klare Nacht war voll Anmut und Erfreulichkeit; wir gelangten zu einer etwas größern Hüttenversammlung, die man vielleicht ein Dorf hätte nennen dürfen; in einiger Entfernung davon auf einem freien Hügel stand eine Kapelle, und es fing schon an wohnlicher und menschlicher auszusehen. Wir kamen an Umzäunungen vorbei, die zwar auf keine Gärten, aber doch auf spärlichen, sorgfältig gehüteten Wieswachs hindeuteten.

Wir waren an einen Ort gelangt, wo neben dem Spinnen das Weben ernstlicher getrieben wird.

Unsere gestrige Tagereise, bis in die Nacht hinein verlängert, hatte die rüstigen und jugendlichen Kräfte aufgezehrt; der Garnträger bestieg den Heuboden, und ich war eben im Begriff, ihm zu folgen, als St. Christoph mir sein Reff befahl und zur Türe hinausging. Ich kannte seine löbliche Absicht und ließ ihn gewähren.

Des andern Morgens jedoch war das erste, daß die Familie zusammenlief, und den Kindern streng verboten ward, nicht aus der Türe zu gehen, indem ein greulicher Bär oder sonst ein Ungetüm in der Nähe sich aufhalten müsse, denn es habe die Nacht über von der Kapelle her dergestalt gestöhnt und gebrummt, daß Felsen und Häuser hier hüben hätten erzittern mögen, und man riet, bei unserer heutigen längeren Wanderung, wohl auf der Hut zu sein. Wir suchten die guten Leute möglichst zu beruhigen, welches in dieser Einöde jedoch schwerer schien.

Der Garnträger erklärte nunmehr, daß er eiligst sein Geschäft abtun und alsdann kommen wolle, uns abzuholen, denn wir hätten heute einen langen und beschwerlichen Weg vor uns, weil wir nicht mehr so im Tale nur hinabschlendern, sondern einen vorgeschobenen Gebirgsriegel mühsam überklettern würden. Ich entschloß mich daher, die Zeit so gut als möglich zu nutzen, und mich von unsern guten Wirtsleuten in die Vorhalle des Webens einführen zu lassen.

Beides waren ältliche Leute, in späteren Tagen noch mit zwei, drei Kindern gesegnet; religiöse Gefühle und ahnungsvolle Vorstellungen ward man an ihrer Umgebung, Tun und Reden gar bald gewahr. Ich kam gerade zum Anfang einer solchen Arbeit, dem Übergang vom Spinnen zum Weben, und da ich zu keiner weitern Zerstreuung Anlaß fand, so ließ ich mir das Geschäft, wie es eben gerade im Gange war, in meine Schreibtafel gleichsam diktieren.

Die erste Arbeit, das Garn zu leimen, war gestern verrichtet. Man siedet solches in einem dünnen Leimwasser, welches aus Stärkemehl und etwas Tischlerleim besteht, wodurch die Fäden mehr Halt bekommen. Früh waren die Garnstränge schon trocken, und man bereitete sich zu spulen, nämlich das Garn am Rade auf Rohrspulen zu winden. Der alte Großvater, am Ofen sitzend, verrichtete diese leichte Arbeit, ein Enkel stand neben ihm, und schien begierig, das Spulrad selbst zu handhaben. Indessen steckte der Vater die Spulen, um zu zetteln, auf einen mit Querstäben abgeteilten Rahmen, so daß sie sich frei um perpendikulär stehende starke Drähte bewegten und den Faden ablaufen ließen. . . .

Donnerstag, den 18.

Ich fand überhaupt etwas Geschäftiges, unbeschreiblich Belebtes, Häusliches, Friedliches in dem ganzen Zustand einer solchen Weberstube; mehrere Stühle waren in Bewegung, da gingen noch Spinn- und Spulräder, und am Ofen saßen die Alten mit den besuchenden Nachbarn oder Bekannten trauliche Gespräche führend. Zwischendurch ließ sich wohl auch Gesang hören, meistens Ambrosius Lobwassers vierstimmige Psalmen, seltener weltliche Lieder; dann bricht auch wohl ein fröhlich schallendes Gelächter der Mädchen aus, wenn Vetter Jakob einen witzigen Einfall gesagt hat.

Eine recht flinke und zugleich fleißige Weberin kann, wenn sie Hilfe hat, allenfalls in einer Woche ein Stück von 32 Ellen nicht gar zu feine Musseline zustande bringen; es ist aber sehr selten, und bei einigen Hausgeschäften ist solches gewöhnlich die Arbeit von vierzehn Tagen.

Die Schönheit des Gewebes hängt vom gleichen Auftreten des Webegeschirrs ab, vom gleichen Schlag der Lade, wie auch davon, ob der Eintrag naß oder trocken geschieht. Völlig egale und zugleich kräftige Anspannung trägt ebenfalls bei, zu welchem Ende die Weberin feiner baumwollenen Tücher einen schweren Stein an den Nagel des vordern Weberbaums hängt. Wenn während der Arbeit das Gewebe kräftig angespannt wird (das Kunstwort heißt d ä m m e n). so verlängert es sich merklich, auf 32 Ellen etwa $^3/_4$ Ellen und auf 64 etwa $1^1/_2$ Elle; dieser Überschuß nun gehört der Weberin, wird ihr extra bezahlt, oder sie hebt sich's zu Halstüchern, Schürzen usw. auf.

*

In der klarsten, sanftesten Mondnacht, wie sie nur in hohen Gebirgszügen obwaltet, saß die Familie mit ihren Gästen vor der Haustüre im lebhaftesten Gespräch, Lenardo in tiefen Gedanken. Schon unter allem dem Weben und Wirken und so manchen handwerklichen Betrachtungen und Bemerkungen war ihm jener von Freund Wilhelm zu seiner Beruhigung geschriebene Brief wieder ins Gedächtnis gekommen. Die Worte, die er so oft gelesen, die Zeilen, die er mehrmals angeschaut, stellten sich wieder seinem innern Sinne dar. Und wie eine Lieblingsmelodie, ehe wir uns versehen, auf einmal dem tiefsten Gehör leise hervortritt, so wiederholte sich jene zarte Mitteilung in der stillen, sich selbst angehörigen Seele.

„Häuslicher Zustand, auf Frömmigkeit gegründet, durch Fleiß und Ordnung belebt und erhalten, nicht zu eng, nicht zu weit, im glücklichsten Verhältnis der Pflichten zu den Fähigkeiten und Kräften. Um sie her bewegt sich ein Kreislauf von Handarbeitenden im reinsten anfänglichsten Sinne; hier ist Beschränktheit und Wirkung in die Ferne, Umsicht und Mäßigung, Unschuld und Tätigkeit.“ ...

II. Das Ur-Gesetz des europäischen Arbeiterschutzes.

7] The Morals and Health Act. 1802.

(The Statutes of the United Kingdom etc. Vol. I 1801/3 p. 418).

Das englische Baumwollgewerbe, im Laufe des 18. Jahrhunderts emporgekommen und durch mechanische Erfindungen mächtig gefördert (1769 Arkwrights Wasser-Spinnrad, 1784 Cartwrights Webstuhl usf.), stellte gegen Ende des Jahrhunderts eine Großindustrie dar, auf die die alte Gewerbeverfassung nicht anwendbar war. Der Maschinenbetrieb ermöglichte in weitem Umfange die Verwendung kindlicher Arbeitskräfte. Diese wurden den nördlichen Fabrikdistrikten von den Londoner Kirchspielen zur Verfügung gestellt, die die Waisenknaben als Lehrlinge auszutun hatten und in Massen verfrachteten. Als in Manchester kurz nach Eintreffen eines solchen Schiffes mit Kinderfracht eine Seuche ausbrach und eine ärztliche Kommission den Zusammenhang bestätigte (1796), wurde von verschiedenen Seiten eine gesetzliche Spezialregelung verlangt, die im Jahre 1802 erfolgte.

Daß das Gesetz die kindlichen und jugendlichen Arbeiter als „Lehrlinge“ (apprentices) bezeichnet, ist ein Beweis, daß der Gesetzgeber die Neuheit der ihm gestellten Aufgabe noch nicht erfaßt hat: er betrachtet sein Werk als Fortsetzung der alten Handwerks- und Armengesetzgebung. Deswegen ist auch 'master and mistress' mit 'Meister und Meisterin' übersetzt: dies bringt die Unbeholfenheit der gesetzlichen Ausdrucksweise besser zum Ausdruck, als eine an den Fabrikbetrieb mühsam angepaßte (wie „Herr und Herrin“ o. ä.) — Näheres bei Hutchins u. Harrison, Hist. of Factory Legisl. 2d ed. London 1911, S. 1—23.

8]

Anno Regni Georgii III. Britanniarum Regis, Quadragesimo secundo [a]).

Kap. LXXIII.

Gesetz zur Bewahrung der Gesundheit und Sittlichkeit von Lehrlingen und sonst in Baumwoll- und anderen Fabriken oder Baumwoll- und anderen Manufakturen beschäftigten Personen (22. Juni 1802.)

Da es neuerdings in Baumwoll- und Wollfabriken, sowie in Baumwoll- und Wollmanufakturen Brauch geworden ist, eine

a) Die Beschlüsse einer Parlamentstagung werden in England als ein Ganzes verkündigt. Jedes Gesetz bildet ein „Kapitel“ und zerfällt in „Sektionen“ (= §§).

große Zahl männlicher und weiblicher Lehrlinge und andere Personen in dem nämlichen Gebäude zu beschäftigen, infolge wovon gewisse Vorschriften zur Bewahrung der Gesundheit und Sittlichkeit solcher Lehrlinge und anderer Personen notwendig geworden sind, so soll von Seiner Allerdurchlauchtigsten Majestät dem Könige durch und mit Rat und Zustimmung der in diesem Parlamente versammelten Lords, geistlichen wie weltlichen, und Gemeinen und kraft deren Autorität hiermit verordnet sein: daß von und nach dem 2. Dezember 1802 alle solche Fabriken oder Manufakturen innerhalb Großbritanniens und Irlands, in denen drei oder mehr Lehrlinge oder zwanzig oder mehr andere Personen zu irgendeiner Zeit beschäftigt sind, den in diesem Gesetze enthaltenen verschiedenen Normen und Anordnungen unterworfen sein sollen; und daß der Meister oder die Meisterin jeder solchen Fabrik oder Manufaktur hiermit streng angewiesen und aufgefordert wird, den gedachten Bestimmungen und Vorschriften schuldige Beachtung zu widmen und in genauer Übereinstimmung mit ihnen zu handeln.

Vom 2. Dez. 1802 an unterliegen Fabriken od. Manufakturen, in denen eine gewisse Zahl Personen beschäftigt ist den Vorschriften dieses Gesetzes.

Tünchen u. Lüften.

II. Und es soll verordnet sein daß alle und jede in einer solchen Fabrik oder Manufaktur befindlichen oder zu ihr gehörigen Räume und Gelasse an allen Teilen der Wände und Decken wenigstens zweimal in jedem Jahre mit ungelöschtem Kalk und Wasser gut und ausreichend gewaschen werden; und daß Meister oder Meisterin solcher Fabrik oder Manufaktur gebührende Sorge und Aufmerksamkeit darauf richten, daß in solchen Räumen oder Gelassen Fenster und Öffnungen in hinlänglicher Zahl angebracht werden, um gehörigen Zulaß von frischer Luft in und durch sie zu sichern.

Kleidung de[r] Lehrlinge.

III. Und ferner soll verordnet sein, daß [a]) jeder derartige Meister oder Meisterin beständig jeden Lehrling während der Dauer seiner oder ihrer Lehrzeit mit zwei ganzen und vollständigen Anzügen, mit angemessener Wäsche, Strümpfen, Hüten und Schuhen versehen, wobei einem solchen Lehrling wenigstens einmal jährlich ein vollständiger neuer Anzug zu verabfolgen ist.

Arbeitszeit nicht 1[2] Stunden übersteigen

Nachtarbeit.

IV. Kein jetzt oder später im Dienste eines solchen Meisters oder Meisterin befindlicher Lehrling darf verwendet oder angehalten werden, an einem Tage länger als zwölf Stunden (zu rechnen von 6 Uhr morgens bis 9 Uhr abends) zu arbeiten, ausschließlich der Zeit, die von einem solchen Lehrlinge zu den notwendigen Mahlzeiten gebraucht wird, mit der Maßgabe jedoch, daß von und nach dem 1. Juni 1803 kein Lehrling, aus welchem Anlaß auch immer, zwischen 9 Uhr abends und 6 Uhr morgens zu Arbeiten verwendet oder angehalten werden darf.

---

a) Diese bei jeder Sektion sich wiederholende Eingangsformel ist im folgenden weggelassen worden.

Übergangsbestimmungen betr. Nachtarbeit.

V. In Fabriken oder Manufakturen, woselbst beständig nicht weniger als 1000 und nicht mehr als 1500 Spindeln zu dem Betriebe gebraucht werden, ist dem Eigner oder den Eignern solcher Fabriken oder Manufakturen bis zum 25. Dez. 1903 gestattet, seine Lehrlinge während der Nacht zu beschäftigen; und in Fabriken oder Manufakturen, in denen mehr als 1500 Spindeln laufen, ist dem Eigner bis zum 25. Juni 1804 gestattet, seine Lehrlinge während der Nacht zu beschäftigen, ungeachtet alles dessen, was dem entgegen hier gesagt ist.

Lehrlinge im Lesen, Schreiben u. Rechnen zu unterrichten etc.

VI. Jeder solcher Lehrling soll, dem Alter und den Fähigkeiten solcher Lehrlinge gemäß von einer verständigen und geeigneten Person, welche von dem Meister oder der Meisterin eines solchen Lehrlings zu bestellen und zu besolden ist, in einem für den Zweck abzusondernden Zimmer oder Platz einer solchen Fabrik oder Manufaktur im Lesen und Schreiben, sowie Rechnen oder einem dieser Gegenstände unterrichtet werden; und zwar, wenn er oder sie am 2. Dez. 1802 bereits in der Lehre ist, in den vier Jahren seiner Lehrzeit, die auf und nach dem gedachten 2. Dezember nächst folgen, in irgend einem Teile jedes Werktages; wenn jedoch seine oder ihre Lehrzeit zu einem Zeitpunkte nach dem gedachten 2. Dez. 1802 beginnt, in den ersten vier Jahren seiner oder ihrer Lehrzeit während der gewöhnlichen Arbeitsstunden; die Zeit, welche hiernach für derartigen Unterricht, wie vorgedacht, anzuweisen ist, soll bei jeglicher Gelegenheit als Teil der betreffenden, durch dieses Gesetz abgegrenzten Zeit gelten und angesehen werden, während welcher ein solcher Lehrling zur Arbeit verwendet oder gezwungen werden darf.

Gelasse u. Betten für männliche u. für weibliche.

VII. Der Raum oder Gelaß, in welchem Lehrlinge männlichen Geschlechts schlafen, soll vollständig geschieden und gesondert von dem Raum oder Gelaß sein, in welchem Lehrlinge weiblichen Geschlechts schlafen; und in keinem Falle dürfen mehr als zwei Lehrlinge in einem und demselben Bette schlafen.

Unterricht u. Kirchenbesuch an Sonntagen.

VIII. Jeder Lehrling oder (falls die Lehrlinge Schulklassen besuchen) jede solche Klasse soll an jedem Sonntag wenigstens für die Dauer einer Stunde von einer geeigneten Person, welche von dem Meister oder der Meisterin eines solchen Lehrlings zu bestellen und zu besolden ist, in den Grundlehren der christlichen Religion unterrichtet und geprüft werden; und in England und Wales soll, wenn die Eltern eines solchen Lehrlings Angehörige der anglikanischen Kirche sind, ein solcher Lehrling während der Dauer seiner oder ihrer Lehrzeit in jedem Jahre wenigstens einmal vorgeführt werden, um sich von dem Rektor, Vikar oder Kurat des Kirchspiels, in welchem eine solche Fabrik oder Manufaktur belegen, prüfen zu lassen; und ein solcher Lehrling soll gleichermaßen, nachdem er das Alter von 14 Jahren und bevor er das Alter von 18 Jahren erreicht hat, für die Einsegnung gehörig unterrichtet und vorbereitet, auch wenn eine solche Einsegnung während der Zeit in dem gedachten Kirchspiel oder für dasselbe stattfindet, behufs der Einsegnung zu dem Bischof der Diözese gebracht oder geschickt werden; und wo in Schottland die Eltern eines solchen Lehrlings Angehörige der Staatskirche sind, soll ein solcher Lehrling während der Dauer seiner oder ihrer Lehrzeit in jedem Jahre wenigstens einmal vorgeführt werden, um sich von dem Kirchspielgeistlichen prüfen zu lassen, und nachdem ein solcher Lehrling das Alter von 14 Jahren und bevor er das Alter von 18 Jahren erreicht hat, soll er in die Kirche des Kirchspiels gebracht werden, um daselbst das Sakrament des heiligen Abendmahls zu empfangen, so wie dasselbe in den schottischen Kirchen gereicht wird; und ein solcher Meister oder Meisterin soll wenigstens einmal in jedem Monat alle seine oder ihre Lehrlinge unter der Aufsicht einer geeigneten Person zur Beiwohnung des Gottesdienstes in der Kirche des Kirchspiels oder des Ortes, in welchem die Fabrik oder Manufaktur belegen ist, oder in eine andere geeignete Kirche oder Kapelle, woselbst Gottesdienst nach den Gebräuchen der anglikanischen Kirche oder gemäß der Staatsreligion in Schottland, wie der Fall liegen mag, verrichtet wird, oder in eine andere öffentlich zugelassene Stätte der Gottesverehrung senden; und, falls die Lehrlinge eines solchen Meisters oder Meisterin auf gehörige Art an jedem Sonntag eine derartige Kirche oder Kapelle nicht besuchen können, sollen der Meister oder die Meisterin entweder selbst in einem angemessenen Raume oder Platze in oder nahe bei der Fabrik oder Manufaktur, wenigstens einmal an jedem Sonntag, an welchem die Lehrlinge in solcher Kirche oder Kapelle dem Gottesdienste anzuwohnen außerstande sind, Gottesdienst verrichten oder vermittelst einer geeigneten Person verrichten lassen; und ein solcher Meister oder Meisterin wird hiermit streng angewiesen und aufgefordert, gehörig dafür Sorge zu tragen, daß alle seine oder ihre Lehrlinge regelmäßig den Bestimmungen dieses Gesetzes gemäß dem Gottesdienste anwohnen.

Richter sollen bei ihre Mitsommersitzungen alljährlich zwei Beschauer solcher Fabriken od Manufakturen ernennen, welche über ihre Beschaffenheit in den

IX. Die Friedensrichter für die Grafschaft, Vogtei, Beritt, Bezirk oder Ort, woselbst eine solche Fabrik oder Manufaktur belegen ist, sollen in den Mitsommer-Friedenssitzungen, die für eine solche Grafschaft, Vogtei, Beritt, Bezirk oder Ort zunächst nach Annahme dieses Gesetzes zu halten sind, und später alljährlich bei jeder Mitsommer-Friedenssitzung zwei Personen, die nicht bei einer solchen Fabrik oder Manufaktur beteiligt sind und in keiner Weise damit in Verbindung stehen, ernennen, um Beschauer solcher Fabriken oder Manufakturen in solcher Graf-

Quartalssitzungen berichten sollen etc.

schaft, Vogtei, Beritt, Bezirk oder Ort zu sein; von denselben soll einer ein Friedensrichter für eine solche Grafschaft, Vogtei, Beritt, Bezirk oder Ort sein, und der andere ein Geistlicher der Staatskirche von England oder Schottland, je nachdem der Fall liegen mag, und falls für nichttunlich erachtet wird, einen solchen Richter und einen solchen Geistlichen, wie vorgedacht, zu ernennen, sollen die gedachten Friedensrichter ermächtigt sein und werden hiermit angewiesen, zwei solche Richter oder zwei solche Geistliche zu ernennen; und die gedachten Beschauer oder jeder von ihnen soll Vollmacht und Gewalt haben, von Zeit zu Zeit im Verlauf des Jahres eine solche Fabrik oder Manufaktur zu jeder Tageszeit oder während der Beschäftigungsstunden, je nachdem sie es für angemessen erachten, zu betreten und zu besichtigen; und diese Beschauer sollen von Zeit zu Zeit schriftlich an die Quartalssitzungen berichten: über den Stand und die Verhältnisse solcher Fabriken oder Manufakturen und der darin befindlichen Lehrlinge, und ob dieselben der Vorschriften dieses Gesetzes und den Landesgesetzen gemäß geleitet und behandelt werden oder nicht, und diese Berichte sollen von dem Friedensgerichtschreiben unter den Sitzungsprotokollen in ein zu dem Behuf geführtes Buch eingetragen werden; mit der Maßgabe, daß, falls innerhalb einer solchen Grafschaft, Berittes, Bezirks oder Ortes sechs oder mehr solcher Fabriken oder Manufakturen vorkommen, dann diese Richter eine solche Grafschaft, Beritt, Bezirk oder Ort in zwei oder mehr Distrikte oder Teile zu zerlegen und für jeden solcher Distrikte oder Teile zwei solche Beschauer, wie oben erwähnt, zu ernennen befugt sind.

Beschauer für Distrikte.

Im Fall ansteckende Krankheiten herrschen, können die Beschauer den Meister zur Anrufung ärztlich. Hülfe anweisen etc.

X. Falls die gedachten Beschauer oder einer derselben finden, daß eine ansteckende Krankheit in einer Fabrik oder Manufaktur, wie vorgedacht, herrscht, sind dieselben oder jeder von ihnen befugt, den Meister oder die Meisterin einer solchen Fabrik oder Manufaktur unverzüglich anzuweisen, daß sie einen Arzt oder eine sonst geeignete Medizinalperson behufs Ermittelung des Wesens und der wahrscheinlichen Wirkungen einer solchen Krankheit und Anwendung derjenigen Mittel und Anempfehlung derjenigen Vorschriften berufen, welche der gedachte Arzt, oder die sonst geeignete Medizinalperson am besten dazu angetan erachten, um die Verbreitung der Ansteckung zu verhindern und die Gesundheit der Erkrankten wieder herzustellen; und ein solcher Arzt oder sonst geeignete Medizinalperson soll an die gedachten Beschauer oder einen von ihnen so oft als sie angegangen werden, solches zu tun, über das Wesen, die Fortschritte und den gegenwärtigen Stand der Krankheit, zugleich auch über deren wahrscheinliche Wirkungen schriftlich berichten; sämtliche aus Anlaß der vorerwähnten Anordnungen für ärztlichen Beistand erwachsende Kosten sind von dem Meister oder der Meisterin einer solchen Fabrik oder Manufaktur zu bestreiten.

Strafe für Hinderung der Beschauer 10 L. bis 5 L.

XI. Falls eine oder mehrere Personen einem der gedachten Beschauer bei Ausübung der diesen durch gegenwärtiges Gesetz übertragenen Befugnisse Widerstand leisten oder ihn belästigen, soll jede solche Person für jedes derartige Vergehen eine Summe von nicht mehr als 10 £ und nicht weniger als 5 £ verwirken und zahlen.

Zwei Abzüge dieses Gesetzes in allen Fabriken oder Manufakturen anzuheften.

XII. Der Meister oder Meisterin einer jeden solchen Fabrik oder Manufaktur hat gedruckte oder geschriebene Exemplare dieses Gesetzes an zwei oder mehr in die Augen fallende Stellen in solcher Fabrik oder Manufaktur aufhängen und befestigen, dieselben auch ununterbrochen erhalten und erneuern zu lassen, dergestalt, daß sie für alle darin beschäftigten Personen jederzeit lesbar und zugänglich sind.

Strafe für Meister wegen Zuwiderhandeln 5 L bis 40 s.

XIII. Wer als Meister oder Meisterin einer solchen Fabrik oder Manufaktur wissentlich gegen eine der Bestimmungen dieses Gesetzes handelt oder verstößt, soll für solche Zuwiderhandlung (ausgenommen, wenn anderes verfügt ist) nach Ermessen der Richter, vor denen ein solcher Gesetzesübertreter, wie später erwähnt, verurteilt wird, eine Summe von nicht mehr als 5 £ und nicht weniger als 40 sh verbüßen, wovon die eine Hälfte dem Anzeiger und die andere Hälfte in England und Irland den Armenaufsehern, in Schottland den Geistlichen und Ältesten des Kirchspiels oder Ortes, an welchem eine solche Zuwiderhandlung begangen, zu zahlen ist, damit diese sie in England und Irland zu Nutz der Armenkasse, in Schottland zum Besten der Armen des Kirchspiels oder Ortes verwenden, mit der Maßgabe jedoch, daß jegliche Anzeige wegen Zuwiderhandlung gegen dieses Gesetz innerhalb eines Kalendermonats, nachdem die Zuwiderhandlung begangen, und nicht später, angebracht wird.

Frist 1 Monat

Fabriken od. Manufakturen die diesem Gesetz unterliegen, alljährlich vor dem Friedensgerichtsschreiber einzutragen.

XIV. Jeder solcher Meister oder Meisterin hat jede solche von ihm innegehabte Manufaktur, in der drei oder mehr Lehrlinge oder zwanzig oder mehr andere Personen verwendet werden sollen, alljährlich bei den Epiphanias-Sitzungen in ein Buch, welches zu dem Behufe von dem Friedensgerichtsschreiber der Grafschaft, des Beritts oder Bezirks, woselbst eine solche Fabrik oder Manufaktur belegen, zu halten ist, einzutragen oder eintragen zu lassen, und der gedachte Friedensgerichtsschreiber soll für jede solche Eintragung den Betrag von 2 sh und nicht mehr erhalten.

Strafen und Bußen vor 2 Richtern beitreibbar

XV. Alle unter diesem Gesetze mit Strafe bedrohten Verstöße sollen und können von zwei oder mehr Friedensrichtern, welche in oder für den Ort bestellt sind, woselbst der Verstoß begangen wurde, gehört werden; und alle durch dieses Gesetz auferlegten Strafen und Bußen, auch alle aus der Verurteilung eines oder mehrerer solcher Gesetzesübertreter erwachsenden Kosten und Gebühren sollen und können mittels Pfandnahme und Verkauf der Güter und Vermögensstücke des Übertreters eingezogen werden, kraft eines Erlasses unter Unterschrift und Siegel jeder zwei oder mehr für die Grafschaft, Vogtei, Beritt, Bezirk oder Ort, woselbst die Zuwiderhandlung begangen wurde, bestellten Friedensrichter, wobei der Überschuß (wenn vorhanden) der zuwiderhandelnden Partei oder Parteien zu verabfolgen ist; und die gedachten Richter werden hierdurch ermächtigt und angewiesen, einen solchen Erlaß zu verabfolgen nach Verurteilung der Zuwiderhandelnden, sei es auf Grund des Geständnisses oder auf Grund des Eides eines oder mehrerer glaubwürdiger Zeugen (welchen Eid diese Richter hierdurch ermächtigt werden abzunehmen;) und falls solche Pfandnahme nicht bewerkstelligt und solche Strafen, Bußen und Kosten nicht unverzüglich gezahlt werden können, sollen die Richter befugt sein und werden sie kraft dieses ermächtigt und angewiesen, den oder die Gesetzesübertreter mittels Erlasses unter ihrer Unterschrift und Siegel einer gemeinen Strafanstalt oder dem Zuchthause einer Grafschaft, Vogtei, Berittes, Bezirkes oder Ortes, woselbst die Znwiderhandlung begangen worgen ist, für eine Zeit, welche zwei Kalendermonate nicht übersteigt, zu überantworten, es sei denn, daß die gedachten Strafen, Bußen und Kosten beziehentlich sollten vorher gezahlt und abgetragen werden: vorbehalten allezeit, daß zur Einziehung irgendeiner dieser Strafen, Bußen und Kosten kein Pfändungsbefehl vor Ablauf von sechs Tagen, nachdem der Gesetzesübertreter verurteilt und zu deren Zahlung ein Befehl an ihn oder sie ergangen ist, soll verabfolgt werden; und keine solche Verurteilung soll durch Certiorari oder Berufungsgesuch an irgendein Gericht, welcher Art auch immer, weggezogen werden dürfen.

XVI. Jede derartige Verurteilung vor solchen Richtern soll in nachstehender Form ausgefertigt werden, nämlich: Form des Urteils.

„Grafschaft . . . .
Kundgetan wird, daß am . . . Tage des . . . . .in dem Jahre . . . . A. B. auf Anschuldigung von C. D. vor . . . . von den Friedensrichtern für die gedachte Grafschaft . . . . . . [oder für . . . . oder in der gedachten Grafschaft, wie der Fall liegen mag] im Verfolg eines in dem 42. Jahre der Regierung Sr. Majestät des Königs Georg III. ergangenen Gesetzes wegen [oder, wie der Fall liegen mag] verurteilt worden ist. Gegeben unter unseren Unterschriften und Siegeln, Tag und Jahr wie oben.

Dieses Urteil soll zu den nächsten allgemeinen Quartalssitzungen beglaubigt werden, um dort in den Archiven der Grafschaft, des Berittes oder Bezirkes Aufnahme zu finden.

XVII. Öffentliches Gesetz.

III. Englische Elendsschilderungen.

a) Das Arbeiterviertel von Manchester. Nach Engels' Schilderung 1845. [9

Friedrich Engels (in Barmen 1820) trat nach absolvierter Kaufmannslehre und Einjährig-Freiwilligen-Dienst im Jahre 1843 in das Geschäft seines Vaters in Manchester ein. Die dort gewonnenen Erfahrungen verwendete er alsbald zu dem Buche: „Die Lage der arbeitenden Klasse in England. Nach eigener Anschauung und authentischen Quellen." Leipzig 1845. Die „zweite durchgesehene Auflage" (Stuttgart 1892 = Internationale Bibliothek 14), der die folgenden Auszüge entnommen sind, bezeichnet der Verfasser mit geringen Vorbehalten als „unverändert". — Engels war bereits damals mit Marx befreundet, dessen innigster Anhänger und Interpret er später geworden ist. Aber mit Recht macht er in der — sehr charakteristischen — Vorrede zu der neuen Auflage darauf aufmerksam, daß es zur Zeit der ersten den „modernen internationalen Sozialismus" noch nicht gab. Das Buch war keine Parteischrift. Die hier wiedergegebenen Abschnitte berufen sich u. a. auf Dr. med. James Ph. Kay, The moral and physical condition of the working classes, employed in the cotton manufacture in Manchester. 2^d ed. 1832. Die Schilderung zeigt den Zustand vor den Einwirkungen der neueren Fabrik- und Wohngesetzgebung.*

[10

(S. 47.) ... Alles lauter Arbeiterbezirk, der sich wie ein durchschnittlich $1\frac{1}{2}$ Meilen breiter Gürtel um das kommerzielle Viertel zieht. Draußen, jenseits dieses Gürtels, wohnt die höhere und mittlere Bourgeoisie — die mittlere in regelmäßigen Straßen in der Nähe der Arbeiterviertel, namentlich in Chorlton und den tiefer liegenden Gegenden von Cheetham Hill, die höhere in den entfernteren villenartigen Gartenhäusern von Chorlton und Ardwick, oder auf den luftigen Höhen von Cheetham Hill, Broughton und Pendleton — in einer freien gesunden Landluft, in prächtigen bequemen Wohnungen, an denen halbstündlich oder viertelstündlich die nach der Stadt fahrenden Omnibusse vorbeikommen. Und das Schönste bei der Sache ist, daß diese reichen Geldaristokraten mitten durch die sämtlichen Arbeiterviertel auf dem nächsten Wege nach ihren Geschäftslokalen in der Mitte der Stadt kommen können, ohne auch nur zu merken, daß sie in die Nähe des schmutzigsten Elends geraten, das rechts und links zu finden ist. Die Hauptstraßen nämlich, die von der Börse nach allen Richtungen aus der Stadt hinausführen, sind an beiden Seiten mit einer fast ununterbrochenen Reihe von Läden besetzt, und so in den Händen der mittleren und kleineren Bourgeoisie, die schon um ihres Vorteils willen auf anständigeres und reinlicheres Aussehen hält und halten kann. Allerdings haben diese Läden immerhin einige Verwandtschaft mit den Distrikten, die hinter ihnen liegen, sind also im kommerziellen Viertel und in der Nähe der Bourgeoisiebezirke eleganter als da, wo sie schmutzige Arbeitercottages verdecken, aber sie sind immerhin hinreichend, um vor den Augen der reichen Herren und Damen mit starkem Magen und schwachen Nerven das Elend und den Schmutz zu verbergen, der das ergänzende Moment zu ihrem Reichtum und Luxus bilden. So ist z. B. Deansgate, das von der alten Kirche in gerader Richtung nach Süden führt, anfangs mit Warenlagern und Fabriken, dann mit Läden zweiten Ranges und einigen Bierhäusern, weiter südlich, wo es das kommerzielle Viertel verläßt, mit unansehnlicheren Läden, die, je weiter man kommt, desto schmutziger und mehr und mehr von Schenken und Schnapshäusern unterbrochen werden, bebaut, bis am südlichen Ende das Aussehen der Läden keinen Zweifel darüber läßt, daß Arbeiter und nur Arbeiter ihre Kunden sind. So Market-Street, von der Börse südöstlich laufend; anfangs brillante Läden ersten Ranges und in den höheren Stockwerken Kontore und Warenlager; weiterhin in der Fortsetzung (Piccadilly) kolossale Hotels und Warenlager; in der weiteren Fortsetzung (London Road) in der Gegend des Medlock Fabriken, Schenken, Läden für niedere Bourgeoisie und Arbeiter, dann an Ardwick Green Wohnungen für höhere und mittlere Bourgeoisie und von da an große Gärten und Landhäuser für die reicheren Fabrikanten und Kaufleute. Auf diese Weise kann man wohl, wenn man Manchester kennt, von den Hauptstraßen aus auf die anschließenden Bezirke *schließen*, aber man ist sehr selten imstande, von ihnen aus die *wirklichen* Arbeiterbezirke selbst zu Gesicht zu bekommen. — Ich weiß sehr wohl, daß diese heuchlerische Bauart mehr oder weniger allen großen Städten gemein ist; ich weiß ebenfalls, daß die Detailhändler schon wegen der Natur ihres Geschäfts die großen durchführenden Straßen für sich in Beschlag nehmen müssen; ich weiß, daß man überall an solchen Straßen mehr gute als schlechte Häuser hat, und daß in ihrer Nähe der Grundwert höher ist, als in abgelegenen Gegenden; aber ich habe zugleich eine so systematische Absperrung der Arbeiterklasse von den Hauptstraßen, eine so zartfühlende Verhüllung alles dessen, was das Auge und die Nerven der Bourgeoisie beleidigen könnte, nirgends gefunden als in Manchester. Und doch ist gerade Manchester sonst weniger planmäßig, oder nach Polizeivorschriften, und dagegen mehr durch den Zufall gebaut, als irgend eine andere Stadt; und wenn ich die eifrigen Beteuerungen der Mittelklasse, daß es den Arbeitern ganz vortrefflich gehe, dabei erwäge, so will es mich doch dünken, als seien die liberalen Fabrikanten, die „big wigs“ von Manchester, nicht so ganz unschuldig an dieser schamhaften Bauart.

(S. 50.) ... Rechts und links führen eine Menge überbauter Zugänge von der Hauptstraße in die vielen Höfe ab, und wenn man hineingeht, so gerät man in einen Schmutz und eine ekelhafte Unsauberkeit, die ihresgleichen nicht hat — namentlich in den Höfen, die nach dem Irk hinabführen, und die unbedingt die scheußlichsten Wohnungen enthalten, welche mir bis jetzt vorgekommen sind. In einem dieser Höfe steht gleich am Eingange, wo der bedeckte Gang aufhört, ein Abtritt, der keine Tür hat und so schmutzig ist, daß die Einwohner nur durch eine stagnierende Pfütze von faulem Urin und Exkrementen, die ihn umgibt, in den Hof oder heraus können; es ist der erste Hof am Irk oberhalb Ducie Bridge, wenn jemand Lust haben sollte, nachzusehen; unten am Flusse stehen mehrere Gerbereien, die die ganze Umgegend mit animalischem Verwesungsgeruch erfüllen.

(S. 60.) ... Südlich von Great Ancoats Street liegt ein großer halbbebauter Arbeiterbezirk — ein hügeliger, nackter Strich Landes, mit einzelnen, unordentlich angelegten Häuserreihen oder Karrees besetzt. Dazwischen leere Bauplätze, uneben, lehmig, ohne Gras und daher bei feuchtem Wetter kaum zu passieren. Die Cottages sind alle schmutzig und alt, liegen oft in tiefen Löchern... Die von der Birminghamer Eisenbahn durchschnittene Strecke ist die am dichtesten bebaute, also auch die schlechteste. Hier fließt in unzähligen Krümmungen der Medlock durch ein Tal ... Zu beiden Seiten des pechschwarzen, stagnierenden und stinkenden Flusses, von seinem Eintritt in die Stadt bis zu seiner Vereinigung mit dem Jowell, zieht sich ein breiter Gürtel von Fabriken und Arbeiterwohnungen, welche letzteren alle in dem schlechtesten Zustande sind. Das Ufer ist meist abschüssig und bis in den Fluß hinein bebaut... Die Anlage der Häuser und Straßen ist gleich schlecht, ob sie auf der Seite von Manchester, oder der von Ardwick, Chorlton oder Hulme angelegt sind. Der abscheulichste Fleck — wenn ich all die einzelnen Flecke detaillieren wollte, würde ich nicht zu Ende kommen — liegt aber auf der Manchester-Seite, gleich südwestlich von Oxford Road und heißt Klein-Irland (Little Ireland). In einem ziemlich tiefen Loche, das in einem Halbkreis vom Medlock und an allen 4 Seiten von hohen Fabriken, hohen bebauten Ufern oder Aufschüttungen umgeben ist, liegen in 2 Gruppen etwa 200 Cottages, meist mit gemeinschaftlichen Rückwänden für je 2 Wohnungen, worin zusammen an 4000 Menschen, fast lauter Irländer, wohnen. Die Cottages sind alt, schmutzig und von der kleinsten Sorte. Die Straßen uneben, holperig und zum Teil ungepflastert und ohne Abflüsse; eine Unmasse Unrat, Abfall und ekelhafter Kot liegt zwischen stehenden

Lachen überall herum, die Atmosphäre ist durch die Ausdünstungen verpestet und durch den Rauch von einem Dutzend Fabrikschornsteinen verfinstert und schwergemacht — eine Menge zerlumpter Kinder und Weiber treibt sich hier umher, ebenso schmutzig wie die Schweine, die sich auf den Aschenhaufen und in den Pfützen wohl sein lassen — kurz, das ganze Nest gewährt einen so unangenehmen, so zurückstoßenden Anblick, wie kaum die schlechtesten Höfe am Irk. Das Geschlecht, das in diesen verfallenden Cottages, hinter den zerbrochenen und mit Ölleinwand verklebten Fenstern, den rissigen Türen und abfaulenden Pfosten oder gar in den finstern nassen Kellern, zwischen diesem grenzenlosen Schmutz und Gestank in dieser wie absichtlich eingesperrten Atmosphäre lebt — das Geschlecht muß wirklich auf der niedrigsten Stufe der Menschheit stehn — das ist der Eindruck und die Schlußfolgerung, die einem bloß die Außenseite dieses Bezirks aufdrängt. Aber was soll man sagen, wenn man hört[1]), daß in jedem dieser Häuschen, das allerhöchstens 2 Zimmer und den Dachraum, vielleicht noch einen Keller hat, durchschnittlich 20 Menschen wohnen, daß in dem ganzen Bezirk nur auf 120 Menschen ein — natürlich meist ganz unzugänglicher — Abtritt kommt, und daß trotz alles Predigens der Ärzte, trotz der Aufregung, in die zur Cholerazeit die Gesundheitspolizei über den Zustand von Klein-Irland geriet, dennoch alles heute im Jahre der Gnade 1844 fast in demselben Zustande ist wie 1831? — Dr. Kay erzählt, daß nicht nur die Keller, sondern sogar die Erdgeschosse aller Häuser in diesem Bezirk feucht seien; daß früher eine Anzahl Keller mit Erde angefüllt worden, allmählich aber wieder ausgeleert und jetzt von Irländern bewohnt würden — daß in einem Keller das Wasser — da der Boden des Kellers tiefer lag als der Fluß — fortwährend aus einem mit Lehm verstopften Versenkloch herausgequollen sei, so daß der Bewohner, ein Handweber, jeden Morgen seinen Keller habe trocken schöpfen und das Wasser auf die Straße gießen müssen!

... Fassen wir das Resultat unserer Wanderung durch diese Gegenden zusammen, so müssen wir sagen, daß 350 000 Arbeiter von Manchester und seinen Vorstädten fast alle in schlechten, feuchten und schmutzigen Cottages wohnen, daß die Straßen, die sie einnehmen, meist in dem schlechtesten und unreinsten Zustande sich befinden und ohne alle Rücksicht auf Ventilation, bloß mit Rücksicht auf den dem Erbauer zufließenden Gewinn angelegt worden sind — mit einem Wort, daß in den Arbeiterwohnungen von Manchester keine Reinlichkeit, keine Bequemlichkeit, also auch keine Häuslichkeit möglich ist; daß in diesen Wohnungen

---

[1]) Dr. Kay a. a. O.

nur eine entmenschte, degradierte, intellektuell und moralisch zur Bestialität herabgewürdigte, körperlich kränkliche Rasse sich behaglich und heimisch fühlen kann. Und ich bin nicht der einzige, der das behauptet; wir haben gesehen, daß Dr. Kay ganz dieselbe Beschreibung gibt, und zum Überfluß will ich noch die Worte eines Liberalen, einer anerkannten und sehr geschätzten Autorität der Fabrikanten, eines fanatischen Gegners aller selbständigen Arbeiterbewegungen, die Worte des Herrn Senior[1]) hersetzen: „Als ich durch die Wohnungen der Fabrikarbeiter in den irischen Städten Ancoat und Klein-Irland ging, erstaunte ich nur darüber, daß es möglich sei, in solchen Wohnungen eine erträgliche Gesundheit zu bewahren. Diese Städte — denn das sind sie in Ausdehnung und Einwohnerzahl — sind errichtet worden mit der äußersten Rücksichtslosigkeit gegen alles, ausgenommen unmittelbaren Nutzen für die spekulierenden Erbauer. Ein Zimmermann und ein Maurer vereinigen sich, eine Reihe Bauplätze zu kaufen (d. h. auf eine Anzahl Jahre zu mieten) und diese mit sogenannten Häusern zu bedecken; an einer Stelle fanden wir eine ganze Straße, die dem Laufe eines Grabens folgte, damit man ohne die Kosten der Ausgrabung tiefere Keller bekam — Keller, nicht zu Rumpelkammern und Niederlagen, sondern zu Wohnungen für Menschen. Kein einziges Haus in dieser Straße entging der Cholera. Und im allgemeinen sind die Straßen in diesen Vorstädten ungepflastert, mit einem Düngerhaufen oder einer Lache in der Mitte, die Häuser mit der Rückwand zusammengebaut und ohne Ventilation oder Trockenlegung, und ganze Familien sind auf den Winkel eines Kellers oder einer Dachstube beschränkt."

b) Das Schwitzsystem im Londoner Schneidergewerbe.

Nach Kingsley's „Billig-eklige Kleider" 1849.

Parson Lot, Cheap clothes and nasty, 1849. Jetzt in der Shilling-Ed. v. Kingsley's Sämtl. Werken (London, Macmillan 1908) in dem Bande „Alton Locke" hinter der Vorrede des Herausgebers, S. XLVII—LXV. — Vgl. Leon Kellner, Die englische Literatur im Zeitalter d. Königin Viktoria (Leipzig 1909), S. 356—68.

[11

Im Dezember 1849 veranstaltete das Morning Chronicle in London zwei Schneiderversammlungen und brachte auf Grund der dort gesammelten Aussagen Schilderungen des Schneiderelends, in dem die Kleider auch der wohlhabenden Klassen hergestellt wurden. Sie

---

[1]) Nassau W. Senior, Letters on the factory Act to the Rt. Hon. the President of the Board of Trade (Chas. Poulett Thomson Esq.) London 1837, p. 24.

erregten großes Aufsehen. Dieses steigerte sich noch, als eine Flugschrift von Pfarrer Lot den Hauptinhalt zusammenfaßte und ihm eine Spitzmarke gab, die auf den Zusammenhang zwischen billigen Preisen und widerwärtig-niedriger Lebenshaltung der Arbeitenden grobkörnig hinwies. Daß 'Parson Lot' ein Pseudonym für Charles Kingsley war, war bereits bekannt. Der Verfasser (1819, † 1875) war damals Pfarrer in Eversley (Hampshire), einer kleinen Gemeinde von 800 Seelen, zumeist fahrendem Volk, das er ohne Predigt durch praktisches Christentum zu pastorisieren suchte; er galt neben F. D. Maurice als Hauptperson in der christlich-sozialen Bewegung. Im folgenden Jahre hat Kingsley denselben Stoff in dem Roman 'Alton Locke, Schneider und Poet' mit einem so nachhaltigen Erfolge bearbeitet, daß dadurch jene kleine Kampfschrift fast in Vergessenheit geriet.*

12]

König Rion in der Artussage hatte an seinem Mantel eine Garnierung aus Königsbärten. In der ersten französischen Revolution (so versichert uns Carlyle) gab es in Meudon Menschenhaut-Gerbereien. Tyrann und Revolutionär in einer Person, folgt Mammon diesen beiden edlen Vorbildern. In einer anständigeren Art natürlich; denn Grausamkeit ist ihm verhaßt, körperlicher Schmerz ist sein Teufel, das schlimmste Übel, das er, weibisch wie er ist, sich vorstellen kann. So kreischt er wohlwollend auf, wenn ein betrunkener Soldat ausgepeitscht wird; aber er garniert seine Mäntel und schmückt seine Beine mit dem Fleisch von Männern und mit der Haut von Frauen, mit Entmenschung, Pestilenz, Heidentum und Verzweifelung; und dann schmunzelt er selbstgefällig, wie klein seine Schneiderrechnung ist. Heuchler, die ihr Mücken seihet und Kamele verschluckt! Was ist Auspeitschen oder Hängen, was sind König Rions Mantel oder die Gerbereien von Meudon im Vergleich zu der Sklaverei, Hungerpein, Lebensvernichtung, jahrelangen Einkerkerung in Verließe, enger und dumpfer als die der Inquisition, wie sie unter Tausenden von freien englischen Schneidersleuten bis auf den heutigen Tag bestehen?

„Der Mann ist rasend!" sagt Mammon mit mitleidsvoll überlegenem Lächeln. Ja, Mammon; rasend wie Paulus vor Festus, und sogar aus genau demselben Grunde: Vieles Studieren hat uns rasend gemacht [a]). Wir haben zwei Artikel im Morning Chronicle von Freitag, dem 14., und Dienstag, dem 18. Dez., durchstudiert und haben daraus über die Lage der Schneider zu viel ersehen, als daß wir noch Herr unser selbst bleiben könnten.

a) Die Anspielung ist nach der englischen Bibelübersetzung (und dem griechischen Original) leichter verständlich, als nach der Lutherschen (Ap. 26, 24).

Aber unsere Tollheit hat Methode; wir können für sie Gründe angeben, genugsam für uns und vielleicht auch für den, der uns geschaffen hat und euch und alle Schneider gleicherweis. Frisch ausgeputzt von Nebukadnezar & Co.s Modebazar, ihr und eure Bedienten, wollt ihr ein wenig darüber hören, wie euer Staat angefertigt worden ist? Ihr beruft euch gern auf Tatsachen und habt einen festen Glauben an die seligmachende Statistik. Hört ein bißchen zu!

Die Lokalredaktion des Morning Chronicle hatte zwei Schneiderversammlungen einberufen, die eine nach Shadwell, die andere in die Hanover-Square-Säle, um ihre Lage nach eigenen Aussagen zu ermitteln. Beide Versammlungen waren überfüllt, in Hanover Square waren über 1000 Mann; einmütig schilderten sie ihr Elend und ihre Sklaverei. Es zeigte sich, daß es zwei ganz verschiedene Schneidergewerbe gibt, das 'ehrliche', jetzt nur noch auf Westend beschränkt und auch dort langsam aussterbend, und das 'unehrliche' der freien Bazare und Slopgeschäfte — Glaspaläste, in denen Herren (und leider auch solche, die unwillig wären, wenn man ihnen nicht mehr als diesen Titel geben wollte) ihre billigekligen Kleider einkaufen. Jene beiden Bezeichnungen sind Schneider-slang; aber die Volkssprache ist oft recht bezeichnend. Die 'ehrlichen' Läden in Westend sind nur 60 an Zahl, denen 400 und mehr 'unehrliche' gegenüberstehen; in Ostend ist die Alleinherrschaft des 'unehrlichen' Gewerbes unbestritten. Das 'ehrliche' Gewerbe nimmt jährlich um 140 Gesellen ab, das 'unehrliche' wächst derartig, daß es in 20 Jahren das ganze Schneidergewerbe verschlungen haben wird, das mehr als 21 000 Gesellen beschäftigt. In den ehrlichen Geschäften wird gearbeitet, wie es vor 30 Jahren allgemein war: in Werkstätten und gegen gute Löhnung. In den unehrlichen Geschäften müssen die Leute die Arbeit nach Haus nehmen und sie zu den denkbar niedrigsten Löhnen leisten, die von Jahr zu Jahr, fast könnte man sagen von Monat zu Monat abnehmen. In den ehrlichen Geschäften werden von 36 bis 24 s gezahlt für das Stück, für das die 'unehrlichen' nur 22 bis herab zu 9 s zahlen. Aber nicht etwa an den Arbeiter; der ist glücklich wenn er zwei Drittel oder die Hälfte davon bekommt. Denn nur in den 'ehrlichen' Geschäften verkehrt der Meister direkt mit seinen Arbeitern; in den 'unehrlichen' wird der größte Teil der Arbeit oder gar die ganze an Akkordanten oder Mittelspersonen ausgetan — 'Schwitzmeister', wie bei ihren Opfern der bezeichnende Name heißt —, die ihrerseits es weiter austun, bisweilen an die Arbeiter, bisweilen aber auch an andere Mittelspersonen; so daß an dem Preise nicht nur die Arbeiter, sondern auch der Schwitzmeister und vielleicht noch dessen Schwitzmeister und ein dritter, ein vierter, ein fünfter ihren Anteil haben. Und wenn der Arbeitslohn auf seinen niedrigsten Stand gebracht ist, wieviel dann nach all diesen Abzügen bleibt, — hören wir darüber die armen Kerle selbst.

. . . 'Wir sind alles noch Leute aus dem ehrlichen Gewerbe, so daß wir die regulären Preise aus eigener Erfahrung kennen. Gut und schlecht durcheinander gerechnet, mag der Verdienst im Durchschnitt 11 s die Woche betragen. Zuweilen verdienen wir auch jetzt noch bis zu 15 s; aber um das zu erreichen, müssen wir einen Teil der Arbeit für Frau und Töchter nach Hause nehmen. Wir sind auch nicht etwa immer voll beschäftigt. Fast die halbe Zeit müssen wir feiern. Daher ist unser Jahresverdienst im Jahresdurchschnitt doch nicht mehr als 5½ s die Woche.' 'Oft habe ich nur 3 s 4 d in der Woche gemacht', sagte der eine. 'Das geht uns allen oft genug so', versicherte ein anderer. 'Letzte Woche hatte ich 7½ s Lohn'; 'ich 6 s 4 d'; 'ich 9 s 2 d, und die Woche zuvor 6 s 3 d'. 'Ich hatte 7 s 9 d', 'ich 7 oder 8 s, ich kann mich nicht mehr genau besinnen'. 'Das ist übrigens die beste Zeit unserer Wintersaison. Feiern müssen wir so viel, weil man an den Arbeitsstellen mehr Hände hält, als notwendig ist, damit man im Falle einer eiligen Bestellung sie sofort ausführen kann. Unter der Herrschaft des Tagelohnsystems hatte kein Schneider mehr Gesellen, als er fortlaufend beschäftigen konnte; aber seit dem Übergang zum Stücklohn haben die Meister es eingeführt, doppelt so viel Hände anzunehmen, als sie nötig haben, so daß ein Auftrag auf Verlangen „in kürzester Frist" ausgeführt werden kann. Wer feiert, darf nicht etwa die Werkstatt verlassen; sonst riskiert er keine Arbeit zu bekommen, wenn sie gerade eintrifft'. 'Ich bin dort 4 Tage hintereinander gewesen, ohne einen Nadelstich zu tun' . . .

'Noch ein Grund, weswegen die Schwitzmeister mehr Hände annehmen als nötig, liegt darin, daß die Leute im allgemeinen bei ihnen essen. Je mehr Leute sie haben, desto mehr Frühstück und Tee setzen sie ab, und desto mehr verdienen sie daran . . . Auch wohnen die Leute gewöhnlich an der Arbeitsstelle. Ein Schwitzmeister hält etwa 6 Mann. Diese sind in zwei kleinen Dachstuben untergebracht; die eine nennt man Küche, die andere Werkstatt; hier wohnen und schlafen die sämtlichen 6 Mann, dazu der Schwitzmeister, seine Frau und seine Familie Ein Schwitzmeister, bei dem ich arbeitete, hatte 4 Kinder und 6 Mann, und diese zusammen mit seiner Frau, seiner Schwägerin und ihm selbst wohnten allesamt in zwei Zimmern, von denen selbst das größte nur ungefähr 8 auf 10 Fuß maß. Für uns sechs war der kleinere Raum Arbeits- und Schlafstube. Er hatte zwei Klappbetten, und wir schliefen je drei zusammen. Das Zimmer hatte keinen Kamin und buchstäblich keine Lüftung irgendwelcher Art. Ich war nahe daran, mein Leben zu verlieren. Die Luft, ganz verdorben von so vielen Leuten, die den ganzen Tag dort arbeiteten und in der Nacht dort schliefen, war zum Ersticken. Beinahe alle waren schwindsüchtlg, und auch ich mußte wegen Lungenerkrankung die Armenapotheke aufsuchen. Unser gemeinsames Schlafzimmer hatte höchstens sechs Fuß im Geviert. Wir waren alle krank und schwach und unlustig zur Arbeit. Jeder von uns sechsen bezahlte für Wohnung 2½ s die Woche, d. i. zusammen 15 s, und ich bin sicher, so ein Zimmer, wie das, in dem wir schliefen und arbeiteten, ist für 1 s zu haben. Ein Zimmer mit Herd bekommt man schon für 1½ s die Woche. Für Tee, Frühstück und Wohnung bezahlen die Leute, die für Schwitzmeister arbeiten, gewöhnlich 6½ bis 7 s die Woche, und mehr als das verdienen sie nur selten. So trifft es sich, daß sie am Ende der Woche in des Schwitzmeisters Schuld sind; freilich selten mehr als 6 d, denn wenn der Schwitzmeister keine Arbeit für sie hat, gibt er ihnen auch keine Lebensmittel. Viele von ihnen sind verheiratet und müssen für Frau und Kinder besondere Wohnung haben, manche schicken sie ins Arbeitshaus, andere zu ihren Verwandten aufs Land. Außer dem Verdienst an Kost und Wohnung nimmt der Schwitzmeister noch 6 d für jedes Stück unter 10 s, manche nehmen 1 s, und ich weiß von einem, der so viel wie 2 s nimmt. Dieser Mann arbeitet für einen großen Bazar in Westend. Der gewöhnliche Verdienst eines Schwitzmeisters, außer dem, was er an Kost und Wohnung verdient, ist 2 s an einem £. Wer für einen Schwitzmeister arbeitet, wird sehr bald seine Kleider los und kann sich dann nicht einmal nach anderer Arbeit umsehen, weil er keinen Rock mehr anzuziehen hat. Letzte Woche schaffte ich mit einem andern Manne zusammen an einem Rock für einen von Seiner Majestät Ministern, und mein College nahm keinen Bissen zu sich, während er an seiner Hälfte arbeitete. Der Minister kauft in einem der billigen feinen Bazare in Westend. In den anderthalb Tagen, in denen er an dem Rock arbeitete, war alles, was er zu sich nahm, ein wenig Tee. Noch schlechter als die Schwitzmeisterarbeit, ist Arbeit von der Regierung. Bei ihr können wir nicht mehr als 4 oder 5 s die Woche machen. Natürlich die Zeit, in der wir nach der Arbeit laufen müssen, mitgerechnet. Arbeit für Regierungslieferungen ist die schlimmste von allen; sie ist für den ausgemergelten und ausgeschwitzten Schneidergesellen die letzte Zuflucht. Freilich, so viel Schaden im Ganzen genommen, kann die eine Regierung nicht anrichten, wie alle die billigen Bazare und Slop-Geschäfte zusammengenommen. Diese Häuser haben Tausende ruiniert, sie haben die Preise so weit herabgedrückt, daß die Leute von ihrer Arbeit nicht mehr leben können. Die Meister, die früher bessere Löhne zahlten und gern weiter gezahlt hätten, müssen sie doch tagtäglich herabsetzen. Sie sagen, es bleibt ihnen keine Wahl: entweder mit den großen Bazaren konkurrieren, oder Konkurs anmelden!'

O süße Konkurrenz! O du himmlische Maid! Heutzutage angesungen, vom penny-a-liner wie vom Philosophen, als Grundlage aller menschlichen Gesellschaft, — die einzig wahre Erhalterin der Erde! Der Erde nur? Warum nicht auch des Himmels? Vielleicht gibt es auch unter den Engeln Konkurrenz, und Gabriel und Rafael haben ihre hohen Posten erhalten, weil sie ein Maximum von Gebet gegen ein Minimum von Gnade lieferten? Wir werden das noch eines Tages erfahren. Inzwischen: 'dies sind deine Werke, du Vater alles Guten!' Der Mensch frißt den Menschen, wird vom Menschen gefressen, in jedem Grade, in jeder Art! Warum kommt nicht einmal ein Nationalökonom in seiner schwärmerischen Verehrung für die freie Konkurrenz auf den Gedanken, ein Epos zu schreiben: „Die Weihe des Kannibalentums"? ...

'Wir haben auch Kostüme gemacht für Herrn —, Herrn —, Aldermann —, Doktor — und Doktor —. Wir arbeiten für verschiedene vom Adel. Wir können da nicht so genau sagen, für wen, denn die Zettel kommen öfter zu uns mit der halben Ausfüllung Lord — und Marquis —. Dies kann nicht etwa ein Judentrick sein, denn zu den Livreen werden Kronenknöpfe geliefert. Daß übrigens das Haus in dem höheren Adel, in der Geistlichkeit, in der Gentry eine große Kundschaft hat, sehen wir ja an der Zahl von Staatskleidern, Livreen, Chorhemden, Uniformen und Damenreitkleidern, die wir beständig zu machen haben. Unter den Kunden sind Geistliche mehr als irgendein Stand vertreten, und oft haben wir an ihren Kleidern den Sonntag über zu arbeiten, um nur leben zu können. Meistens schämen sich die Kunden, in diesem Hause zu kaufen, denn die Leute, die die Kleider auf dem Karren in das Haus des Kunden bringen, erhalten die Anweisung, schon an der Straßenecke zu halten. Wie unangenehm es den Herrschaften ist, bekannt werden zu sehen, daß sie in diesem Hause kaufen, das konnten wir sehr gut merken: wenn die Hosenknöpfe die Firma trugen, so bekamen wir gewöhnlich die Arbeit zurück, und jetzt waren die Knöpfe ohne Stempel'!!!

Keinen Kommentar zu diesen Auszügen! Wenn diese Leute wissen, wie ihre Kleider hergestellt worden sind, dann stehen sie so tief, daß keine Verachtung sie mehr erreichen kann. Fürchten die Menschen, aber fürchten nicht Gott! Als ob Sein Auge den Karren, beladen mit dem Raube der Armen, nicht sehen könnte, weil er an der Ecke hält? Wenn sie andrerseits diese Dinge nicht kennen (und zweifellos kennen die meisten sie nicht), dann ist ihre Unwissenheit ihre Sünde. Wehe einer Gesellschaft, deren einzige Verteidigung vor Gott und Menschen ist: 'Soll ich meines

Bruders Hüter sein?' Der Mensch soll die Lage derer kennen, von deren Arbeit er lebt. Handelt es sich um Anlage von ein paar Pfund in einem Spekulationsgeschäft, dann würden diese Herren sich sehr sorgfältig um gute Sicherheit bekümmert haben. Und wenn sie ihr Geld in Kleidern anlegen, dann sollten sie sich keine Sicherheit dafür beschaffen, daß sie nicht etwa auf ihren Rücken Kleider bringen, an denen Flüche haften, die den Teufeln als Opfer dargebracht sind, auf die die Seufzer der Hinschmachtenden hingehaucht sind, die verpestet sind — ja buchstäblich verpestet; denn jetzt kommt es heraus, daß man sich in diesen Kostümen zahllose Krankheiten ins Haus gebracht hat, aus den jämmerlichen Aufenthaltsräumen, in denen sie hergestellt wurden. Es wurden dafür im Jahre 1844 Beweise gegeben; aber Mammon war zu beschäftigt, darauf zu achten. Wenn jene elenden Geschöpfe ihr eigenes Kleid und Bettzeug versetzen müssen, dann brauchen sie an deren Stelle die Kleider, an denen sie arbeiten. So hat man des Lord — Rock als Decke auf pockenkranken Kindern gesehen. Reverend D— findet sich eines Tages unrepräsentabel wegen einer Hautkrankheit, die zu benennen der gute Ton südlich des Tweed nicht gestattet; ein nettes Traumbild, daß das frierende, schmutzige Wesen, das an diesem Rocke schaffte, dasaß, mit seinen Armen sich in den Ärmeln wärmend, während es an den Rockschößen nähte. Die reizende Miß C. ist vom Typhus oder Scharlach dahingerafft, und ihre Eltern reden von 'Gottes schwerem Urteil und Heimsuchung'. Hätten sie von des Mädchens neuem Reitkleid die Spur rückwärts verfolgt bis in das stickige nasse Loch, wo es dem fieberkranken Slop-Arbeiter als Decke diente, — sie würden gesehen haben, weshalb Gott sie heimgesucht hat; sie würden gesehen haben, daß Seine Urteile gerecht sind und Seine klare Meinung offenbaren über ein System, das 'gutes spricht von dem Habsüchtigen, der ein Greuel dem Herrn ist'[a])...

IV. Das kommunistische Manifest 1848.

Das kommunistische Manifest. 7. autorisierte deutsche Ausgabe. Mit Vorreden von Marx und Engels und einem Vorwort von K. Kautsky. Berlin 1906, Vorwärts. 50 Pf. [13

Im Nov. 1847 beauftragte der „Bund der Kommunisten" auf seinem Kongreß in London seine Mitglieder Marx und Engels mit der Abfassung eines für die Öffentlichkeit bestimmten theoretischen und praktischen Parteiprogramms. Wenige Zeit nachdem das auf Grund dessen ausgearbeitete Manuskript zum Druck eingeliefert war, brach in Paris die Februar-Revolution 1848 aus. Während dieser wurde der erste Druck verbreitet. Er war in London hergestellt, aber

a) Eine der vielen Übersetzungs-Varianten von Ps. 10,3.

in deutscher Sprache gehalten. Das Manifest ist später in fast alle europäischen Sprachen übersetzt worden und gilt für die meistverbreitete sozialistische Schrift.

14] Manifest der Kommunistischen Partei.

Ein Gespenst geht um in Europa — das Gespenst des Kommunismus. Alle Mächte des alten Europa haben sich zu einer heiligen Hetzjagd gegen dies Gespenst verbündet, der Papst und der Zar, Metternich und Guizot, französische Radikale und deutsche Polizisten.

Wo ist die Oppositionspartei, die nicht von ihren regierenden Gegnern als kommunistisch verschrieen worden wäre, wo die Oppositionspartei, die den fortgeschritteneren Oppositionsleuten sowohl wie ihren reaktionären Gegnern den brandmarkenden Vorwurf des Kommunismus nicht zurückgeschleudert hätte?

Zweierlei geht aus dieser Tatsache hervor. | Der Kommunismus wird bereits von allen europäischen Mächten als eine Macht anerkannt. | Es ist hohe Zeit, daß die Kommunisten ihre Anschauungsweise, ihre Zwecke, ihre Tendenzen vor der ganzen Welt offen darlegen und dem Märchen vom Gespenst des Kommunismus ein Manifest der Partei selbst entgegenstellen.

Zu diesem Zweck haben sich Kommunisten der verschiedensten Nationalität in London versammelt und das folgende Manifest entworfen, das in englischer, französischer, deutscher, italienischer, flämischer und dänischer Sprache veröffentlicht wird.

I. Bourgeois und Proletarier.

Die Geschichte aller bisherigen Gesellschaft ist die Geschichte von Klassenkämpfen. | Freier und Sklave, Patrizier und Plebejer, Baron und Leibeigener, Zunftbürger und Gesell, kurz, Unterdrücker und Unterdrückte standen in stetem Gegensatz zu einander, führten einen ununterbrochenen, bald versteckten, bald offenen Kampf, einen Kampf, der jedesmal mit einer revolotionären Umgestaltung der ganzen Gesellschaft endete oder mit dem gemeinsamen Untergang der kämpfenden Klassen. | In den früheren Epochen der Geschichte finden wir fast überall eine vollständige Gliederung der Gesellschaft in verschiedene Stände, eine mannigfaltige Abstufung der gesellschaftlichen Stellungen. Im alten Rom haben wir Patrizier, Ritter, Plebejer, Sklaven; im Mittelalter Feudalherren, Vasallen, Zunftbürger, Gesellen, Leibeigene und noch dazu in fast jeder dieser Klassen wieder besondere Abstufungen. | Die aus dem Untergang der feudalen Gesellschaft hervorgegangene moderne bürgerliche Gesellschaft hat die Klassengegensätze nicht aufgehoben. Sie hat nur neue Klassen, neue Bedingungen der Unterdrückung, neue Gestaltungen des Kampfes an die Stelle der alten gesetzt. | Unsere

Epoche, die Epoche der Bourgeoisie, zeichnet sich jedoch dadurch aus, daß sie die Klassengegensätze vereinfacht hat. Die ganze Gesellschaft spaltet sich mehr und mehr in zwei große feindliche Lager, in zwei große, einander direkt gegenüberstehende Klassen: Bourgeoisie und Proletariat...

In demselben Maße, worin sich die Bourgeoisie, d. h. das Kapital, entwickelt, in demselben Maße entwickelt sich das Proletariat, die Klasse der modernen Arbeiter, die nur so lange leben, als sie Arbeit finden, und die nur so lange Arbeit finden, als ihre Arbeit das Kapital vermehrt. Diese Arbeiter, die sich stückweis verkaufen müssen, sind eine Ware, wie jeder andere Handelsartikel, und daher gleichmäßig allen Wechselfällen der Konkurrenz, allen Schwankungen des Marktes ausgesetzt.

Die Arbeit der Proletarier hat durch die Ausdehnung der Maschinerie und die Teilung der Arbeit allen selbständigen Charakter und damit allen Reiz für die Arbeiter verloren. Er wird ein bloßes Zubehör der Maschine, von dem nur der einfachste, eintönigste, am leichtesten erlernbare Handgriff verlangt wird. Die Kosten, die der Arbeiter verursacht, beschränken sich daher fast nur auf die Lebensmittel, die er zu seinem Unterhalt und zur Fortpflanzung seiner Rasse bedarf. Der Preis einer Ware, also auch der Arbeit, ist aber gleich ihren Produktionskosten. In demselben Maße, in dem die Widerwärtigkeit der Arbeit wächst, nimmt daher der Lohn ab... | Je weniger die Handarbeit Geschicklichkeit und Kraftäußerung erheischt, d. h. je mehr die moderne Industrie sich entwickelt, desto mehr wird die Arbeit der Männer durch die der Weiber verdrängt. Geschlechts- und Alters-Unterschiede haben keine gesellschaftliche Geltung mehr für die Arbeiterklasse. Es gibt nur noch Arbeitsinstrumente, die je nach Alter und Geschlecht verschiedene Kosten machen.... | Die bisherigen kleinen Mittelstände, die kleinen Industriellen, Kaufleute und Rentiers, die Handwerker und Bauern, alle diese Klassen fallen ins Proletariat hinab, teils dadurch, daß ihr kleines Kapital für den Betrieb der großen Industrie nicht ausreicht und der Konkurrenz mit den größeren Kapitalisten erliegt, teils dadurch, daß ihre Geschicklichkeit von neuen Produktionsweisen entwertet wird. So rekrutiert sich das Proletariat aus allen Klassen der Bevölkerung.

Das Proletariat macht verschiedene Entwicklungsstufen durch. Sein Kampf gegen die Bourgeoisie beginnt mit seiner Existenz.

Im Anfang kämpfen die einzelnen Arbeiter, dann die Arbeiter einer Fabrik, dann die Arbeiter eines Arbeitszweiges an einem Ort gegen den einzelnen Bourgeois, der sie direkt ausbeutet. Sie richten ihre Angriffe nicht nur gegen die bürgerlichen Produktionsverhältnisse, sie richten sie gegen die Produktions-Instrumente selbst; sie vernichten die fremden konkurrierenden Waren, sie zerschlagen die Maschinen, sie stecken die Fabriken in Brand, sie suchen die untergegangene Stellung des mittelalterlichen Arbeiters wieder zu erringen. | Auf dieser Stufe bilden die Arbeiter eine über das ganze Land zerstreute und durch die Konkurrenz zersplitterte Masse. Massenhaftes Zusammenhalten der Arbeiter ist noch nicht die Folge ihrer eigenen Vereinigung, sondern die Folge der Vereinigung der Bourgeoisie, die zur Erreichung ihrer eigenen politischen Zwecke das ganze Proletariat in Bewegung setzen muß und es einstweilen noch kann. Auf dieser Stufe bekämpfen die Proletarier also nicht ihre Feinde, sondern die Feinde ihrer Feinde, die Reste der absoluten Monarchie, die Grundeigentümer, die nichtindustriellen Bourgeois, die Kleinbürger. Die ganze geschichtliche Bewegung ist so in den Händen der Bourgeoisie konzentriert; jeder Sieg, der so errungen wird, ist ein Sieg der Bourgeoisie.

Aber mit der Entwicklung der Industrie vermehrt sich nicht nur das Proletariat; es wird in größeren Massen zusammengedrängt, seine Kraft wächst und es fühlt sie mehr. Die Interessen, die Lebenslagen innerhalb des Proletariats gleichen sich immer mehr aus, indem die Maschinerie mehr und mehr die Unterschiede der Arbeit verwischt und den Lohn fast überall auf ein gleich niedriges Niveau herabdrückt. Die wachsende Konkurrenz der Bourgeois unter sich und die daraus hervorgehenden Handelskrisen machen den Lohn der Arbeiter immer schwankender; die immer rascher sich entwickelnde, unaufhörliche Verbesserung der Maschinerie macht ihre ganze Lebensstellung immer unsicherer; immer mehr nehmen die Kollisionen zwischen dem einzelnen Arbeiter und dem einzelnen Bourgeois den Charakter von Kollisionen zweier Klassen an. Die Arbeiter beginnen damit, Koalitionen gegen die Bourgeois zu bilden; sie treten zusammen zur Behauptung ihres Arbeitslohns. Sie stiften selbst dauernde Assoziationen, um sich für die gelegentlichen Empörungen zu verproviantieren. Stellenweis bricht der Kampf in Emeuten aus... | Diese Organisation der Proletarier zur Klasse, und damit zur politischen Partei, wird jeden Augenblick wieder gesprengt durch die Konkurrenz unter den Arbeitern selbst. Aber sie ersteht immer wieder, stärker, fester, mächtiger. Sie erzwingt die Anerkennung einzelner Interessen der Arbeiter in Gesetzesform, indem sie die Spaltungen der Bourgeoisie unter sich benutzt. So die Zehnstundenbill in England.

Die Kollisionen der alten Gesellschaft überhaupt fördern mannigfach den Entwicklungsgang des Proletariats. Die Bourgeoisie befindet sich im fortwährenden Kampfe: anfangs gegen die Aristokratie; später gegen die Teile der Bourgeoisie selbst, deren Interessen mit dem Fortschritt der Industrie in Widerspruch geraten; stets gegen die Bourgeoisie aller auswärtigen Länder. In allen diesen Kämpfen sieht sie sich genötigt, an das Proletariat zu appellieren, seine Hülfe in Anspruch zu nehmen und es so in die politische Bewegung hineinzureißen. Sie selbst führt also dem Proletariat ihre eigenen Bildungselemente, d. h. Waffen gegen sich selbst, zu. | Es werden ferner, wie wir sahen, durch den Fortschritt der Industrie ganze Bestandteile der herrschenden Klasse ins Proletariat hinabgeworfen oder wenigstens in ihren Lebensbedingungen bedroht. Auch sie führen dem Proletariat eine Masse Bildungselemente zu. | In Zeiten endlich, wo der Klassenkampf sich der Entscheidung nähert, nimmt der Auflösungsprozeß innerhalb der herrschenden Klasse, innerhalb der ganzen alten Gesellschaft, einen so heftigen, so grellen Charakter an, daß ein kleiner Teil der herrschenden Klasse sich von ihr lossagt und sich der revolutionären Klasse anschließt, der Klasse, welche die Zukunft in ihren Händen trägt. Wie daher früher ein Teil des Adels zur Bourgeoisie überging, so geht jetzt ein Teil der Bourgeoisie zum Proletariat über, und namentlich ein Teil der Bourgeois-Ideologen, welche zum theoretischen Verständnis der ganzen geschichtlichen Bewegung sich hinaufgearbeitet haben.

Von allen Klassen, welche heutzutage der Bourgeoisie gegenüberstehen, ist nur das Proletariat eine wirklich revolutionäre Klasse. Die übrigen Klassen verkommen und gehen unter mit der großen Industrie, das Proletariat ist ihr eigenstes Produkt. | Die Mittelstände, der kleine Industrielle, der kleine Kaufmann, der Handwerker, der Bauer, sie alle bekämpfen die Bourgeoisie, um ihre Existenz als Mittelstände vor dem Untergang zu sichern. Sie sind also nicht revolutionär, sondern konservativ. Noch mehr, sie sind reaktionär, sie suchen das Rad der Geschichte zurückzudrehen. Sind sie revolutionär, so sind sie es im Hinblick auf den ihnen bevorstehenden Übergang ins Proletariat, so verteidigen sie nicht ihre gegenwärtigen, sondern ihre zukünftigen Interessen, so verlassen sie ihren eigenen Standpunkt, um sich auf den des Proletariats zu stellen — | Das Lumpenproletariat, diese passive Verfaulung der untersten Schichten der alten Gesellschaft, wird durch eine proletarische Revolution stellenweise in die Bewegung hineingeschleudert, seiner ganzen Lebenslage nach wird es bereitwilliger sein, sich zu reaktionären Umtrieben erkaufen zu lassen.

Die Lebensbedingungen der alten Gesellschaft sind schon vernichtet in den Lebensbedingungen des Proletariats. Der Proletarier ist eigentumslos; sein Verhältnis zu Weib und Kindern hat nichts mehr gemein mit dem bürgerlichen Familienverhältnis; die moderne industrielle Arbeit, die moderne Unterjochung unter das Kapital, dieselbe in England wie in Frankreich, in Amerika wie in Deutschland, hat ihm allen nationalen Charakter abgestreift. Die Gesetze, die Moral, die Religion, sind für ihn ebenso viele bürgerliche Vorurteile, hinter denen sich ebenso viele bürgerliche Interessen verstecken.

Alle früheren Klassen, die sich die Herrschaft eroberten, suchten ihre schon erworbene Lebensstellung zu sichern, indem sie die ganze Gesellschaft den Bedingungen ihres Erwerbes unterwarfen. Die Proletarier können sich die gesellschaftlichen Produktivkräfte nur erobern, indem sie ihre eigene bisherige Aneignungsweise und damit die ganze bisherige Aneignungsweise abschaffen. Die Proletarier haben nichts von dem Ihrigen zu sichern, sie haben alle bisherigen Privatsicherheiten und Privatversicherungen zu zerstören...

Alle bisherige Gesellschaft beruhte, wie wir gesehen haben, auf dem Gegensatz unterdrückender und unterdrückter Klassen. Um aber eine Klasse unterdrücken zu können, müssen ihr Bedingungen gesichert sein, innerhalb deren sie wenigstens ihre knechtische Existenz fristen kann. Der Leibeigene hat sich zum Mitglied der Kommune in der Leibeigenschaft herangearbeitet, wie der Kleinbürger zum Bourgeois unter dem Joch des feudalistischen Absolutismus. Der moderne Arbeiter dagegen, statt sich mit dem Fortschritt der Industrie zu heben, sinkt immer tiefer unter die Bedingungen seiner eigenen Klasse herab. Der Arbeiter wird zum Pauper und der Pauperismus entwickelt sich noch schneller als Bevölkerung und Reichtum. Es tritt hiermit offen hervor, daß die Bourgeoisie unfähig ist, noch länger die herrschende Klasse der Gesellschaft zu bleiben und die Lebensbedingungen ihrer Klasse der Gesellschaft als regelndes Gesetz aufzuzwingen. Sie ist unfähig zu herrschen, weil sie unfähig ist, ihrem Sklaven die Existenz selbst innerhalb seiner Sklaverei zu sichern, weil sie gezwungen ist, ihn in eine Lage herabsinken zu lassen, wo sie ihn ernähren muß, statt von ihm ernährt zu werden. Die Gesellschaft kann nicht mehr unter ihr leben, d. h. ihr Leben ist nicht mehr verträglich mit der Gesellschaft.

Die wesentliche Bedingung für die Existenz und für die Herrschaft der Bourgeoisklasse ist die Anhäufung des Reichtums in den Händen von Privaten, die Bildung und Vermehrung des Kapitals; die Bedingung des Kapitals ist die Lohnarbeit. Die Lohnarbeit beruht ausschließlich auf der Konkurrenz der Arbeiter unter sich. Der Fortschritt der Industrie, dessen willenloser und widerstandsloser Träger die Bourgeoisie ist, setzt an die Stelle der Isolierung der Arbeiter durch die Konkurrenz ihre revolutionäre Vereinigung durch die Assoziation. Mit der Entwicklung der großen Industrie wird also unter den Füßen der Bourgeoisie die Grundlage selbst hinweggezogen, worauf sie produziert und die Produkte sich aneignet. Sie produziert vor allem ihren eigenen Totengräber. Ihr Untergang und der Sieg des Proletariats sind gleich unvermeidlich.

II. Proletarier und Kommunisten.

In welchem Verhältnis stehn die Kommunisten zu den Proletariern überhaupt?

Die Kommunisten sind keine besondere Partei gegenüber den andern Arbeiterparteien. | Sie haben keine von den Interessen des ganzen Proletariats getrennten Interessen. | Sie stellen keine besonderen Prinzipien auf, wonach sie die proletarische Bewegung modeln wollen. | Die Kommunisten unterscheiden sich von den übrigen proleatrischen Parteien nur dadurch, daß sie einerseits in den verschiedenen nationalen Kämpfen der Proletarier die gemeinsamen ,von der Nationalität unabhängigen Interessen des gesamten Proletariats hervorheben und zur Geltung bringen, andererseits dadurch, daß sie in den verschiedenen Entwicklungsstufen, welche der Kampf zwischen Proletariat und Bourgeoisie durchläuft, stets das Interesse der Gesamtbewegung vertreten. | Die Kommunisten sind also praktisch der entschiedenste, immer weiter treibende Teil der Arbeiterparteien aller Länder; sie haben theoretisch vor der übrigen Masse des Proletariats die Einsicht in die Bedingungen, den Gang und die allgemeinen Resultate der proletarischen Bewegung voraus. | Der nächste Zweck der Kommunisten ist derselbe wie der aller übrigen proletarischen Parteien: Bildung des Proletariats zur Klasse, Sturz der Bourgeoisieherrschaft, Eroberung der politischen Macht durch das Proletariat.

Die theoretischen Sätze der Kommunisten beruhen keineswegs auf Ideen, auf Prinzipien, die von diesem oder jenem Weltverbesserer erfunden oder entdeckt sind. | Sie sind nur allgemeine Ausdrücke tatsächlicher Verhältnisse eines existierenden Klassenkampfs, einer unter unsern Augen vor sich gehenden geschichtlichen Bewegung. Die Abschaffung bisheriger Eigentumsverhältnisse ist nichts den Kommunismus eigentümlich Bezeichnendes. | Alle Eigentumsverhältnisse waren einem beständigen geschichtlichen Wechsel, einer beständigen geschichtlichen Veränderung unterworfen. | Die französische Revolution z. B. schaffte das Feudal-Eigentum zugunsten des bürgerlichen ab. | Was den Kommunismus auszeichnet, ist nicht die Abschaffung des Eigentums überhaupt, sondern die Abschaffung des bürgerlichen Eigentums. | Aber das moderne bürgerliche Privateigentum ist der letzte und vollendetste Ausdruck der Erzeugung und Aneignung der Produkte, die auf Klassengegensätzen, auf der Ausbeutung der Einen durch die Andern beruht. | In diesem Sinne können die Kommunisten ihre Theorie in dem einen Ausdruck: Aufhebung des Privateigentums, zusammenfassen.

Man hat uns Kommunisten vorgeworfen, wir wollten das persönlich erworbene, selbsterarbeitete Eigentum abschaffen; das Eigentum, welches die Grundlage aller persönlichen Freiheit, Tätigkeit und Selbständigkeit bilde. | Erarbeitetes, erworbenes, selbstverdientes Eigentum! Sprecht Ihr von dem kleinbürgerlichen, kleinbäuerlichen Eigentum, welches dem bürgerlichen Eigentum vorherging? Wir brauchen es nicht abzuschaffen, die Entwicklung der Industrie hat es abgeschafft und schafft es täglich ab. | Oder sprecht Ihr vom modernen bürgerlichen Privateigentum? | Schafft aber die Lohnarbeit, die Arbeit des Proletariats ihm Eigentum? Keineswegs. Sie schafft das Kapital, d. h. das Eigentum, welches die Lohnarbeit ausbeutet, welches sich nur unter der Bedingung vermehren kann, daß es neue Lohnarbeit erzeugt, um sie von neuem auszubeuten. Das Eigentum in seiner heutigen Gestalt bewegt sich in dem Gegensatz von Kapital und Lohnarbeit. Betrachten wir die beiden Seiten dieses Gegensatzes.

Kapitalist sein, heißt nicht nur eine rein persönliche, sondern eine gesellschaftliche Stellung in der Produktion einnehmen. Das Kapital ist ein gemeinschaftliches Produkt und kann nur durch eine gemeinsame Tätigkeit vieler Mitglieder, ja in letzter Instanz nur durch die gemeinsame Tätigkeit aller Mitglieder der Gesellschaft in Bewegung gesetzt werden. | Das Kapital ist also keine persönliche, es ist eine gesellschaftliche Macht. | Wenn also das Kapital in gemeinschaftliches, allen Mitgliedern der Gesellschaft angehöriges Eigentum verwandelt wird, so verwandelt sich nicht persönliches Eigentum in gesellschaftliches. Nur der gesellschaftliche Charakter des Eigentums verwandelt sich. Er verliert seinen Klassen-Charakter.

Kommen wir zur Lohnarbeit: | Der Durchschnittspreis der Lohnarbeit ist das Minimum des Arbeitslohnes, d. h. die Summe der Lebensmittel, die notwendig sind, um den Arbeiter als Arbeiter am Leben zu erhalten. Was also der Lohnarbeiter durch seine Tätigkeit sich aneignet, reicht bloß dazu hin, um sein nacktes Leben wieder zu erzeugen. Wir wollen diese persönliche Aneignung der Arbeitsprodukte zur Wiedererzeugung des unmittelbaren Lebens keineswegs abschaffen, eine Aneignung, die keinen Reinertrag übrig läßt, der Macht über fremde Arbeit geben könnte. Wir wollen nur den elenden Charakter dieser Aneignung aufheben, worin der Arbeiter nur lebt, um das Kapital zu vermehren, nur so weit lebt, wie es das Interesse der herrschenden Klasse erheischt.

In der bürgerlichen Gesellschaft ist die lebendige Arbeit nur ein Mittel, die aufgehäufte Arbeit zu vermehren. In der kommunistischen Gesellschaft ist die aufgehäufte Arbeit nur ein Mittel, um den Lebensprozeß der Arbeiter zu erweitern, zu bereichern, zu befördern. | In der bürgerlichen Gesellschaft herrscht also die Vergangenheit über die Gegenwart, in der kommunistischen die Gegenwart über die Vergangenheit. In der bürgerlichen Gesellschaft ist das Kapital selbständig und persönlich, während das tätige

Individuum unselbständig und unpersönlich ist. | Und die Aufhebung dieses Verhältnisses nennt die Bourgeoisie Aufhebung der Persönlichkeit und Freiheit! Und mit Recht. Es handelt sich allerdings um die Aufhebung der Bourgeois-Persönlichkeit, -Selbständigkeit und -Freiheit. | Unter Freiheit versteht man innerhalb der jetzigen bürgerlichen Produktions-Verhältnisse den freien Handel, den freien Kauf und Verkauf. | Fällt aber der Schacher, so fällt auch der freie Schacher. Die Redensarten vom freien Schacher, wie alle übrigen Freiheitsbravaden unserer Bourgeoisie haben überhaupt nur einen Sinn gegenüber dem gebundenen Schacher, gegenüber dem geknechteten Bürger des Mittelalters, nicht aber gegenüber der kommunistischen Aufhebung des Schachers der bürgerlichen Produktionsverhältnisse und der Bourgeoisie selbst.

Ihr entsetzt Euch darüber, daß wir das Privateigentum aufheben wollen. Aber in Eurer bestehenden Gesellschaft ist das Privateigentum für 9 Zehntel ihrer Mitglieder aufgehoben; es existiert gerade dadurch, daß es für Zehntel nicht existiert. Ihr werft uns also vor, daß wir ein Eigentum aufheben wollen, welches die Eigentumslosigkeit der ungeheuren Mehrzahl der Gesellschaft als notwendige Bedingung voraussetzt. | Ihr werft uns mit einem Worte vor, daß wir Euer Eigentum aufheben wollen. Allerdings, das wollen wir.

Von dem Augenblick an, wo die Arbeit nicht mehr in Kapital, Geld, Grundrente, kurz in eine monopolisierbare gesellschaftliche Macht verwandelt werden kann, d. h. von dem Augenblick, wo das persönliche Eigentum nicht mehr in bürgerliches umschlagen kann, von dem Augenblick an erklärt Ihr, die Person sei aufgehoben. | Ihr gesteht also, daß Ihr unter der Person niemanden anders versteht, als den Bourgeois, den bürgerlichen Eigentümer. Und diese Person soll allerdings aufgehoben werden. | Der Kommunismus nimmt keinem die Macht, sich gesellschaftliche Produkte anzueignen, er nimmt nur die Macht, sich durch diese Aneignung fremde Arbeit zu unterjochen.

Man hat eingewendet, mit der Aufhebung des Privateigentums werde alle Tätigkeit aufhören und eine allgemeine Faulheit einreißen. | Hiernach müßte die bürgerliche Gesellschaft längst an der Trägheit zugrunde gegangen sein; denn die in ihr arbeiten, erwerben nicht, und die in ihr erwerben, arbeiten nicht. Das ganze Bedenken läuft auf die Tautologie hinaus, daß es keine Lohnarbeit mehr gibt, sobald es kein Kapital mehr gibt...

Doch lassen wir die Einwürfe der Bourgeoisie gegen den Kommunismus. | Wir sahen schon oben, daß der erste Schritt in der Arbeiter-Revolution die Erhebung des Proletariats zur herrschenden Klasse, die Erkämpfung der Demokratie ist. | Das Proletariat wird seine politische Herrschaft dazu benutzen, der Bourgeoisie nach und nach alles Kapital zu entreißen, alle Produktionsinstrumente in den Händen des Staats, d. h. des als herrschende Klasse organisierten Proletariats zu zentralisieren und die Masse der Produktionskräfte möglichst rasch zu vermehren. | Es kann dies natürlich zunächst nur geschehen vermittelst despotischer Eingriffe in das Eigentumsrecht und in die bürgerlichen Produktionsverhältnisse, durch Maßregeln also, die ökonomisch unzureichend und unhaltbar erscheinen, die aber im Lauf der Bewegung über sich selbst hinaus treiben und als Mittel zur Umwälzung der ganzen Produktionsweise unvermeidlich sind. | Diese Maßregeln werden natürlich je nach den verschiedenen Ländern verschieden sein. | Für die fort-fortgeschrittensten Länder werden jedoch die folgenden ziemlich allgemein in Anwendung kommen können: 1) Expropriation des Grundeigentums und Verwendung der Grundrente zu Staatsausgaben. | 2) Starke Progressivsteuer. | 3) Abschaffung des Erbrechts. | 4) Konfiskation des Eigentums aller Emigranten und Rebellen. | 5) Zentralisation des Kredits in den Händen des Staats durch eine Nationalbank mit Staatskapital und ausschließlichem Monopol. | 6) Zentralisation des Transportwesens in den Händen des Staats. | 7) Vermehrung der Nationalfabriken, Produktionsinstrumente, Urbarmachung und Verbesserung der Ländereien nach einem gemeinschaftlichen Plan. | 8) Gleicher Arbeitszwang für alle, Errichtung industrieller Armeen, besonders für den Ackerbau. | 9) Vereinigung des Betriebs von Ackerbau und Industrie, Hinwirken auf die allmähliche Beseitigung des Unterschieds von Stadt und Land. | 10) Öffentliche und unentgeltliche Erziehung aller Kinder. Beseitigung der Fabrikarbeit der Kinder in ihrer heutigen Form. Vereinigung der Erziehung mit der materiellen Produktion usw. |

Sind im Laufe der Entwicklung die Klassenunterschiede verschwunden und ist alle Produktion in den Händen der assoziierten Individuen konzentriert, so verliert die öffentliche Gewalt den politischen Charakter. Die politische Gewalt im eigentlichen Sinne ist die organisierte Gewalt einer Klasse zur Unterdrückung einer andern. Wenn das Proletariat im Kampfe gegen die Bourgeoisie sich notwendig zur Klasse vereint, durch eine Revolution sich zur herrschenden Klasse macht und als herrschende Klasse gewaltsam die alten Produktionsverhältnisse aufhebt, so hebt es mit diesen Produktionsverhältnissen die Existenzbedingungen des Klassengegensatzes, die Klassen überhaupt und damit seine eigene Herrschaft als Klasse auf. | An die Stelle der alten bürgerlichen Gesellschaft mit ihren Klassen und Klassengegensätzen tritt eine Assoziation, worin die freie Entwicklung eines Jeden die Bedingung für die freie Entwicklung Aller ist.

III. Sozialistische und kommunistische Literatur...

IV. Stellung der Kommunisten zu den verschiedenen oppositionellen Parteien.

[*Nach einem kurzen Überblick über die einzelnen Länder*:] Mit einem Wort, die Kommunisten unterstützen überall jede revolutionäre Bewegung gegen die bestehenden gesellschaftlichen und politischen Zustände. | In allen diesen Bewegungen heben sie die Eigentumsfrage, welche mehr oder minder entwickelte Form sie auch angenommen haben möge, als die Grundfrage der Bewegung hervor. | Die Kommunisten arbeiten endlich überall an der Verbindung und Verständigung der demokratischen Parteien aller Länder.

Die Kommunisten verschmähen es, ihre Ansichten und Absichten zu verheimlichen. Sie erklären es offen, daß ihre Zwecke nur erreicht werden können durch den gewaltsamen Umsturz aller bisherigen Gesellschaftsordnung. Mögen die herrschenden Klassen vor einer Kommunistischen Revolution zittern. Die Proletarier haben nichts in ihr zu verlieren als ihre Ketten. Sie haben eine Welt zu gewinnen.

Proletarier aller Länder vereinigt Euch!

V. Die wichtigsten Etappen des englischen Arbeiterschutzes. [15

1795/6. Seuche in Manchester. Eine Gesundheitskommission stellt als Ursache die Fabrikzustände, insbesondere Kinderarbeit, fest.

1802. Morals and Health Act. Nachtarbeit der „Lehrlinge‘ verboten, Tagesarbeit auf 12 Stunden (einschl. Unterricht) beschränkt.

1815/6. Enquete des Unterhauses über Kinderarbeit in Fabriken (Sir Robert Peel).

1819. Baumwollspinnereien: Kinder unter 9 Jahren ausgeschlossen; für Jugendliche von 9—16 Jahren Verbot der Nachtarbeit und 12 stündige Arbeitszeit wiederholt ausgesprochen.

1825. Verkürzung der Arbeitszeit am Sonnabend. — Strafverfahren.

1831. Baumwollindustrie: Verbot der Nachtarbeit bis 21 Jahren, der 12 stündige Maximalarbeitstag (Sonnabend 9 st.) bis 18 Jahren erstreckt. Truckverbot.

*1833. Lord Althorp's Act. Einheitliche Regelung der Textilindustrie: „Kinder“, v. 9—13 Jahren, 9 Stunden; „junge Leute“, v. 13—18 Jahren, 12 Stunden. **Obligatorische Fabrikinspektion** mit richterlicher Strafgewalt.

1842. Children Employment's Commission (sog. erste).
*1844. Textilindustrie: Reduzierung der Arbeitszeit der Kinder auf 6½ Std. (aber 8—13 Jahre, statt 9—13 !). Der 12-stündige **Maximalarbeitstag auch für erwachsene Frauen.** Befugnisse der Fabrikinspektoren verstärkt, aber richterliche Gewalt entzogen. Unfallverhütung.
1847. Textilindustrie: Maximalarbeitstag der Jugendlichen und Frauen auf **10 Stunden** herabgesetzt (Ten Hours Act).
*1850. Textilindustrie: Genauere Festlegung des Zehnstundentages (zwischen 6 und 6); Sonnabend-Schluß 2 Uhr.
*1853. Kinder-Arbeitstag damit in Übereinstimmung gebracht.
1862—66. Children Employment's Commission (sog. zweite, „große", 5 Bände).
1863. Nachtarbeit (9—5) der Jugendlichen in **Bäckereien** untersagt, aber ohne Unterstellung unter die Fabrikinspektion (Bakehouse Regulation Act).
1867. Factory Acts Extension Act [1]). Ausdehnung auf eine große Reihe „Nichttextilfabriken" (Verzeichnis), sowie auf alle mit 50 oder mehr Personen.
— Workshops Regulation Act (WA.).
1873. Agricultural Children Act.
1878. Erste Kodifikation: Factory and Workshop Act (FWA.).
1886 ff. Shop Hours Acts (auf Zeit) betr. Jugendliche in Ladengeschäften.
1887. Verallgemeinerung des Truckverbots; Zuständigkeit der Fabrikinspektoren für ihre Betriebe.
1891—97. Mehrere Einzelgesetze (auch betr. Heimarbeit).
1892. Shop Hours Act dauernd. Handelsinspektoren.
1896. Verschärfung des Truckgesetzes (Bußen, Abzüge).
1899. Seats for Shop Assistants Act. (Sitzgelegenheit.)
1901. Zweite Kodifikation (FWA.): Offenlegung der Lohnberechnungen für Weber, Vollmachten betr. Heimarbeit, Jahresberichte der Distriktsärzte über Arbeitsräume aller Art.
1903. Employment of Children Act (bis 14 Jahren; Straßenhandel, Heimarbeit usw., Ortsstatute).
1904. Early Closing of Shops Act: Ladenschluß, Ortsstatute.
1907. Beseitigung der Ausnahmen im Verbot der Frauen-Nachtarbeit (Berner Konvention).
— Regelung der Wäscherei- u. ihrer Nebenbetriebe.
1908. Coal Mines Regulation Act: **Acht**stundentag, u. zw. für erwachsene Männer.

---

[1]) Auch „Factory Act 1867". Unter „Factory Acts 1833—1867" wird die Gesamtheit der geltenden Bestimmungen aus allen mit * bezeichneten Gesetzen (u. einigen anderen) verstanden. Die Abkürzung „FA." gilt für Einzahl, wie Mehrzahl.

1909. Labour Exchanges Act: Staatliche Arbeitsnachweise.
— Trade Boards Act: Ämter z. Festsetzung von **Mindest-Lohnsätzen,** haupts. für Hausindustrie.
1910. Education Choice of Employment Act: kommunale Berufswahl-Ämter.
1911. Revidierter Erlaß betr. Heimarbeit (Home Work Order).
— „Industrial Council".
— Shops Act (freier Nachmittag, in Kraft: Mai 1912).
1912. Coal Mines (minimum wage) Act: Mindestlohn für Kohlenwerke.

VI. Die wichtigsten Etappen des deutschen Arbeiterschutzes. [16

1794. Allgemeines Landrecht für die Preußischen Staaten: Normal-Innungsrecht.
1810. Gewerbesteuer-Edikt: Prinzip der Gewerbefreiheit.
1839. Regulativ über die Beschäftigung jugendlicher Arbeiter in Fabriken: 9—16 jährige 10 Stunden; Nacht- u. Sonntagsarbeit verboten. Keine Aufsichtsorgane.
1845. Allgemeine Gewerbeordnung. Als Aufsichtsorgane: Ortspolizei.
1849. Paritätische „Gewerberäte" fakultativ. Truckverbot.
1853. Kinderausschluß von 9 auf 12 Jahr heraufgesetzt; Fabrikinspektion, jedoch nur fakultativ.
1854. Arbeiter von den „Gewerberäten" ausgeschlossen [1]).
1861/2. Württembergische und Badische Gewerbeordnungen mit einzelnen Bestimmungen über den Arbeitsvertrag (z. B. Arbeitsordnung).
1869. Gewerbeordnung für den Norddeutschen Bund (GO., RGO.): **Freiheit des Arbeitsvertrages;** Abschaffung bestehender Beschränkungen mit Ausnahme Jugendlicher u. Truckverbots; Fabrikinspektion lediglich fakultativ; Koalitionsfreiheit, aber mit dehnbaren Strafbestimmungen betr. Koalitionszwang.
1873. Reichstag verlangt Arbeiterenquete (veröffentlicht 1877).
1877. Im Reichstage Anträge auf Abänderung der GO. Kons.: Arbeitsbücher für Gesellen u. Gehilfen, schriftlicher Lehrvertrag; Zentrum: Enquete, Innungsschutz, Arbeiterschutz; Liberale: Lehrlinge, Gewerbegerichte, Fortbildung; Sozialdem.: Sonntagsruhe, Arbeitszeit, Arbeitsordnungen, Gewerbekammern, Inspektion, Gewerbegerichte.

---

[1]) Bis hierher Preußen.

1878. **Obligatorische Fabrikinspektion** (§ 139 b). Arbeitsbücher für Minderjährige, Umarbeitung der Bestimmungen betr. Lehrlinge u. Jugendliche, Befugnis des Bundesrats, Frauen-Arbeitszeit zu beschränken.

1883. Neupublikation des GO.-Textes.

1884/5. Initiativ-Gesetzentwurf im Reichstage betr. Sonntagsruhe. Bismarck lenkt auf Enquete ab (veröff. 1887, 4 Bde.).

1885—88. Erneute Arbeiterschutz-Anträge im Reichstag. Zwei durchberatene Gesetzentwürfe v. Bundesrat abgelehnt.

1889. Rheinisch-Westfälischer Bergarbeiterstreik, „Kaiserdeputation", u. infolge davon

1890. „Februarerlasse" Wilhelms II. Internationale Arbeiterschutz-Konferenz. Sturz Bismarcks.

— Gewerbegerichtsgesetz (GGG.).

1891. Sog. „Arbeiterschutzgesetz" (GO. Tit. VII): Sonntagsruhe, **Maximalarbeitstag für erwachsene Frauen** (11 St.), Arbeitsordnung. Befugnis des Bundesrats betr. sog. hygienischen Maximalarbeitstag (§ 120 e); Schulkinder v. Fabriken ausgeschlossen usw.

1892. Kommission für Arbeiterstatistik (seit 1902: „Abteilung für Arbeiterstatistik" im Statistischen Reichsamt).

— (Erste) Preußische Bergnovelle mit unbedeutenden Reformen: Arbeitsordnung; Lohnverwirkungen; Befugnisse betr. hygienischen Mgximal-Arbeitstag.

1895. Zwölfstündiger Maximal-Arbeitstag für **Bäckereien** (auf Grund § 120 e).

1896. Bürgerliches Gesetzbuch (BGB.) u.

1897. Handelsgesetzbuch (HGB.), beide in Kraft: 1900.

1900. Ermächtigung des Bundesrats betr. Lohnbücher u. Arbeitszettel für „bestimmte Gewerbe" (Konfektion); Lohn*zahlungs*bücher für Minderjährige; 9 Uhr-Ladenschluß. — Abermalige Neupublikation des GO.-Textes.

1901. Gewerbegerichts-Novelle. (Neue Fassung.)

1903. Kinderschutzgesetz.

1904. Kaufmannsgerichtsgesetz (KGG.).

1905. (Zweite) Preußische Bergnovelle mit erheblicheren Reformen: Arbeiterausschüsse obligatorisch. Wagennullen verboten, für Steinkohlenwerke Grundsätze für Berechnung der Arbeitszeit u. 6-Stundentag, wo über 28 ° C.

1906. Internationale Abkommen betr. Verbot der Frauen-Nachtarbeit u. des weißen Phosphors („Berner Konvention").

1907. Preußisches Wanderarbeitsstätten-Gesetz.

1908. **Zehnstundentag** für Frauen (in Übereinstimmung mit Jugendlichen); Unterscheidung von Betrieben mit mehr als 10 und mehr als 20 Arbeitern (statt „Fabrik").

1909. (Dritte) Preußische Berg-Novelle: Sicherheitsmänner.
1910. Kali-Gesetz (Schutz gegen privatrechtliche Lohn- u. Arbeitszeit-Verschlechterung).
— Stellenvermittelungs-Gesetz.
1911. Reichsversicherungsordnung (RVO.); Versicherungsgesetz f. Angestellte; Hausarbeitsgesetz; Gewerbenovelle (Lohnbücher, Arbeitszettel).

VII. Gewerbeordnung für den Norddeutschen Bund.

Vom 21. Juni 1869 (BGBl. S. 245). [17

Titel VII. Gewerbegehilfen, Gesellen, Lehrlinge, Fabrikarbeiter.

I. Verhältnisse der Gesellen, Gehilfen und Lehrlinge.

1. Im Allgemeinen.

§ 105. Die Festsetzung der Verhältnisse zwischen den selbständigen Gewerbetreibenden und ihren Gesellen, Gehilfen und Lehrlingen ist Gegenstand freier Übereinkunft.

Zum Arbeiten an Sonn- und Festtagen ist, vorbehaltlich der anderweitigen Vereinbarung in Dringlichkeitsfällen, niemand verpflichtet.

[Lehrlinge u. Jugendliche.] **§ 106.** Die nach den Landesgesetzen zuständige Behörde hat darauf zu achten, daß bei Beschäftigung der Lehrlinge gebührende Rücksicht auf Gesundheit und Sittlichkeit genommen und denjenigen Lehrlingen, welche des Schul- und Religionsunterrichts noch bedürfen, Zeit dazu gelassen werden.

Durch Ortsstatut können Gesellen, Gehilfen und Lehrlinge sofern sie das achtzehnte Lebensjahr nicht überschritten haben, oder einzelne Klassen derselben, zum Besuche einer Fortbildungsschule des Ortes, Arbeits- oder Lehrherren aber zur Gewährung der für diesen Besuch erforderlichen Zeit verpflichtet werden.

[Allg. Gesundheitsschutz.] **§ 107.** Jeder Gewerbeunternehmer ist verbunden, auf seine Kosten alle diejenigen Einrichtungen herzustellen und zu unterhalten, welche mit Rücksicht auf die besondere Beschaffenheit des Gewerbebetriebes und der Betriebsstätte zu tunlichster Sicherung der Arbeiter gegen Gefahr für Leben und Gesundheit notwendig sind.

[Prozeßbehörden.] **§ 108.** Streitigkeiten der selbständigen Gewerbetreibenden mit ihren Gesellen, Gehilfen oder Lehrlingen, die sich auf den Antritt, die Fortsetzung oder Aufhebung des Arbeits- oder Lehrverhältnisses, auf die gegenwärtigen Leistungen während der Dauer desselben oder auf die Erteilung oder den Inhalt der in den §§ 113 und 124 erwähnten Zeugnisse beziehen, sind, soweit für diese Angelegenheiten besondere Behörden bestehen, bei diesen zur Entscheidung zu bringen.

Insoweit solche besonderen Behörden nicht bestehen, erfolgt

die Entscheidung durch die Gemeindebehörde.

Gegen die Entscheidung der Gemeindebehörde steht den Beteiligten eine Berufung auf den Rechtsweg binnen zehn Tagen präklusivischer Frist offen; die vorläufige Vollstreckung wird aber hierdurch nicht aufgehalten.

Durch Ortsstatut (§ 142) können an Stelle der gegenwärtig hierfür bestimmten Behörden Schiedsgerichte mit der Entscheidung betraut werden. Dieselben sind durch die Gemeindebehörde unter gleichmäßiger Zuziehung von Arbeitgebern und Arbeitnehmern zu bilden.

2. Insbesondere:

a) der Gesellen und Gehilfen.

§ 109. Die Gesellen und Gehilfen sind verpflichtet, den Anordnungen der Arbeitgeber in Beziehung auf die ihnen übertragenen Arbeiten und auf die häuslichen Einrichtungen Folge zu leisten; zu häuslichen Arbeiten sind sie nicht verbunden.

[Kündigung.] **§ 110.** Das Verhältnis zwischen dem Arbeitgeber und den Gesellen oder Gehilfen kann, wenn nicht ein anderes verabredet ist, durch eine, jedem Teile freistehende, vierzehn Tage vorher erklärte Aufkündigung aufgelöst werden.

§ 111. Vor Ablauf der vertragsmäßigen Arbeitszeit und ohne vorhergegangene Aufkündigung können Gesellen und Gehilfen entlassen werden: . . . *)

*) Ähnlich wie in den heutigen §§ 123, 124 (unten S. 22, 23).

§ 112. Die Gesellen und Gehilfen können die Arbeit vor Ablauf der vertragsmäßigen Zeit und ohne vorhergegangene Aufkündigung verlassen . . . . . *)

§ 113. Beim Abgange können die Gesellen und Gehilfen ein Zeugnis über die Art und Dauer ihrer Beschäftigung fordern, welches auf Antrag der Beteiligten und wenn gegen den Inhalt sich nichts zu erinnern findet, von der Gemeindebehörde kosten- und stempelfrei zu beglaubigen ist. [Zeugnis.] Dieses Zeugnis ist auf Verlangen der Gesellen und Gehilfen auch auf ihre Führung auszudehnen.

Die gesetzliche Verpflichtung zur Führung von Arbeitsbüchern ist aufgehoben.

§ 114. Gesellen und Gehilfen sind in der Wahl ihrer Meister oder Arbeitgeber unbeschränkt. [Freiheit der Gesellen etc.]

Eine Verpflichtung zum Wandern findet nicht statt. Auf Unterstützung von seiten der Gewerbegenossen haben wandernde Gesellen und Gehilfen keinen Anspruch.

b) der Lehrlinge . .

II. Verhältnisse der Fabrikarbeiter.

§ 127. Die Bestimmungen der §§ 105 bis 114 finden auch auf Fabrikarbeiter Anwendung.

§ 128. Kinder unter zwölf Jahren dürfen in Fabriken zu einer regelmäßigen Beschäftigung nicht angenommen werden. [Jugendliche.]

Vor vollendetem vierzehnten Lebensjahre dürfen Kinder in Fabriken nur dann beschäftigt werden, wenn sie täglich einen mindestens dreistündigen Schulunterricht in einer von der höheren Verwaltungsbehörde genehmigten Schule erhalten. Ihre Beschäftigung darf sechs Stunden täglich nicht übersteigen.

Junge Leute, welche das vierzehnte Lebensjahr zurückgelegt haben, dürfen vor vollendetem sechszehnten Lebensjahre in Fabriken nicht über zehn Stunden täglich beschäftigt werden. Auch für diese jugendlichen Arbeiter kann durch die Zentralbehörde die zulässige Arbeitsdauer bis auf sechs Stunden täglich für den Fall eingeschränkt werden, daß dieselben nach den besonderen, in einzelnen Teilen des Bundesgebietes bestehenden Schuleinrichtungen noch im schulpflichtigen Alter sich befinden.

Die Ortspolizeibehörde ist befugt, eine Verlängerung dieser Arbeitszeiten um höchstens eine Stunde und auf höchstens vier Wochen dann zu gestatten, wenn Naturereignisse oder Unglücksfälle den regelmäßigen Geschäftsbetrieb in der Fabrik unterbrochen und ein vermehrtes Arbeitsbedürfnis herbeigeführt haben.

§ 129. Zwischen den Arbeitsstunden muß den jugendlichen Arbeitern (§ 128) vor- und nachmittags eine Pause von einer halben Stunde und mittags eine ganze Freistunde, und zwar jedesmal auch Bewegung in der freien Luft gewährt werden.

Die Arbeitsstunden dürfen nicht vor 5½ Uhr morgens beginnen und nicht über 8½ Uhr abends dauern.

An Sonn- und Feiertagen, sowie während der von dem ordentlichen Seelsorger für den Katechumenen- und Konfirmandenunterricht bestimmten Stunden dürfen jugendliche Arbeiter nicht beschäftigt werden.

§ 130. Wer jugendliche Arbeiter in einer Fabrik zu einer regelmäßigen Beschäftigung annehmen will, hat davon der Ortspolizeibehörde zuvor Anzeige zu machen.

Der Arbeitgeber hat über die von ihm beschäftigten jugendlichen Arbeiter eine Liste zu führen, welche deren Namen, Alter, Wohnort, Eltern, Eintritt in die Fabrik und Entlassung aus derselben enthält, in dem Arbeitslokal auszuhängen und den Polizei- und Schulbehörden auf Verlangen in Abschrift vorzulegen ist. Die Anzahl dieser Arbeiter hat er halbjährlich der Ortspolizeibehörde anzuzeigen.

§ 131. Die Annahme jugendlicher Arbeiter zu einer regelmäßigen Beschäftigung darf nicht erfolgen, bevor der Vater oder Vormund derselben dem Arbeitgeber ein Arbeitsbuch eingehändigt hat.

§ 132. Wo die Aufsicht über die Ausführung der vorstehenden Bestimmungen (§§ 128 bis 133) eigenen Beamten übertragen ist, stehen denselben bei Ausübung dieser Aufsicht alle amtlichen Befugnisse der Ortspolizeibehörden, insbesondere das Recht zur jederzeitigen Revision der Fabriken zu. [Aufsicht.]

Die auf Grund der Bestimmungen der §§ 128 bis 133 auszuführenden amtlichen Revisionen der gewerblichen Anstalten sind die Besitzer derselben verpflichtet, zu jeder Zeit, namentlich auch in der Nacht, während die Anstalten im Betriebe sind, zu gestatten.

[Lohnzahlung.] **§ 134.** Fabrikinhaber, sowie alle diejenigen, welche mit Ganz- oder Halbfabrikaten Handel treiben, sind verpflichtet, die Löhne der Arbeiter, welche mit Anfertigung der Fabrikate für sie beschäftigt sind, in barem Gelde auszuzahlen.

Sie dürfen denselben keine Waren kreditieren. Dagegen können den Arbeitern Wohnung, Feuerungsbedarf, Landnutzung, regelmäßige Beköstigung, Arzneien und ärztliche Hilfe, sowie Werkzeuge und Stoffe zu den von ihnen anzufertigenden Fabrikaten unter Anrechnung bei der Lohnzahlung verabreicht werden.

§ 135. Die Bestimmungen des § 134 finden auch Anwendung auf Familienglieder, Gehilfen, Beauftragte, Geschäftsführer, Aufseher und Faktoren der dort bezeichneten Arbeitgeber, sowie auf Gewerbetreibende, bei deren Geschäft eine der hier erwähnten Personen unmittelbar beteiligt ist.

§ 136. Unter Arbeitern (§ 134) werden hier auch diejenigen verstanden, welche außerhalb der Fabrikstätten für Fabrikinhaber oder für die ihnen gleichgestellten Personen, die zu deren Gewerbebetriebe nötigen Ganz- oder Halbfabrikate anfertigen, oder solche an sie absetzen, ohne aus dem Verkaufe dieser Waren an Konsumenten ein Gewerbe zu machen.

§ 137. Arbeiter, deren Forderungen den Vorschriften der §§ 134 bis 136 zuwider anders als durch Barzahlung berechtigt sind, können zu jeder Zeit die Bezahlung ihrer Forderungen in barem Gelde verlangen, ohne daß ihnen eine Einrede aus dem an Zahlungs Statt Gegebenen entgegengesetzt werden kann. Letzteres fällt, soweit es noch bei dem Empfänger vorhanden oder dieser daraus bereichert ist, der im § 139 Abs. 2 gedachten Kasse zu.

§ 138. Verträge, welche den §§ 134—136 zuwiderlaufen, sind nichtig.

Dasselbe gilt von Verabredungen zwischen Fabrikinhabern oder ihnen gleichgestellten Personen einerseits und Arbeitern andererseits über die Entnehmung der Bedürfnisse dieser letzteren aus gewissen Verkaufsstellen, sowie überhaupt über die Verwendung des Verdienstes derselben zu einem anderen Zweck, als zur Beteiligung an Einrichtungen zur Verbesserung der Lage der Arbeiter oder ihrer Familien (§ 134).

§ 139. Forderungen für Waren, welche ungeachtet des Verbots den Arbeitern kreditiert worden sind, können von Fabrikinhabern und von den ihnen gleichgestellten Personen weder eingeklagt, noch durch Anrechnung oder sonst geltend gemacht werden, ohne Unterschied, ob sie zwischen den Beteiligten unmittelbar entstanden oder mittelbar erworben sind.

Dagegen fallen dergleichen Forderungen der Kranken-, Sterbe-, Spar- oder ähnlichen Hilfskassen zu, welche in der Wohnortsgemeinde des beteiligten Arbeiters für diejenige Klasse von Arbeitern besteht, zu welcher er gehört. Sind mehrere solcher Kassen vorhanden, so fällt die Forderung allen zu gleichen Teilen zu, in Ermangelung derartiger Anstalten aber der Ortsarmenkasse.

VIII. Die kaiserlichen Erlasse über Arbeiterpolitik.

Reichs- und Staatsanzeiger vom 17. Nov. 1881 und 5. Febr. 1890.

a) Botschaft Wilhelms I. über Arbeiterverversicherung. Vom 17. Nov. 1881. [18

... Schon im Februar dieses Jahres haben Wir Unsere Überzeugung aussprechen lassen, daß die Heilung der sozialen Schäden nicht ausschließlich im Wege der Repression sozialdemokratischer Ausschreitungen, sondern gleichmäßig auf dem der positiven Förderung des Wohles der Arbeiter zu suchen sein werde. Wir halten es für Unsere Kaiserliche Pflicht, dem Reichstage diese Aufgabe von neuem ans Herz zu legen, und würden Wir mit um so größerer Befriedigung auf alle Erfolge, mit denen Gott Unsere Regierung sichtlich gesegnet hat, zurückblicken, wenn es Uns gelänge, dereinst das Bewußtsein mitzunehmen, dem Vaterlande neue und dauernde Bürgschaften seines inneren Friedens und den Hilfsbedürftigen größere Sicherheit und Ergiebigkeit des Beistandes, auf den sie Anspruch haben zu hinterlassen. In Unseren darauf gerichteten Bestrebungen sind Wir der Zustimmung aller verbündeten Regierungen gewiß und vertrauen auf die Unterstützung des Reichstags ohne Unterschied der Parteistellungen.

In diesem Sinne wird zunächst der von den verbündeten Regierungen in der vorigen Session vorgelegte Entwurf eines Gesetzes über die Versicherung der Arbeiter gegen Betriebsunfälle mit Rücksicht auf die im Reichstage stattgehabten Verhandlungen über denselben einer Umarbeitung unterzogen, um die erneute Beratung desselben vorzubereiten. Ergänzend wird ihm eine Vorlage zur Seite treten, welche sich eine gleichmäßige Organisation des gewerblichen Krankenkassenwesens zur Aufgabe stellt. Aber auch diejenigen, welche durch Alter und Invalidität erwerbsunfähig werden, haben der Gesamtheit gegenüber einen begründeten Anspruch auf ein höheres Maß staatlicher Fürsorge, als ihnen bisher hat zuteil werden können.

Für diese Fürsorge die rechten Mittel und Wege zu finden, ist eine schwierige, aber auch eine der höchsten Aufgaben eines jeden Gemeinwesens, welches auf den sittlichen Fundamenten des christlichen Volkslebens steht. Der engere Anschluß an die realen Kräfte dieses Volkslebens und das Zusammenfassen der letzteren in der Form korporativer Genossenschaften unter staatlichem Schutz und staatlicher Fürsorge, werden wie Wir hoffen, die Lösung auch von Aufgaben möglich machen, denen die Staatsgewalt allein in gleichem Umfange nicht gewachsen sein würde. Immerhin aber wird auch auf diesem Wege das Ziel nicht ohne die Aufwendung erheblicher Mittel zu erreichen sein...

Gegeben, Berlin den 17. November 1881. Wilhelm.
(L. S.) von Bismarck.

b) Die „Februar-Erlasse" Wilhelms II. über Arbeiterschutz. Vom 4. Febr. 1890.

19] (1.) Kaiserlicher Erlaß Wilhelms II. betr. internationale Arbeiterschutz-Konferenz.

Ich bin entschlossen, zur Besserung der Lage der deutschen Arbeiter die Hand zu bieten, soweit die Grenzen es gestatten, welche Meiner Fürsorge durch die Notwendigkeit gezogen werden, die deutsche Industrie auf dem Weltmarkte konkurrenzfähig zu erhalten und dadurch ihre und der Arbeiter Existenz zu sichern. Der Rückgang der heimischen Betriebe durch Verlust ihres Absatzes im Auslande würde nicht nur die Unternehmer, sondern auch ihre Arbeiter brotlos machen. Die in der internationalen Konkurrenz begründeten Schwierigkeiten der Verbesserung der Lage Unserer Arbeiter lassen sich nur durch internationale Verständigung der an der Beherrschung des Weltmarktes beteiligten Länder, wenn nicht überwinden, so doch abschwächen. In der Überzeugung, daß auch andere Regierungen von dem Wunsche beseelt sind, die Bestrebungen einer gemeinsamen Prüfung zu unterziehen, über welche die Arbeiter dieser Länder unter sich schon internationale Verhandlungen führen, will Ich, daß zunächst in Frankreich, England, Belgien und der Schweiz durch Meine dortigen Vertreter amtlich angefragt werde, ob die Regierungen geneigt sind, mit uns in Unterhandlung zu treten behufs einer internationalen Verständigung über die Möglichkeit, denjenigen Bedürfnissen und Wünschen der Arbeiter entgegenzukommen, welche in den Ausständen der letzten Jahre und anderweit zutage getreten sind. Sobald die Zustimmung zu Meiner Anregung im Prinzip gewonnen sein wird, beauftrage Ich Sie, die Kabinette aller Regierungen welche an der Arbeiterfrage den gleichen Anteil nehmen, zu einer Konferenz behufs Beratung über die einschlägigen Fragen einzuladen.

Berlin, 4. Februar 1890. Wilhelm I. R.
An den Reichskanzler.

(2.) Königlicher Erlaß Wilhelms II. betr. Arbeiterschutz und Musterbetriebe. [20

Bei Meinem Regierungsantritte habe ich Meinen Entschluß kundgegeben, die fernere Entwicklung Unserer Gesetzgebung in der gleichen Richtung zu fördern, in welcher Mein in Gott ruhender Großvater sich der Fürsorge für den wirtschaftlich schwächeren Teil des Volkes im Geiste christlicher Sittenlehre angenommen hat. So wertvoll und erfolgreich die durch die Gesetzgebung und Verwaltung zur Besserung der Lage des Arbeiterstandes bisher getroffenen Maßnahmen sind, so erfüllen sie doch nicht die ganze Mir gestellte Aufgabe. Neben dem weiteren Ausbau der Arbeiter-Versicherungsgesetzgebung sind die bestehenden Vorschriften der Gewerbeordnung über die Verhältnisse der Fabrikarbeiter einer Prüfung zu unterziehen, um den auf diesem Gebiete laut gewordenen Klagen und Wünschen, soweit sie begründet sind, gerecht zu werden. Diese Prüfung hat davon auszugehen, daß es eine der Aufgaben der Staatsgewalt ist, die Zeit, die Dauer und die Art der Arbeit so zu regeln, daß die Erhaltung der Gesundheit, die Gebote der Sittlichkeit, die wirtschaftlichen Bedürfnisse der Arbeiter und ihr Anspruch auf gesetzliche Gleichberechtigung gewahrt bleiben.

Für die Pflege des Friedens zwischen Arbeitgebern und Arbeitnehmern sind gesetzliche Bestimmungen über die Formen in Aussicht zu nehmen, in denen die Arbeiter durch Vertreter, welche ihr Vertrauen besitzen, an der Regelung gemeinsamer Angelegenheiten beteiligt und zur Wahrnehmung ihrer Interessen bei Verhandlung mit den Arbeitgebern und mit den Organen Meiner Regierung befähigt werden. Durch eine solche Einrichtung ist den Arbeitern der freie und friedliche Ausdruck ihrer Wünsche und Beschwerden zu ermöglichen und den Staatsbehörden Gelegenheit zu geben, sich über die Verhältnisse der Arbeiter fortlaufend zu unterrichten und mit den letzteren Fühlung zu behalten.

Die staatlichen Bergwerke wünsche ich bezüglich der Fürsorge für die Arbeiter zu Musteranstalten entwickelt zu sehen, und für den Privatbergbau erstrebe ich die Herstellung eines organischen Verhältnisses Meiner Bergbeamten zu den Betrieben behufs einer der Stellung der Fabrikinspektionen entsprechenden Aufsicht, wie sie bis zum Jahre 1865 bestanden hat.

Zur Vorberatung dieser Fragen will Ich, daß der Staatsrat unter Meinem Vorsitz und unter Zuziehung derjenigen sachkundigen Personen zusammentrete, welche ich dazu berufen werde. Die Auswahl der letzteren behalte Ich Meiner Bestimmung vor.

Unter den Schwierigkeiten, welche der Ordnung der Arbeiterverhältnisse in dem von Mir beabsichtigten Sinne entgegenstehen, nehmen diejenigen, welche aus der Notwendigkeit der Schonung der heimischen Industrie in ihrem Wettbewerb mit dem Auslande sich ergeben, eine hervorragende Stelle ein. Ich habe daher den Reichskanzler angewiesen, bei den Regierungen der Staaten, deren Industrie mit der Unsrigen den Weltmarkt beherrscht, den Zusammentritt einer Konferenz anzuregen, um die Herbeiführung gleichmäßiger internationaler Regelungen der Grenzen für die Anforderungen anzustreben, welche an die Tätigkeit der Arbeiter gestellt werden dürfen. Der Reichskanzler wird Ihnen Abschrift Meines an ihn gerichteten Erlasses mitteilen.

Berlin, 4. Februar 1890. W i l h e l m , R.

An die Minister der öffentlichen Arbeiten
und für Handel und Gewerbe.

IX. Die Encyclica Rerum Novarum über die
21] **Arbeiterfrage.** Vom 15. Mai 1891.

Päpstliche Rundschreiben, Autorisierte Ausgabe, Lat. und deutscher Text: Rundschreiben Papst Leos XIII., dritte Sammlung, S. 160—239; auch im Sonderdruck (80 Pfg.): Freiburg, Herder. o. J. — Der deutsche Text (auch für sich allein: Verlag des „Arbeiter", 3. Aufl. 1911, Berlin C, Kaiserstr. 37, 10 Pf.) stimmt mit dem lateinischen nicht durchweg überein. — Hervorhebung durch k u r s i v e Schrift ist beibehalten.

VENERABILIBUS FRATRIBUS PATRIARCHIS PRIMATIBUS ARCHIEPISCOPIS ET EPISCOPIS UNIVERSIS CATHOLICI ORBIS GRATIAM ET COMMUNIONEM CUM APOSTOLICA SEDE HABENTIBUS LEO PP. XIII.

VENERABILES FRATRES. SALUTEM ET APOSTOLICAM BENEDICTIONEM.

Rerum novarum semel excitatâ cupidine, quae diu quidem commovet civitates, illud erat consecuturum ut commutationum studia a rationibus politicis in oeconomicarum cognatum genus aliquando defluerent. — Revera nova industriae incrementa novisque euntes itineribus artes: mutatae dominorum et mercenariorum rationes mutuae: divitiarum in exiguo numero affluentia, in multitudine inopia: opificum cum de se confidentia

Den Ehrwürdigen Brüdern, den Patriarchen, Primaten, Erzbischöfen und Bischöfen der katholischen Welt, welche mit dem Apostolischen Stuhle in Gemeinschaft stehen, P a p s t L e o XIII.

Ehrwürdige Brüder! Gruß und Apostolischen Segen!

Der Geist der Neuerung, welcher seit langem durch die Völker geht, mußte, nachdem er auf dem politischen Gebiete seine verderblichen Wirkungen entfaltet hatte, folgerichtig auch das staatswirthschaftliche Gebiet ergreifen. — Viele Umstände begünstigten diese Entwicklung; die Industrie hat durch die Vervollkommnung der technischen Hilfsmittel und eine neue Produktionsweise mächtigen Aufschwung genommen; das gegen-

maior, tum inter se necessitudo coniunctior, praeterea versi in deteriora mores effecere, ut certamen erumperet. In quo quanta rerum momenta vertantur, ex hoc apparet, quod animos habet acri expectatione suspensos: idemque ingenia exercet doctorum, concilia prudentum, conciones populi, legumlatorum iudicium, consilia principum, ut iam caussa nulla reperiatur tanta, quae teneat hominum studia vehementius. — Itaque, proposita Nobis Ecclesiae caussâ et salute communi, quod alias consuevimus, Venerabiles Fratres, datis ad vos Litteris de imperio politico, de libertate humana, de civitatum constitutione christiana, aliisque non dissimili genere, quae ad refutandas opinionum fallacias opportuna videbantur, idem nunc faciendum *de conditione opificum* iisdem de caussis duximus. — Genus hoc argumenti non semel iam per occasionem attigimus: in his tamen litteris totam data opera tractare quaestionem apostolici muneris conscientia monet, ut principia emineant, quorum ope, uti veritas atque aequitas postulant, dimicatio dirimatur. Caussa est ad expediendum difficilis, nec vacua periculo. Arduum siquidem metiri iura et officia, quibus locupletes et proletarios, eos qui rem, et eos qui operam conferant, inter se oportet contineri. Periculosa vero contentio, quippe quae ab hominibus turbulentis et callidis ad pervertendum iudicium veri concitandamque seditiose multitudinem passim de-

seitige Verhältniß der besitzensen Klasse und der Arbeiter hat dich wesentlich umgestaltet; das Kapital ist in den Händen einer geringen Zahl angehäuft, während die große Menge verarmt; und dabei wächst in den Arbeitern das Selbstbewußtsein und das Gefühl der Stärke, sie organisiren sich in immer engerer Vereinigung. Das alles hat den socialen Conflict wachgerufen, vor welchem wir stehen. Wie viel in diesem Kampfe auf dem Spiele steht, das zeigt die bange Erwartung der Gemüther gegenüber der Zukunft. Ueberall beschäftigt man sich mit dieser Frage, in den Kreisen von Gelehrten, auf fachmännischen Congressen, in Volksversammlungen, in den gesetzgebenden Körpern und im Rathe der Fürsten. Die Arbeiterfrage ist geradezu in den Vordergrund der ganzen Zeitbewegung getreten. — Im Hinblick auf die Sache der Kirche und die gemeinsame Wohlfahrt haben Wir schon früher, Ehrwürdige Brüder, das Wort ergriffen, um in den Rundschreiben: Ueber die politische Autorität, Ueber die Freiheit, Ueber den christlichen Staat und über andere verwandte Gegenstände die betreffenden Irrthümer der Gegenwart zu kennzeichnen und zurückzuweisen. Wir erachten es aus gleichem Grunde für zweckmäßig, das nämliche im vorliegenden Schreiben hinsichtlich der Arbeiterfrage zu thun. — Zwar ist dieser Gegenstand von Uns auch in anderen Schreiben berührt worden; aber nunmehr

torquetur. Utcumque sit, plane videmus, quod consentiunt universi, infimae sortis hominibus celeriter esse atque opportune consulendum, cum pars maxima in misera calamitosaque fortuna indigne versentur. Nam veteribus artificum collegiis superiore saeculo deletis, nulloque in eorum locum suffecto praesidio, cum ipsa instituta legesque publicae avitam religionem exuissent, sensim factum est ut opifices inhumanitati dominorum effrenataeque competitorum cupiditati solitarios atque indefensos tempus tradiderit. — Malum auxit usura vorax, quae non semel Ecclesiae iudicio damnata, tamen ab hominibus avidis et quaestuosis per aliam speciem exercetur eadem: huc accedunt et conductio operum et rerum omnium commercia fere in paucorum redacta potestatem, ita ut opulenti ac praedivites perpauci prope servile iugum infinitae proletariorum multitudini imposuerint.

gedenken Wir über denselben nach seinem ganzen Umfange Unserem Apostolischen Amt gemäß Uns auszusprechen. Wir wollen die Grundsätze darlegen, welche für eine richtige und billige Entscheidung der Streitfrage maßgebend sein müssen. Die Streitfrage ist ohne Zweifel schwierig und voller Gefahren; schwierig, weil Recht und Pflicht im gegenseitigen Verhältniß von Reichen und Besitzlosen, von Kapital und Arbeit abzumessen in der That keine geringe Aufgabe ist; und voller Gefahren, weil eine wühlerische Partei nur allzu geschickt das Urtheil des Volkes irreführt, um Aufregung und Empörungsgeist unter den unzufriedenen Massen zu verbreiten. Indessen, es liegt nun einmal zu Tage, und es wird von allen Seiten anerkannt, daß geholfen werden muß, und zwar, daß baldige ernste Hilfe noththut, weil infolge der Mißstände Unzählige ein wahrhaft gedrücktes und unwürdiges Dasein führen. In der Umwälzung des vorigen Jahrhunderts wurden die alten Genossenschaften der arbeitenden Klassen zerstört, keine neuen Einrichtungen traten zum Ersatz ein, das Staatswesen entkleidete sich zudem mehr und mehr der christlichen Sitte und Anschauung, und so geschah es, daß Handwerk und Arbeit allmählich der Herzlosigkeit reicher Besitzer und der ungezügelten Habgier der Concurrenz isolirt und schutzlos überantwortet wurden. — Ein gieriger Wucher kam hinzu, um das Uebel zu ver-

größern, und wenn auch die Kirche zum öfteren dem Wucher das Urtheil gesprochen, fährt dennoch ein unersättlicher Kapitalismus fort, denselben unter einer andern Maske auszuüben. Production und Handel sind fast zum Monopol von Wenigen geworden, und so konnten wenige übermäßig Reiche dem arbeitenden Stande nahezu ein sklavisches Joch auflegen.

Ad huius sanationem mali *Socialistae* quidem, sollicitatâ egentium in locupletes invidiâ, evertere privatas bonorum possessiones contendunt oportere, earumque loco communia universis singulorum bona facere, procurantibus viris qui aut municipio praesint, aut totam rempublicam gerant. Eiusmodi tralatione bonorum a privatis ad commune, mederi se posse praesenti malo arbitrantur, res et commoda inter cives aequabiliter partiendo. Sed est adeo eorum ratio ad contentionem dirimendam inepta, ut ipsum opificum genus afficiat incommodo: eademque praeterea est valde iniusta, quia vim possessoribus legitimis affert, pervertit officia reipublicae, penitusque miscet civitates.

Zur Hebung dieses Uebels verbreiten die Socialisten, indem sie die Besitzlosen gegen die Reichen aufstacheln, die Behauptung, der private Besitz müsse aufhören, um einer Gemeinschaft der Güter Platz zu machen, welche mittelst der Vertreter der städtischen Gemeinwesen und durch die Regierungen selbst einzuführen wäre. Sie wähnen, durch eine solche Uebertragung des Besitzes von den Individuen an die Gesammtheit alle Mißstände heben zu können, es müßte nur einmal das Vermögen und dessen Vortheile gleichmäßig unter den Staatsangehörigen vertheilt sein. Indessen dieses Programm ist weit entfernt, etwas zur Lösung der Frage beizutragen: es schädigt vielmehr die arbeitenden Klassen selbst; es ist ferner sehr ungerecht, indem es die rechtmäßigen Besitzer vergewaltigt; es ist endlich der staatlichen Ordnung zuwider, ja bedroht die Staaten mit völliger Auflösung.

Sane, quod facile est pervidere, ipsius operae, quam suscipiunt qui in arte aliqua quaestuosa versantur, haec per se

Vor allem liegt nämlich klar auf der Hand, daß die Absicht, welche den Arbeiter bei der Uebernahme seiner Mühe leitet,

caussa est, atque hic finis quo proxime spectat artifex, rem sibi quaerere privatoque iure possidere uti suam ac propriam... In eo igitur quod bona privatorum transferre *Socialistae* ad commune nituntur, omnium mercenariorum faciunt conditionem deteriorem, quippe quos, collocandae mercedis libertate sublata, hoc ipso augendae rei familiaris utilitatumque sibi comparandarum spe et facultate despoliant.

. . . Maneat ergo, cum plebi sublevatio quaeritur, hoc in primis haberi fundamenti instar oportere, privatas possessiones inviolate servandas. Quo posito, remedium, quod exquiritur, unde petendum sit, explicabimus.

Confidenter ad argumentum aggredimur ac plane iure Nostro...

. . . Ac primum tota disciplina religionis, cuius est interpres et custos Ecclesia, magnopere potest locupletes et proletarios componere invicem et coniungere, scilicet utroque ordine ad officia mutua revocando, in primisque ad ea quae a iustitia ducuntur. Quibus ex officiis illa proletarium atque opificem attingunt: quod libere et cum aequitate pactum operae sit, id

keine andere als die ist, daß er durch den Lohn zu irgend einem persönlichen Eigenthume gelange.... Wenn also die Socialisten dahin streben, allen Sonderbesitz in Gemeingut umzuwandeln, so ist klar, wie sie dadurch die Lage der arbeitenden Klassen nur ungünstiger machen. Sie entziehen denselben ja mit dem Eigenthumsrechte die Vollmacht, ihren erworbenen Lohn nach Gutdünken anzulegen, sie rauben ihnen eben dadurch Aussicht und Fähigkeit, ihr kleines Vermögen zu vergrößern und sich durch Fleiß zu einer bessern Stellung emporzuringen.

. . . Bei allen Versuchen zur Abhilfe gegenüber den gegenwärtigen socialen Nothständen ist also durchaus als Grundsatz festzuhalten, daß das Privateigenthum unantastbar und heilig sei. Wir gehen nunmehr zu der Darlegung über, worin die überall begehrte Abhilfe in der mißlichen Lage des arbeitenden Standes zu suchen sei.

Mit voller Zuversicht treten Wir an diese Aufgabe heran und im Bewußtsein, daß Uns das Wort gebührt...

... Die Kirche, als Vertreterin und Wahrerin der Religion, hat zunächst in den religiösen Wahrheiten und Gesetzen ein mächtiges Mittel, die Reichen und die Armen zu versöhnen und einander nahe zu bringen; ihre Lehren und Gebote führen beide Klassen zu ihren Pflichten gegeneinander und namentlich zur Befolgung der Vorschriften der Gerechtigkeit. Von diesen Pflichten

integre et fideliter reddere: non rei ullo modo nocere, non personam violare dominorum: in ipsis tuendis rationibus suis abstinere a vi, nec seditionem induere unquam: nec commisceri cum hominibus flagitiosis, immodicas spes et promissa ingentia artificiose iactantibus, quod fere habet poenitentiam inutilem et fortunarum ruinas consequentes. — Ista vero ad divites spectant ac dominos: non habendos mancipiorum loco opifices: vereri in eis aequum esse dignitatem personae, utique nobilitatam ab eo, character christianus qui dicitur. Quaestuosas artes, si naturae ratio, si christiana philosophia audiatur, non pudori homini esse, sed decori, quia vitae sustentandae praebent honestam potestatem. Illud vero turpe et inhumanum, abuti hominibus pro rebus ad quaestum, nec facere eos pluris, quam quantum nervis polleant viribusque. Similiter praecipitur religionis et bonorum animi haberi rationem in proletariis oportere. Quare dominorum partes esse, efficere ut idoneo temporis spatio pietati vacet opifex: non hominem dare obvium lenociniis corruptelarum illecebrisque peccandi: neque ullo pacto a cura domestica parsimoniaeque studio abducere. Item non plus imponere operis, quam vires ferre queant, nec id genus, quod cum aetate sexuque dissideat. In maximis autem officiis dominorum illud eminet, iusta unicuique praebere. Profecto ut mercedis statuatur ex

schärft sie folgende den arbeitenden Ständen ein: vollständig und treu die Arbeitsleistung zu verrichten, zu welcher sie sich frei und mit gerechtem Vertrage verbunden haben; den Arbeitsherren weder an der Habe noch an der Person Schaden zuzufügen; in der Wahrung ihrer Rechte sich der Gewaltthätigkeit zu enthalten und in keinem Falle Auflehnung zu stiften; nicht Verbindung zu unterhalten mit schlechten Menschen, die ihnen trügerische Hoffnungen vorspiegeln und nur bittere Enttäuschung und Ruin zurücklassen. — Die Pflichten, die sie hinwieder den Besitzenden und Arbeitgebern einschärft, sind die nachstehenden: die Arbeiter dürfen nicht wie Sklaven angesehen und behandelt werden; ihre persönliche Würde, welche geadelt ist durch ihre Würde als Christen, werde stets heilig gehalten; Handwerk und Arbeit erniedrigen sie nicht, vielmehr muß, wer vernünftig und christlich denkt, es ihnen als Ehre anrechnen, daß sie selbständig ihr Leben unter Mühe und Anstrengung erhalten; unehrenvoll dagegen und unwürdig ist es, Menschen bloß zu eigenem Gewinne ausbeuten und sie nur so hoch taxiren, als ihre Arbeitskräfte reichen. Die Kirche ruft den Arbeitsherren weiter zu: Habet auch die gebührende Rücksicht auf das geistige Wohl und die religiösen Bedürfnisse der Arbeiter; ihr seid verpflichtet, ihnen Zeit zu lassen für ihre gottesdienstlichen Uebungen; ihr dürft sie nicht der Verführung

aequitate modus, caussae sunt considerandae plures: sed generatim locupletes atque heri meminerint, premere emolumenti sui caussa indigentes ac miseros, alienâque ex inopia captare quaestum, non divina, non humana iura sinere. Fraudare vero quemquam mercede debita grande piaculum est, quod iras e caelo ultrices clamore devocat. *Ecce merces operariorum . . . quae fraudata est a vobis, clamat: et clamor eorum in aures Domini Sabaoth introivit*[1]). Postremo religiose cavendum locupletibus ne proletariorum compendiis quicquam noceant nec vi, nec dolo, nec fenebribus, artibus: idque eo vel magis quod non satis illi sunt contra iniurias atque impotentiam muniti, eorumque res, quo exilior, hoc sanctior habenda.

und sittlichen Gefahren bei ihrer Verwendung aussetzen; den Sinn für Häuslichkeit und Sparsamkeit dürft ihr in ihnen nicht ersticken lassen; es ist ungerecht, sie mit mehr Arbeit zu beschweren, als ihre Kräfte tragen können, oder Leistungen von ihnen zu fordern, die ihrem Alter oder Geschlecht nicht entsprechen. Vor allem aber ermahnt die Kirche die Arbeitsherren, den Grundsatz: Jedem das Seine, stets vor Augen zu behalten. Dieser Grundsatz sollte auch unparteiisch auf die Höhe des Lohnes Anwendung finden, ohne daß die verschiedenen mitzuberücksichtigenden Momente übersehen werden. Im allgemeinen ist in Bezug auf den Lohn wohl zu beachten, daß es wider göttliches und menschliches Gesetz geht, Nothleidende zu drücken und auszubeuten um des eigenen Vortheils willen. Dem Arbeiter den ihm gebührenden Verdienst vorenthalten ist eine Sünde, die zum Himmel schreit. „Siehe," sagt der Heilige Geist, „der Lohn der Arbeiter, . . . den ihr unterschlagen, schreit zu Gott, und ihre Stimmen dringen zum Herrn Sabaoth." Die Besitzenden dürfen endlich unter keinen Umständen die Arbeiter in ihren Ersparnissen schädigen, sei es durch Gewalt oder durch Trug oder durch Wucherkünste; und das um so weniger, als ihr Stand minder gegen Unrecht und Uebervortheilung geschützt ist, und ihr Eigenthum, weil gering, eben

[1]) Iac. 5, 4.

His obtemperatio legibus nonne posset vim caussasque dissidii vel sola restinguere? — Sed Ecclesia tamen, Iesu Christo magistro et duce, persequitur maiora: videlicet perfectius quiddam praecipiendo illuc spectat, ut alterum ordinem vicinitate proxima amicitiaque alteri coniungat. — Intelligere atque aestimare mortalia ex veritate non possumus, nisi dispexerit animus vitam alteram eamque immortalem...

deshalb größere Achtung verdient.

Wer wird in Abrede stellen, daß die Befolgung dieser Vorschriften allein im Stande sein würde, den bestehenden Zwiespalt sammt seinen Ursachen zu beseitigen? — Aber die Kirche, welche in den Fußstapfen ihres göttlichen Lehrers und Führers Jesus Christus wandelt, hat noch höhere Ziele; sie trachtet mit Vorschriften von noch größerer sittlicher Vollkommenheit den einen Theil dem andern möglichst anzunähern und ein freundliches Verhältniß zwischen beiden herzustellen. — Nur wenn wir das künftige unsterbliche Leben zum Maßstabe nehmen, können wir über das gegenwärtige Leben unbefangen und gerecht urtheilen...

...De ipsis opibus utendis excellens ac maximi momenti doctrina est, quam si philosophia inchoatam, at Ecclesia tradidit perfectam plane, eademque efficit ut non cognitione tantum, sed moribus teneatur. Cuius doctrinae in eo est fundamentum positum, quod iusta possessio pecuniarum a iusto pecuniarum usu distinguitur...

... Eine wichtige und tiefgreifende Lehre verkündet die Kirche sodann über den Gebrauch des Reichthums, eine Lehre, welche von der heidnischen Weltweisheit nur dunkel geahnt wurde, die aber von der Kirche in voller Klarheit hingestellt und, was mehr ist, in lebendige praktische Uebung umgesetzt wird. Sie betrifft die Pflicht der Wohlthätigkeit, das Almosen. Diese Lehre hat die Unterscheidung zwischen gerechtem Besitze und gerechtem Gebrauch des Besitzes zur Voraussetzung...

Bonis autem fortunae qui careant, ii ab Ecclesia perdocentur, non probro haberi, Deo iudice, paupertatem, nec eo pu-

Die Besitzlosen aber belehrt die Kirche, daß Armuth in den Augen der ewigen Wahrheit nicht die geringste Schande ist, und

dendum, quod victus labore quaeratur...

Nec tamen putandum, in colendis animis totas esse Ecclesiae curas ita defixas, ut ea negligat quae ad vitam pertinent mortalem ac terrenam. — De proletariis nominatim vult et contendit ut emergant e miserrimo statu fortunamque meliorem adipiscantur. . . . Quin in hoc etiam genere beneficiorum ita semper excelluit, ut ab ipsis inimicis praedicatione efferatur. ... Immo vero subsidia miserae plebi, remissâ rogandi verecundiâ, comparavit. Nam et locupletium et indigentium communis parens, excitatâ ubique ad excellentem magnitudinem caritate, collegia condidit sodalium religiosorum, aliaque utiliter permulta instituit, quibus opem ferentibus, genus miseriarum prope nullum esset, quod solatio careret. Hodie quidem multi, quod eodem modo fecere olim ethnici, ad arguendam transgrediuntur Ecclesiam huius etiam tam egregiae caritatis: cuius in locum subrogare visum est constitutam legibus publicis beneficientiam. Sed quae christianam caritatem suppleant, totam se ad alienas porrigentem utilitates, artes humanae nullae reperientur....

daß Händearbeit zum Erwerb des Unterhaltes durchaus keine Unehre bereitet...

Die Fürsorge der Kirche geht indessen nicht so in der Pflege des geistigen Lebens auf, daß sie darüber der Anliegen des irdischen Lebens vergäße. — Sie ist vielmehr, insbesondere dem Arbeiterstande gegenüber, vom eifrigen Streben erfüllt, die Noth des Lebens auch nach seiner materiellen Seite zu lindern... Ja, daß ihre Thätigkeit in dieser Hinsicht jederzeit eine höchst wohlthätige gewesen, wird auch von ihren Feinden mit lautem Lobe anerkannt... Die Kirche scheute sich nicht, auch als Bettlerin zu den Thüren der Reichen zu wandern, um den Bedrängten ein Scherflein zu gewinnen. Sie war es, die gemeinsame Mutter von Arm und Reich, welche dadurch, daß sie die christliche Nächstenliebe entzündete, besondere geistliche Orden erweckte, die sich berufsmäßig der Linderung der irdischen Noth hingeben, so daß für jede Bedrängniß eine Abhilfe, für jeden Schmerz ein Trost bestand. Allerdings vernimmt man in der Gegenwart Stimmen, welche, wie die Heiden es schon gethan, Anklagen gegen die Kirche selbst in dieser Liebesthätigkeit suchen. Man tadelt geradezu das kirchliche Wohlthun als ungeeignet und unzweckmäßig und sucht statt dessen ein rein staatliches System einzuführen. Aber wo sind die staatlichen, die menschlichen Einrichtungen, die sich an die Stelle der christlichen Liebe und des Opfergeistes, die

At vero non potest esse dubium quin, ad id quod est propositum, ea quoque, quae in hominum potestate sunt, adiumenta requirantur. Omnino omnes, ad quos caussa pertinet, eodem intendant idemque laborent pro rata parte necesse est. . .

Iamvero quota pars remedii a republica expectanda sit, praestat exquirere. — Rempublicam hoc loco intelligimus non quali populus utitur unus vel alter, sed qualem et vult recta ratio naturae congruens, et probant divinae documenta sapientiae, quae Nos ipsi nominatim in litteris Encyclicis de civitatum constitutione christiana explicavimus. Itaque per quos civitas regitur, primum conferre operam generatim atque universe debent totâ ratione legum atque institutorum, scilicet efficiendo ut ex ipsa conformatione atque administratione reipublicae ultro prosperitas tam communitatis quam privatorum efflorescat. . . .

. . . Iamvero his pariendis bonis est proletariorum maxime efficax ac necessarius labor, sive in agris artem atque manum, sive in officinis exerceant. Immo eorum in hoc genere vis est atque efficientia tanta, ut illud verissimum sit, non aliunde quam ex opificum labore gigni divitias civitatum. Iubet igitur aequitas, curam de proletario publice geri, ut ex eo, quod in communem affert utilitatem, percipiat ipse

ihren Schwung von der Kirche empfangen, zu setzen vermöchten? . . .

Indessen ist nicht zu bezweifeln, daß zur Lösung der socialen Frage zugleich alle menschlichen Mittel in Bewegung gesetzt werden müssen. Alle, die es irgend berührt, müssen je nach ihrer Stellung mitarbeiten. . .

Es handelt sich also zunächst darum, welcher Antheil bei der Lösung der Frage der Staatsgewalt zufalle. — Unter Staatsgewalt verstehen Wir hier nicht die zufällige Regierungsform der einzelnen Länder, sondern die Staatsgewalt der Idee nach, wie sie durch die Natur und Vernunft gefordert wird, und wie sie sich nach den Grundsätzen der Offenbarung, die Wir in der Encyklika über die christliche Staatsverfassung entwickelt haben, darstellt. Die Beihilfe also, welche vom Staate zu erwarten wäre, besteht zunächst und im allgemeinen in gesetzlichen Verordnungen und Einrichtungen, die eine gedeihliche Entwicklung des Wohlstandes befördern. . . .

. . . Zur Herstellung dieser Güter ist nun die Thätigkeit der niederen arbeitenden Klassen ebenso wirksam wie unentbehrlich. Ja, es ist eigentlich die Arbeit auf dem Felde, in der Werkstatt, der Fabrik, welche im Staate Wohlhabenheit herbeiführt. Es ist also nur eine Forderung strengster Billigkeit, daß der Staat sich der Arbeiter in der Richtung annehme, ihnen einen entsprechenden Antheil am

aliquid, ut tectus, ut vestitus, ut salvus vitam tolerare minus aegre possit. Unde consequitur, favendum rebus omnibus esse quae conditioni opificum quoque modo videantur profuturae. Quae cura tantum abest ut noceat cuiquam, ut potius profutura sit universis, quia non esse omnibus modis eos miseros, a quibus tam necessaria bona proficiscuntur, prorsus interest reipublicae.

Gewinne der Arbeit zuzusichern; die Arbeit muß ihnen für Wohnung, Kleidung und Nahrung so viel abwerfen, daß ihr Dasein kein gedrücktes ist. Wenn der Staat somit, wie es seine Pflicht ist, zur Hebung der Lage des arbeitenden Standes alles Thunliche ins Werk setzt, so fügt er dadurch niemand Nachtheil zu: er nützt aber sehr der Gesammtheit, die ein offenbares Interesse daran hat, daß ein Stand, welcher dem Staate so nothwendige Dienste leistet, nicht im Elend seine Existenz friste.

... Atqui interest salutis cum publicae, tum privatae pacatas esse res et compositas: item dirigi ad Dei iussa naturaeque principia omnem convictus domestici disciplinam: observari et coli religionem: florere privatim ac publice mores integros: sanctam retineri iustitiam, nec alteros ab alteris impune violari: validos adolescere cives, iuvandae tutandaeque, si res postulet, civitati idoneos. Quamobrem si quando fiat, ut quippiam turbarum impendeat ob secessionem opificum, aut intermissas ex composito operas: ut naturalia familiae nexa apud proletarios relaxentur: ut religio in opificibus violetur non satis impertiendo commodi ad officia pietatis: si periculum in officinis integritati morum ingruat a sexu promiscuo, aliisve perniciosis invitamentis peccandi: aut opificum ordinem herilis ordo iniquis premat oneribus, vel alienis a persona ac dignitate humana conditionibus affligat: si valetudini noceatur

... Es liegt sicherlich ebenso im öffentlichen wie im privaten Interesse, daß im Staate Friede und Ordnung herrsche, daß das ganze Familienleben den göttlichen Geboten und dem Naturgesetz entspreche, daß die Religion geachtet und geübt werde, daß im privaten wie im öffentlichen Leben Reinheit der Sitte herrsche, daß Recht und Gerechtigkeit gewahrt und nicht ungestraft verletzt werde, daß die Jugend kräftig heranwachse zum Nutzen und, wo nöthig, zur Vertheidigung des Gemeinwesens. Wenn also sich öffentliche Wirren ankündigen infolge widersetzlicher Haltung der Arbeiter oder infolge Arbeitseinstellung, wenn die natürlichen Familienbande in den Arbeiterkreisen zerrüttet werden, wenn bei den Arbeitern die Religion gefährdet ist, indem ihnen nicht genügende Zeit und Gelegenheit zu ihren gottesdienstlichen Pflichten gelassen wird, wenn ihrer Sittlichkeit Gefahr droht durch die Art

opere immodico, nec ad sexum aetatemve accommodato, his in caussis plane adhibenda, certos intra fines, vis et auctoritas legum. . . .

und Weise von gemeinschaftlicher Verwendung beider Geschlechter bei der Arbeit oder durch andere Lockungen zur Sünde, wenn die Arbeitgeber sie ungerechterweise belasten oder sie zur Annahme von Bedingungen nöthigen, welche der persönlichen Würde und den Menschenrechten zuwiderlaufen, wenn ihre Gesundheit durch übermäßige Anstrengung oder ihrem Alter und Geschlechte nicht entsprechende Anforderungen untergraben wird — in allen diesen Fällen muß die Autorität und Gewalt des Staates sich geltend machen, jedoch ohne die rechten Schranken zu überschreiten. . . .

Sed quaedam maioris momenti praestat nominatim perstringere. — Caput autem est imperio ac munimento legum tutari privatas possessiones oportere. Potissimumque, in tanto iam cupiditatum ardore, continenda in officio plebs: nam si ad meliora contendere concessum est non repugnante iustitia, at alteri, quod suum est, detrahere, ac per speciem absurdae cuiusdam aequabilitatis in fortunas alienas involare, iustitia vetat, nec ipsa communis utilitatis ratio sinit. Utique pars opificum longe maxima res meliores honesto labore comparare sine cuiusquam iniuria malunt: verumtamen non pauci numerantur pravis imbuti opinionibus rerumque novarum cupidi, qui id agunt omni ratione ut turbas moveant, ac ceteros ad vim impellant. Intersit igitur reipublicae auctoritas, iniecto-

Doch es sind hier noch einzelne Momente besonders zu betonen. — Das erste ist, daß die öffentliche Autorität durch entschiedene Maßregeln das Recht und die Sicherheit des privaten Besitzes gewährleisten muß. Die Bewegung der Massen, in welchen die Gier nach fremder Habe erwacht, muß mit Kraft gezügelt werden. Ein Streben nach Verbesserung der eigenen Lage ohne ungerechte Schädigung anderer tadelt niemand, aber auf Aneignung fremden Besitzes ausgehen und dies unter dem thörichten Vorgeben, es müsse eine Gleichmachung in der Gesellschaft erfolgen, das ist ein Angriff auf die Gerechtigkeit und auf das Gemeinwohl zugleich. Ohne Zweifel zieht es der allergrößte Theil der Arbeiter vor, durch die ehrliche Arbeit und ohne Beeinträchtigung des Nächsten sich zu

que concitatoribus freno ab opificum moribus corruptrices artes, a legitimis dominis periculum rapinarum coerceat.

Longinquior vel operosior labos, atque opinatio curtae mercedis caussam non raro dant artificibus quamobrem opere se solvant ex composito, otioque dedant voluntario. Cui quidem incommodo usitato et gravi medendum publice, quia genus istud cessationis non heros dumtaxat, atque opifices ipsos afficit damno, sed mercaturis obest reique publicae utilitatibus: cumque haud procul esse a vi turbisque soleat, saepenumero tranquillitatem publicam in discrimen adducit. Qua in re illud magis efficax ac salubre, antevertere auctoritate legum, malumque ne erumpere possit prohibere, amotis mature caussis, unde dominorum atque operariorum conflictus videatur extiturus.

einer bessern Stellung zu erschwingen. Aber zahlreich sind auch die Unruhestifter, die Verbreiter falscher Ideen, denen jedes Mittel recht ist, um einen Umsturz vorzubereiten und das Volk zur Gewaltthätigkeit zu verleiten. Es muß also die Gewalt dazwischen treten, dem Hetzen Einhalt gebieten, die friedliche Arbeit vor der Verführung und Aufreizung schützen, den rechtmäßigen Besitz gegen den Raub sicherstellen.

Nicht selten greifen die Arbeiter zu gemeinsamer Arbeitseinstellung, um gegen die Lohnherren einen Zwang auszuüben, wenn ihnen die Anforderungen zu schwer, die Arbeitsdauer zu lang, der Lohnsatz zu gering scheint. Dieses Vorgehen, das in der Gegenwart immer häufiger wird und immer weitern Umfang annimmt, fordert die öffentliche Gewalt auf, Gegenwehr zu ergreifen; denn die Ausstände gereichen nicht bloß den Arbeitgebern mitsammt den Arbeitern insgemein zum Schaden, sie benachtheiligen auch empfindlich Handel und Industrie, überhaupt den ganzen öffentlichen Wohlstand. Außerdem geben sie erfahrungsmäßig Anlaß zu Gewaltthätigkeiten und Unruhen und stören so den Frieden im Staate. Dem gegenüber ist diejenige Art der Abwehr am meisten zu empfehlen, welche durch entsprechende Anordnungen und Gesetze dem Uebel zuvorzukommen trachtet und sein Entstehen hindert durch Beseitigung jener Ursachen, die den Conflict zwi-

Similique modo plura sunt in opifice praesidio munienda reipublicae: ac primum animi bona. . . . Nemini licet hominis dignitatem, de qua Deus ipse disponit *cum magna reverentia*, impune violare, neque ad eam perfectionem impedire cursum, quae sit vitae in caelis sempiternae consentanea. Quin etiam in hoc genere tractari se non convenienter naturae suae, animique servitutem servire velle, ne sua quidem sponte homo potest: neque enim de iuribus agitur, de quibus sit integrum homini, verum de officiis adversus Deum, quae necesse est sancte servari. — Hinc consequitur requies operum et laborum per festos dies necessaria. . . .

Quod ad tutelam bonorum corporis et externorum, primum omnium eripere miseros opifices e saevitia oportet hominum cupidorum, personis pro rebus ad quaestum intemperanter abutentium. Scilicet tantum exigi operis, ut hebescat animus labore nimio, unâque corpus defatigationi succumbat, non iustitia, non humanitas patitur. . . Intervalla vero quiescendi quanta esse oporteat, ex vario genere operis, ex adiunctis temporum

schen den Anforderungen der Arbeitsherren und der Arbeiter herbeizuführen pflegen.

Der Staat ist dagegen den Arbeitern in mehrfacher praktischer Richtung seinen Schutz schuldig, und zwar zunächst in Hinsicht ihrer geistigen Güter. . . Keine Gewalt darf sich ungestraft an der Würde des Menschen vergreifen, da doch Gott selbst, wie die Heilige Schrift sagt, „m i t g r o ß e r A c h t u n g“ über ihn verfügt; keine Gewalt darf ihn auf dem Wege christlicher Pflicht und Tugend, der ihn zum ewigen Leben im Himmel führen soll, zurückhalten. Ja der Mensch besitzt nicht einmal selbst die Vollmacht, auf die hierzu nöthige Freiheit Verzicht zu leisten und sich der Rechte, die seine Natur verlangt, zu begeben; denn nicht um Befugnisse, die in seinem Belieben stehen, handelt es sich, sondern um unausweichliche über alles heilig zu haltende Pflichten gegen Gott. — Hiermit ist die Grundlage der pflichtmäßigen Sonntagsruhe bezeichnet. . . .

Was sodann den Schutz der irdischen Güter des Arbeiterstandes angeht, so ist vor allem jener unwürdigen Lage ein Ende zu machen, in welche derselbe durch den Eigennutz und die Hartherzigkeit von Brodherren versetzt ist, welche die Arbeiter maßlos ausbeuten und sie nicht wie Menschen, sondern als Sachen behandeln. Die Gerechtigkeit und die Menschlichkeit erheben Einsprache gegen Arbeitsforderungen von solcher Höhe,

et locorum, ex ipsa opificum valetudine iudicandum. Quorum est opus lapidem e terra excindere, aut ferrum, aes, aliaque id genus effodere penitus abdita, eorum labor, quia multo maior est idemque valetudini gravis, cum brevitate temporis est compensandus. Anni quoque dispicienda tempora: quia non raro idem operae genus alio tempore facile est ad tolerandum, alio aut tolerari nulla ratione potest, aut sine summa difficultate non potest. — Denique quod facere enitique vir adulta aetate beneque validus potest, id a femina puerove non est aequum postulare. Immo de pueris valde cavendum, ne prius officina capiat, quam corpus, ingenium, animum satis firmaverit aetas. Erumpentes enim in pueritia vires, velut herbescentem viriditatem, agitatio praecox elidit: qua ex re omnis est institutio puerilis interitura. Sic certa quaedam artificia minus apte conveniunt in feminas ad opera domestica natas: quae quidem opera et tuentur magnopere in muliebri genere decus, et liberorum institutioni prosperitatique familiae naturâ respondent. Universe autem statuatur, tantum esse opificibus tribuendum otii, quantum cum viribus compensetur labore consumptis; quia detritas usu vires debet cessatio restituere. In omni obligatione, quae dominis atque artificibus invicem contrahatur, haec semper aut adscripta aut tacita conditio inest, utrique generi quiescendi ut cautum sit: neque enim hones-

daß der Körper unterliegt und der Geist sich abstumpft. . . . Wie lange die Ruhe aber dauern müsse, das richtet sich nach der Art der Arbeit, nach Zeit und Ort, nach den körperlichen Kräften. Berg- und Grubenarbeiten erfordern offenbar größere Anstrengung als andere und sind mehr gesundheitsschädlich; für sie muß also eine kürzere Durchschnittszeitdauer angesetzt werden. Ebenso sind gewisse Arbeiten in der einen Jahreszeit leicht zu leisten, zu einer andern Jahreszeit aber gar nicht oder nur mit großen Schwierigkeiten ausführbar. — Endlich was ein erwachsener kräftiger Mann leistet, dazu ist eine Frau oder ein Kind nicht im Stande. Die Kinderarbeit insbesondere erheischt die menschenfreundlichste Fürsorge. Es wäre nicht zuzulassen, daß Kinder in die Werkstatt oder Fabrik eintreten, ehe Leib und Geist zur gehörigen Reife gediehen sind. Die Entfaltung der Kräfte wird in den jungen Wesen durch vorzeitige Anspannung erstickt, und ist einmal die Blüte des kindlichen Alters gebrochen, so ist es um die ganze Entwicklung in traurigster Weise geschehen. Ebenso ist durchaus zu beachten, daß manche Arbeiten weniger zukömmlich sind für das weibliche Geschlecht, welches überhaupt für die häuslichen Verrichtungen eigentlich berufen ist. Diese letztere Gattung von Arbeit gereicht dem Weibe zu einer Schutzwehr seiner Würde, erleichtert die gute Erziehung der Kinder und befördert das

tum esset convenire secus, quia nec postulare cuiquam fas est nec spondere neglectum officiorum, quae vel Deo vel sibimetipsi hominem obstringunt.

häusliche Glück. Im allgemeinen aber ist daran festzuhalten, daß den Arbeitern so viel Ruhe zu sichern sei, als zur Herstellung ihrer bei der Arbeit aufgewendeten Kräfte nöthig ist; denn die Unterbrechung der Arbeit hat eben den Ersatz der Kräfte zum Zwecke. Bei jeder Verbindlichkeit, die zwischen Brodherren und Arbeitern eingegangen wird, ist ausdrücklich oder stillschweigend die Bedingung vorhanden, daß die oben genannte doppelte Art von Ruhe dem Arbeiter gesichert sei. Eine Vereinbarung ohne diese Bedingung wäre sittlich nicht zulässig, weil die Preisgabe von Pflichten gegen Gott und gegen sich selbst von niemand gefordert und von niemand zugestanden werden kann.

Rem hoc loco attingimus sat magni momenti: quae recte intelligatur necesse est, in alterutram partem ne peccetur. Videlicet salarii definitur libero consensu modus: itaque dominus rei, pacta mercede persoluta, liberavisse fidem, nec ultra debere quidquam videatur. Tunc solum fieri iniuste, si vel pretium dominus solidum, vel obligatas artifex operas reddere totas recusaret: his caussis rectum esse potestatem politicam intercedere, ut suum cuique ius incolume sit, sed praeterea nullis. — Cui argumentationi aequus rerum iudex non facile, neque in totum assentiatur... Esto, ut opifex atque herus libere in idem placitum, ac nominatim in salarii modum consentiant: subest tamen semper

Wir berühren im Anschlusse hieran eine Frage von sehr großer Wichtigkeit, bei welcher viel auf richtiges Verständnis ankommt, damit nicht nach der einen oder nach der andern Seite hin gefehlt werde. Da der Lohnsatz vom Arbeiter angenommen wird, so könnte es scheinen, als sei der Arbeitgeber nach erfolgter Auszahlung des Lohnes aller weiteren Verbindlichkeiten enthoben. Man könnte meinen, ein Unrecht läge nur dann vor, wenn entweder der Lohnherr einen Theil der Zahlung zurückbehalte oder der Arbeiter nicht die vollständige Leistung verrichte, und einzig in diesen Fällen sei für die Staatsgewalt ein gerechter Grund zum Einschreiten vorhanden, damit nämlich jedem das Seine zu

aliquid ex iustitia naturali, idque libera paciscentium voluntate maius et antiquius, scilicet alendo opifici, frugi quidem et bene morato, haud imparem esse mercedem oportere. Quod si necessitate opifex coactus, aut mali peioris metu permotus duriorem conditionem accipiat, quae, etiamsi nolit, accipienda sit, quod a domino vel a redemptore operum imponitur, istud quidem est subire vim, cui iustitia reclamat. — Verumtamen in his similibusque caussis, quales illae sunt in unoquoque genere artificii quotâ sit elaborandum horâ, quibus praesidiis valetudini maxime in officinis cavendum, ne magistratus inferat sese importunius, praesertim cum adiuncta tam varia sint rerum, temporum, locorum, satius erit eas res iudicio reservare collegiorum, de quibus infra dicturi sumus, aut aliam inire viam, qua rationes mercenariorum, uti par est, salvae sint, accedente si res postulaverit, tutela praesidioque reipublicae.

theil werde. — Indes diese Schlußfolgerung kann nicht vollständigen Beifall finden... Wenn auch immerhin die Vereinbarung zwischen Arbeiter und Arbeitgeber, insbesondere hinsichtlich des Lohnes, beiderseitig frei geschieht, so bleibt doch immerhin eine Forderung der natürlichen Gerechtigkeit bestehen, die nämlich, daß der Lohn nicht etwa so niedrig sei, daß er einem genügsamen, rechtschaffenen Arbeiter den Lebensunterhalt nicht abwirft. Diese schwerwiegende Forderung ist unabhängig von dem freien Willen der Vereinbarenden. Gesetzt, der Arbeiter beugt sich aus reiner Noth oder um einem schlimmern Zustande zu entgehen, den allzu harten Bedingungen, die ihm nun einmal vom Arbeitsherrn oder Unternehmer auferlegt werden, so heißt das Gewalt leiden, und die Gerechtigkeit erhebt gegen einen solchen Zwang Einspruch. — Damit aber in solchen Fragen, wie diejenige der täglichen Arbeitszeit für die verschiedenen Arbeitsarten, und diejenige der Schutzmaßregeln gegen Gesundheitsgefahr und Unfälle zumal in Fabriken, die öffentliche Gewalt sich nicht in ungehöriger Weise einmische, so erscheint es in Anbetracht der Verschiedenheit der zeitlichen und örtlichen Umstände durchaus rathsam, jene Fragen vor die Ausschüsse zu bringen, von denen Wir unten näher handeln werden, oder einen andern Weg zur Vertretung der Interessen der Arbeiter einzuschlagen, je nach Erforderniß

Mercedem si ferat opifex satis amplam ut eâ se uxoremque et liberos tueri commodum queat, facile studebit parsimoniae, si sapit, efficietque, quod ipsa videtur natura monere, ut detractis sumptibus, aliquid etiam redundet, quo sibi liceat ad modicum censum pervenire. Neque enim efficaci ratione dirimi caussam, de qua agitur, posse vidimus, nisi hoc sumpto et constituto, ius privatorum bonorum sanctum esse oportere. Quamobrem favere huic iuri leges debent, et quoad potest, providere ut quam plurimi ex multitudine rem habere malint. Quo facto, praeclarae utilitates consecuturae sunt: ac primum certe aequior partitio bonorum. Vis enim commutationum civilium in duas civium classes divisit urbes, immenso inter utramque discrimine interiecto. Ex una parte factio praepotens, quia praedives: quae cum operum et mercaturae universum genus sola potiatur, facultatem omnem copiarum effectricem ad sua commoda ac rationes trahit, atque in ipsa administratione reipublicae non parum potest. Ex altera inops atque infirma multitudo, exulcerato animo et ad turbas semper parato. Iamvero si plebis excitetur industria in spem adipiscendi quippiam, quod solo contineatur, sensim fiet ut alter ordo evadat finitimus alteri, sublato inter summas divitias summamque egestatem discrimine. — Praeterea rerum, quas terra gig-

unter Mitwirkung und Leitung der Behörden.

Gewinnt der Arbeiter einen genügenden Lohn, um sich mit Frau und Kind anständig zu erhalten, ist er zugleich weise auf Sparsamkeit bedacht, so wird er es, dem natürlichen Drange folgend, auch dahin bringen, daß er einen Sparpfennig zurücklegen und zu einem kleinen Vermögen gelangen kann. Nicht bloß muß der private Besitz, will man zu irgend einer wirksamen Lösung der socialen Frage gelangen, als ein unantastbares Recht gelten, sondern der Staat muß auch dieses Recht in der Gesetzgebung begünstigen und sollte in seinen Maßregeln dahin zielen, daß möglichst viele aus den Staatsangehörigen irgend ein bescheidenes Eigenthum zu erwerben trachten. Ein solcher Zustand würde von beträchtlichen Vortheilen begleitet sein. Dahin gehört zuerst eine der Billigkeit mehr entsprechende Vertheilung der irdischen Güter. Es ist eine Folge der Umgestaltung der bürgerlichen Verhältnisse, daß die Bevölkerung der Städte sich in zwei Klassen geschieden sieht, die eine ungeheure Kluft voneinander trennt. Auf der einen Seite die Uebermacht des Kapitals, welches Industrie und Markt völlig beherrscht, und weil es Träger aller Unternehmungen, Nerv aller öffentlichen Thätigkeit ist, nicht bloß seinen Besitzer pecuniär immer mehr bereichert, sondern auch denselben in staatlichen Dingen zu einer einflußreichen Betheiligung

nit, maior est abundantia futura. Homines enim, cum se elaborare sciunt in suo, alacritatem adhibent studiumque longe maius: immo prorsus adamare terram instituunt sua manu percultam, unde non alimenta tantum, sed etiam quamdam copiam et sibi et suis expectant. Ista voluntatis alacritas, nemo non videt quam valde conferat ad ubertatem fructuum, augendasque divitias civitatis. Ex quo illud tertio loco manabit commodi, ut qua in civitate homines editi susceptique in lucem sint, ad eam facile retineantur: neque enim patriam cum externa regione commutarent, si vitae degendae tolerabilem daret patria facultatem. . .

beruft. Auf der andern Seite jene Menge, die der Güter dieses Lebens entbehren muß und die mit Erbitterung erfüllt und zu Unruhen geneigt ist. Wenn nun diesen niederen Klassen Aussicht gegeben würde, bei Fleiß und Anstrengung zu einem kleinen Grundbesitze zu gelangen, so müßte allmählich eine Annäherung zwischen den zwei Lagern von Staatsbürgern stattfinden; es würden die Gegensätze von äußerster Armuth und angehäuftem Reichthum mehr und mehr verschwinden. — Es würde dabei zugleich der Ackerbau ohne Zweifel gewinnen. Denn bei dem Bewußtsein, auf eigener Scholle zu arbeiten, arbeitet man ohne Zweifel mit größerer Betriebsamkeit und Hingabe; man schätzt den Boden in demselben Maße, als man ihm Mühe opfert; man gewinnt ihn lieb, wenn man in ihm die versprechende Quelle eines kleinen Wohlstandes für sich und die Familie erblickt. Es liegt also auf der Hand, wie viel der Landbau, wie viel der Gesammtwohlstand des Volkes gewinnen würden. Als dritter Vortheil ist zu nennen die Stärkung des Heimatsgefühles, der Liebe zum Boden, welcher die Stätte des elterlichen Hauses, der Ort der Geburt und Erziehung gewesen. Sicher würden viele Auswanderer, die jetzt in der Ferne eine andere Heimat suchen, die bleibende Ansässigkeit zu Hause vorziehen, wenn die Heimat ihnen eine erträgliche materielle Existenz darböte. . . .

Postremo domini ipsique opifices multum hac in caussa possunt, iis videlicet institutis, quorum ope et opportune subveniatur indigentibus, et ordo alter propius accedat ad alterum. Numeranda in hoc genere sodalitia ad suppetias mutuo ferendas: res varias, privatorum providentiâ constitutas, ad cavendum opifici, itemque orbitati uxoris et liberorum, si quid subitum ingruat, si debilitas afflixerit, si quid humanitus accidat: instituti patronatus pueris, puellis, adolescentibus natuque maioribus tutandis. Sed principem locum obtinent sodalitia artificum, quorum complexu fere cetera continentur. Fabrum corporatorum apud maiores nostros diu bene facta constitere. Revera non modo utilitates praeclaras artificibus, sed artibus ipsis, quod perplura monumenta testantur, decus atque incrementum pepererere. Eruditiore nunc aetate, moribus novis, auctis etiam rebus quas vita quotidiana desiderat, profecto sodalitia opificum flecti ad praesentem usum necesse est. Vulgo coiri eius generis societates, sive totas ex opificibus conflatas, sive ex utroque ordine mixtas, gratum est: optandum vero ut numero et actuosa virtute crescant. Etsi vero de iis non semel verba fecimus, placet tamen hoc loco ostendere, eas esse valde opportunas, et iure suo coalescere: item qua illas disciplina uti, et quid agere oporteat.

Endlich können und müssen aber auch die Lohnherren und die Arbeiter selbst zu einer gedeihlichen Lösung der Frage durch Maßnahmen und Einrichtungen mitwirken, die den Nothstand möglichst heben und die eine Klasse der andern näher bringen helfen. Hierher gehören Vereine zu gegenseitiger Unterstützung, private Veranstaltungen zur Hilfeleistung für den Arbeiter und seine Familie bei plötzlichem Unglück, in Krankheits- und Todesfällen, Einrichtungen zum Rechtsschutz für Kinder, jugendliche Personen oder auch Erwachsene. Den ersten Platz aber nehmen in dieser Hinsicht die Arbeitervereine ein, unter deren Zweck einigermaßen alles andere Genannte fällt. In der Vergangenheit haben die Corporationen von Handwerkern und Arbeitern lange Zeit eine gedeihliche Wirksamkeit entfaltet. Sie brachten nicht bloß ihren Mitgliedern erhebliche Vortheile, sondern trugen auch viel bei zur Entwicklung von Handwerk und Industrie, wie die Geschichte dessen Zeuge ist. In einer Zeit wie die unserige mit ihren geänderten Lebensgewohnheiten können natürlich nicht die alten Innungen in ihrer ehemaligen Gestalt wieder ins Leben gerufen werden; die neuen Sitten, der Fortschritt in Wissenschaft und Bildung, die gesteigerten Lebensbedürfnisse, alles stellt andere Anforderungen. Aber es ist nothwendig, das Corporationswesen unter Beibehaltung des alten Geistes, der es belebte,

Virium suarum explorata exiguitas impellit hominem atque hortatur, ut opem sibi alienam velit adiungere. Sacrarum litterarum est illa sententia: *melius est duos esse simul, quam unum: habent enim emolumentum societatis suae. Si unus ceciderit, ab altero fulcietur. Vae soli: quia cum ceciderit, non habet sublevantem se*[1]... Nunc vero quamquam societates privatae existunt in civitate, eiusque sunt velut partes totidem, tamen universe ac per se non est in potestate reipublicae ne existant prohibere. Privatas enim societates inire concessum est homini iure naturae: est autem ad praesidium iuris naturalis instituta civitas, non ad interitum: eaque si civium coetus sociari vetuerit, plane secum pugnantia agat, propterea quod tam ipsa quam

[1]) Eccl. 4, 9. 10.

den Bedürfnissen der Gegenwart anzupassen. Sehr erfreulich ist es, daß in unserer Zeit mehr und mehr Vereinigungen jener Art entstehen, sei es, daß sie aus Arbeitern allein oder aus Arbeitern und Arbeitgebern sich bilden, und man kann nur wünschen, daß sie an Zahl und an innerer Kraft zunehmen. Obgleich Wir schon wiederholt von den Arbeitervereinen gesprochen haben, wollen Wir doch an dieser Stelle eingehender ihre Zeitgemäßheit und Berechtigung darlegen, indem Wir damit das Nöthige über ihre Einrichtung und die von ihnen festzuhaltenden Ziele verbinden.

Es ist die Beschränktheit der eigenen Kräfte, die den Menschen stets von selbst dazu antreibt, sich mit anderen zu gegenseitiger Hilfe und Unterstützung zu verbinden. „Es ist besser, daß zwei zusammenseien, als daß einer allein stehe; sie haben den Vortheil ihrer Gemeinschaft. Fällt der eine, so wird er vom andern gehalten. Wehe dem Vereinzelten! Wenn er fällt, so hat er niemand, der ihn aufrichtet.“ ... Wenngleich nun diese privaten Gesellschaften innerhalb der staatlichen Gesellschaft bestehen und gewissermaßen einen Theil von ihr bilden, so besitzt der Staat nicht schlechthin die Vollmacht, ihr Dasein zu verbieten. Sie ruhen auf der Grundlage des Naturrechtes; das Naturrecht aber kann der Staat

coetus privati uno hoc e principio nascuntur, quod homines sunt natura congregabiles. — Incidunt aliquando tempora cum ei generi communitatum rectum sit leges obsistere: scilicet si quidquam ex instituto persequantur, quod cum probitate, cum iustitia, cum reipublicae salute aperte dissideat. Quibus in caussis iure quidem potestas publica, quominus illae coalescant, impediet: iure etiam dissolvet coalitas: summam tamen adhibeat cautionem necesse est, ne iura civium migrare videatur, neu quidquam per speciem utilitatis publicae statuat, quod ratio non probet. Eatenus enim obtemperandum legibus, quoad cum recta ratione adeoque cum lege Dei sempiterna consentiant [1].

[1] *Lex humana in tantum habet rationem legis, in quantum est secundum rationem rectam; et secundum hoc manifestum est quod a lege aeterna derivatur. In quantum vero a ratione recedit, sic dicitur lex iniqua: et sic non habet rationem legis, sed magis violentiae cuiusdam* (S. Thom., Summa Theol. I. II. qu. 93 a. 3 ad. 2).

nicht ändern, sein Beruf ist es vielmehr, dasselbe zur Anerkennung zu bringen. Verbietet ein Staat dennoch die Bildung solcher Genossenschaften, so handelt er gegen sein eigenes Princip, da er ja selbst, ganz ebenso wie die privaten Gesellschaften unter den Staatsangehörigen, einzig aus dem natürlichen Triebe des Menschen zu gegenseitiger Vereinigung entspringt. —Allerdings ist in manchen einzelnen Fällen die staatliche Gewalt vollauf berechtigt, gegen Vereine vorzugehen; so wenn sie sich zu Zielen bekennen, die offenkundig gegen Recht und Sittlichkeit oder sonstwie gegen die öffentliche Wohlfahrt gerichtet sind. Steht dem Staate die Befugnis zu, die Bildung solcher Vereine zu hindern und bestehende aufzulösen, so liegt es ihm andererseits sehr strenge ob, jeden Eingriff in die Rechte der Unterthanen zu unterlassen. Der Vorwand des nöthigen Schutzes für die öffentlichen Interessen darf ihn auf keine Weise zu Schritten verleiten, die irgend eine Ungerechtigkeit einschließen. Denn staatliche Gesetze und Anordnungen besitzen innern Anspruch auf Gehorsam nur, insofern sie der Vernunft und eben deshalb dem ewigen Gesetze Gottes entsprechen.

Sodalitates varias hic reputamus animo et collegia et ordines religiosos, quos Ecclesiae auctoritas et pia christianorum voluntas genuerant. . . Multis locis communitates huius generis respublica violavit, ac multiplici quidem iniuria: cum et civilium

Wir haben hier die mannigfachen Genossenschaften, Vereine und geistlichen Orden im Auge, welche in früherer Zeit auf dem Boden der Kirche entsprossen sind, Gründungen der Kirche und der frommen Gesinnung ihrer Kinder... An

tegum nexo devinxerit, et legilimo iure personae moralis exuerit, et fortunis suis despoliarit. Quibus in fortunis suum habebat Ecclesia ius, suum singuli sodales, item qui eas certae cuidam caussae addixerant, et quorum essent commodo ac solatio addictae. Quamobrem temperare animo non possumus quin spoliationes eiusmodi tam iniustas ac perniciosas conqueramur, eo vel magis quod societatibus catholicorum virorum, pacatis iis quidem et in omnes partes utilibus iter praecludi videmus, quo tempore edicitur, utique coire in societatem per leges licere: eaque facultas large revera hominibus permittitur consilia agitantibus religioni simul ac reipublicae perniciosa.

vielen Orten ist die staatliche Obrigkeit gegen jene Corporationen mit ungerechten und verletzenden Maßregeln vorgegangen; sie hat die Freiheit derselben durch gehässige Gesetzesbestimmungen eingeschränkt, hat ihnen Stellung und Rechte einer juristischen Person entzogen, hat sie schnöde ihres Vermögens beraubt. Auf das Vermögen besaß aber nicht bloß die Kirche unveräußerliche Rechte, sondern auch die Stifter und Wohlthäter, welche ihre Beiträge für jene ftommen Zwecke bestimmt hatten, und endlich diejenigen, für deren Bestes die Stiftungen geschaffen waren. Deshalb können Wir uns nicht enthalten, gegen jene ungerechten und verderblichen Beraubungen Beschwerde zu erheben. Hierbei ist insbesondere dies ein betrübender Umstand, daß den friedlichen und allseitig nützlichen Vereinigungen katholischer Männer der Krieg erklärt wird zu gleicher Zeit, wo verkündet wird, daß Vereinsfreiheit ein allgemeines gesetzliches Gut sei, und wo der Gebrauch dieser Freiheit religionsfeindlichen und staatsgefährlichen Verbindungen im weitesten Umfange gestattet wird.

Profecto consociationum diversissimarum, maxime ex opificibus, longe nunc maior, quam alias frequentia. Plures unde ortum ducant, quid velint, qua grassentur via, non est huius loci quaerere. Opinio tamen est, multis confirmata rebus, praeesse ut plurimum occultiores auctores, eosdemque disciplinam ad-

Die verschiedensten Genossenschaften und Vereinigungen treten in unserer Zeit, zumal in den Arbeiterkreisen, in viel größerer Zahl auf als früher. Woher manche ihren Ursprung nehmen, wohin sie zielen, auf welchem Wege sie sich verbreiten, das ist hier nicht zu untersuchen. Aber Wir müssen auf die allgemeine

hibere non christano nomini, non saluti civitatum consentaneam: occupataque efficiendorum operum universitate, id agere ut qui secum consociari recusarint, luere poenas egestate cogantur. — Hoc rerum statu, alterutrum malint artifices christiani oportet, aut nomen collegiis dare, unde periculum religioni extimescendum: aut sua inter se sodalitia condere, viresque hoc pacto coniungere, quo se animose queant ab illa iniuncta ac non ferenda oppressione redimere. Omnino optari hoc alterum necesse esse, quam potest dubitationem apud eos habere, qui nolint summum hominis bonum in praesentissimum discrimen coniicere?

Valde quidem laudandi complures ex nostris, qui probe perspecto quid a se tempora postulent, experiuntur ac tentant qua ratione proletarios ad meliora adducere honestis artibus possint. . . . Alii varium genus artificum opportuna copulare societate student; consilio ac re iuvant; opus ne desit honestum ac fructuosum, provident. Alacritatem addunt ac patrocinium impertiunt Episcopi: quorum auctoritate auspiciisque plures ex utroque ordine Cleri, quae ad excolendum animum pertinent, in consociatis sedulo curant. Denique catholici non desunt copiosis divitiis, sed

durch Thatsachen gestützte Meinung hinweisen, daß sehr viele dieser Vereine einer einheitlichen geheimen Leitung gehorchen und Einrichtungen haben, die dem Wohle der Religion und des Staates nicht entsprechen; daß sie darauf ausgehen, ein gewisses Arbeitsmonopol in ihre Hand zu bringen und die charakterfesten Arbeiter, die den Beitritt zurückweisen, in Verlegenheit und Elend zu bringen. — Damit sehen sich christlich gesinnte Arbeiter vor die Wahl gestellt, entweder Mitglieder von Bünden zu werden, die ihrer Religion Gefahr bringen, oder aber ihrerseits Vereine zu gründen, um mit gemeinsamen Kräften gegen jenes schmähliche System der Unterdrückung anzukämpfen. Jeder, der nicht die höchsten Güter der Menschheit aufs Spiel gesetzt sehen will, muß das letztere als höchst zeitgemäß und wünschenswerth betrachten.

In klarer Erkenntniß der Forderungen der Zeit beschäftigt sich eine Reihe katholischer Männer mit dem Studium der socialen Frage. . . Anderwärts ist das löbliche Bestreben wach geworden, Handwerker und Arbeiter in Vereinen zu organisieren und sie mit Rath und That zu dem Zwecke zu unterstützen, daß ihnen eine dauernde und anständige Arbeit gesichert sei. Die Bischöfe aber eifern diese ganze Thätigkeit an und bieten ihr einen Rückhalt mit ihrer Autorität. Im Namen der Bischöfe betheiligen sich tüchtige Mitglieder des Welt- und Ordens-

mercenariorum velut consortes voluntarii, qui constituere lateque fundere grandi pecunia consociationes adnitantur: quibus adiuvantibus facile opifici liceat non modo commoda praesentia, sed etiam honestae quietis futurae fiduciam sibi labore quaerere. Tam multiplex tamque alacris industria quantum attulerit rebus communibus boni plus est cognitum, quam ut attineat dicere. Hinc iam bene de reliquo tempore sperandi auspicia sumimus, modo societates istiusmodi constanter incrementa capiant, ac prudenti temperatione constituantur. Tutetur hos respublica civium coetus iure sociatos: ne trudat tamen sese in eorum intimam rationem ordinemque vitae: vitalis enim modus cietur ab interiore principio, ac facillime sane pulsu eliditur externo.

... Perspicuum vero est, ad perfectionem pietatis et morum tamquam ad caussam praecipuam spectari oportere: eâque potissimum caussâ disciplinam socialem penitus dirigendam. Secus enim degenerarent in aliam formam, eique generi collegiorum, in quibus nulla ratio religionis haberi solet, haud sane multum praestarent. . .

Socialium legum posito in re-

clerus an der Leitung der Vereine nach ihrer religiösen Seite. Es fehlt auch nicht an reichen Katholiken, die sich mit Großmuth zu Gönnern und Genossen des arbeitenden Standes machen, und die für die Errichtung und Ausbreitung von Vereinen ansehnliche Geldmittel auswerfen; sie garantieren damit dem Arbeiter, welcher theilnimmt, einen regelmäßigen und ausreichenden Unterhalt, ja versetzen ihn in die Möglichkeit, für das Alter sich ein kleines Kapital zurückzulegen, das ihn der Sorgen enthebt. Es braucht nicht gesagt zu werden, welchen Nutzen bisher schon diese vielfache und eifrige Thätigkeit geschaffen hat. Wir nähren im Hinblick darauf die besten Hoffnungen für die Zukunft, wenn anders diese Vereine sich an Zahl vermehren, und wenn sie weise organisirt werden. Der Staat sollte ihnen seine schützende Hand leihen, aber in ihre inneren Angelegenheiten nicht eingreifen; fremdartige Eingriffe gereichen sehr leicht einem Leben, das von innen, vom eigenen Princip ausgehen muß, zur Zerstörung.

... Die Religiosität der Mitglieder soll das wichtigste Ziel sein, und darum muß der christliche Glaube die ganze Organisation durchdringen. Andernfalls würde der Verein in Bälde sein ursprüngliches Gepräge einbüßen; er würde auf gleiche Linie mit jenen Bünden kommen, welche die Religion aus ihren Kreisen ausschließen...

Hat der Verein in dieser Wei-

ligione fundamento, pronum est iter ad stabiliendas sociorum rationes mutuas, ut convictus quietus ac res florentes consequantur. Munia sodalitatum dispartienda sunt ad communes rationes accommodate, atque ita quidem ut consensum ne minuat dissimilitudo. Officia partiri intelligenter, perspicueque definiri, plurimum ob hanc caussam interest, ne cui fiat iniuria. Commune administretur integre, ut ex indigentia singulorum praefiniatur opitulandi modus: iura officiaque dominorum cum iuribus officiisque opificum apte conveniant. Si qui ex alterutro ordine violatum se ulla re putarit, nihil optandum magis, quam adesse eiusdem corporis viros prudentes atque integros, quorum arbitrio litem dirimi leges ipsae sociales iubeant. Illud quoque magnopere providendum ut copia operis nullo tempore deficiat opificem, utque vectigal suppeditet, unde necessitati singulorum subveniatur nec solum in subitis ac fortuitis industriae casibus, sed etiam cum valetudo, aut senectus, aut infortunium quemquam oppressit. . . . De statu opificum certatur in praesens: quae certatio ratione dirimatur an secus, plurimum interest reipublicae in utramque partem. Ratione autem facile dirimetur ab artificibus christianis, si societate coniuncti ac prudentibus auctoribus usi, viam inierint eamdem, quam patres ac maiores singulari cum salute et sua et publica tenuerunt. Etenim quantumvis magna in homine vis opinionum prae-

se die Religion zum Fundament genommen, so ist damit schon die Richtung gegeben für die Festsetzung des gegenseitigen Verhältnisses der Vereinsgenossen, und die Folge ist ein einträchtiges Zusammenleben und das Gedeihen der Sache. Dem Zwecke entsprechend sind die Aemter in einer Weise zu vertheilen, daß nicht ein zu großer Abstand der Personen die Eintracht gefährde. Auch soll man streben, alle Klagen wegen Beeinträchtigung von Mitgliedern abzuschneiden durch klare und einsichtige Vorzeichnung des Geschäftskreises. Die gemeinsame Kasse werde gewissenhaft verwaltet. Die dem Einzelnen zu gewährende Hilfe bestimme man nach dem wahren Bedürfnisse. Als wichtiges Ziel gelte stets der Einklang zwischen Arbeitern und Lohnherren in Bezug auf Rechte und Pflichten. Zur Erledigung gegenseitiger Beschwerden zwischen beiden Parteien sollten Ausschüsse aus unbescholtenen und erfahrenen Männern gebildet werden mit entscheidender Geltung ihres Schiedsspruches; es wäre sehr wünschenswerth, daß diese Schiedsgerichte Vertreter der Arbeitgeber wie der Arbeiter in ihrem Schoße hätten, und daß kraft der Statuten die Mitglieder der Arbeitervereine gehalten wären, sich an dieselben zu wenden. Ein Hauptbemühen hat ferner dahin zu gehen, daß es den Mitgliedern nie an Arbeit fehle, und daß eine gemeinsame Kasse vorhanden sei, aus welcher den Einzelnen

iudicatarum cupiditatumque sit, tamen nisi sensum honesti prava voluntas obstupefecerit, futura est benevolentia civium in eos sponte propensior, quos industrios ac modestos cognoverint, quos aequitatem lucro, religionem officii rebus omnibus constiterit anteponere. Ex quo illud etiam consequetur commodi, quod spes et facultas sanitatis non minima suppeditabitur opificibus iis, qui vel omnino despecta fide christiana, vel alienis a professione moribus vivant. Isti quidem se plerumque intelligunt falsa spe simulataque rerum specie deceptos. Sentiunt enim, sese apud cupidos dominos valde inhumane tractari, nec fieri fere pluris quam quantum pariant operando lucri: quibus autem sodalitatibus implicati sunt, in iis pro caritate atque amore intestinas discordias existere, petulantis atque incredulae paupertatis perpetuas comites. Fracto animo, extenuato corpore, quam valde se multi vellent e servitute tam humili vindicare: nec tamen audent, seu quod hominum pudor, seu metus inopiae prohibeat. Iamvero his omnibus mirum quantum prodesse ad salutem collegia catholicorum possunt, si haesitantes ad sinum suum, expediendis difficultatibus, invitarint, si resipiscentes in fidem tutelamque suam acceperint. . .

die Unterstützungen zufließen bei Arbeitsstockungen, in Krankheit, im Alter und bei Unglücksfällen ... — In der Gegenwart ist die Arbeiterfrage Gegenstand vielfachen Streites. Daß dieser Streit eine friedliche und gesetzmäßige Lösung finde, liegt im höchsten Interesse des Staates. Die Frage wird aber durch die christlich gesinnten Arbeiter einer richtigen Lösung näher geführt werden, wenn diese in gut organisirten Vereinen und unter weiser Führung denselben Weg einschlagen, welchen die Christen im Alterthume der übermächtigen heidnischen Welt gegenüber zu ihrem eigenen Heil und dem der Gesellschaft eingehalten haben. Denn so stark auch die Macht des Vorurtheils und der Leidenschaft ist, so wird dennoch überall, wo nicht ein verderbter Wille das Gefühl für Recht und Wahrheit abgestumpft hat, die öffentliche Gunst sich Männern zuwenden, welche Fleiß, Mäßigkeit und Zucht auf ihre Fahne geschrieben haben; man wird für Arbeiter Partei ergreifen, welchen Billigkeit und Recht über den Gewinn und ernste Pflichttreue über alle anderen Rücksichten geht. Die Verbreitung dieser Arbeitervereine würde auch denjenigen Arbeitern zu gute kommen und ihre Rückkehr zu besserer Gesinnung erleichtern, welche Glauben oder Sittlichkeit darangegeben haben. Auch sie erkennen oft genug, daß falsche Hoffnung und trügerischer Schein sie täuschte; sie fühlen es, wie hart sie von geldgierigen Herren behandelt, und daß sie nur nach der Höhe des Gewinnes, den sie ihnen bringen, gewerthet werden. Es ist ihnen nicht verborgen, daß in den Vereinen, denen sie sich angeschlossen haben, an Stelle gegenseitiger Achtung und Liebe innere Zwietracht herrscht, die ja immer im Gefolge der gewissenlosen und glaubenslosen Armuth auftritt. Wie gar viele dieser Unglücklichen, die körperlich gebrochen und geistig entmuthigt sind, möchten solch erniedrigender Knechtschaft entrinnen; sie wagen es aber nicht, sei es, daß sie die Scham oder die Furcht vor Armuth zurückhält. Diesen allen nun könnten die katholischen Arbeitervereine große Hilfe bringen, wenn sie nämlich die Schwankenden zur Erleichterung ihrer schwierigen Lage in ihre Gemeinschaft einladen und den Zurückkehrenden Schutz und brüderliche Theilnahme erweisen würden...

X. Die Berner Arbeiterschutz-Konventionen. 1906/10.

RGBl. 1911, S. 5.

a) Internationales Abkommen über das Verbot der Nachtarbeit der gewerblichen Arbeiterinnen. Vom 26. Sept. 1906. [22

Seine Majestät der Deutsche Kaiser, König von Preußen, Seine Majestät der Kaiser von Österreich, König von Böhmen usw. und Apostolischer König von Ungarn, Seine Majestät der König der Belgier, Seine Majestät der König von Dänemark, Seine Majestät der König von Spanien, der Präsident der Französischen Republik, Seine Majestät der König des Vereinigten Königreichs von Großbritannien und Irland und der Britischen überseeischen Besitzungen, Kaiser von Indien, Seine Majestät der König von Italien, Seine Königliche Hoheit der Großherzog von Luxemburg, Herzog zu Nassau, Ihre Majestät die

Königin der Niederlande, Seine Majestät der König von Portugal und Algarvien usw., Seine Majestät der König von Schweden, der Schweizerische Bundesrat,

von dem Wunsche geleitet, die Entwickelung des Arbeiterschutzes durch Annahme gemeinsamer Bestimmungen zu fördern, haben beschlossen, zu diesem Zwecke ein Abkommen über die Nachtarbeit der gewerblichen Arbeiterinnen zu treffen, und haben zu ihren Bevollmächtigten ernannt . . .,
welche nach gegenseitiger Mitteilung ihrer in guter und gehöriger Form befundenen Vollmachten die folgenden Bestimmungen nach einander beraten und angenommen haben:

Art. 1. Die gewerbliche Nachtarbeit soll für alle Arbeiterinnen ohne Unterschied des Alters verboten sein, unter Vorbehalt der nachstehend vorgesehenen Ausnahmen.

Das gegenwärtige Abkommen findet auf alle gewerblichen Betriebe Anwendung, in denen mehr als zehn Arbeiter und Arbeiterinnen beschäftigt werden; es findet in keinem Falle auf Betriebe Anwendung, in denen nur Familienmitglieder beschäftigt werden.

Jedem der vertragschließenden Staaten liegt es ob, zu bestimmen, was unter gewerblichen Betrieben zu verstehen ist. Jedenfalls sollen darin einbegriffen sein die Bergwerke und Steinbrüche sowie die Gewerbebetriebe, die sich mit der Bearbeitung und Verarbeitung von Rohstoffen befassen. Die Gesetzgebung jedes Landes soll in letzterer Hinsicht die Grenze ziehen zwischen dem Gewerbe einerseits und der Landwirtschaft und dem Handel andererseits.

Art. 2. Die Nachtruhe, die der vorhergehende Art. im Auge hat, soll eine Dauer von mindestens elf auf einander folgenden Stunden haben; in diese elf Stunden muß, wie auch sonst die Gesetzgebung eines jeden Staates sein mag, der Zeitraum zwischen 10 Uhr Abends und 5 Uhr Morgens einbegriffen sein.

Jedoch kann in den Staaten, in denen die Nachtarbeit der erwachsenen gewerblichen Arbeiterinnen noch nicht geordnet ist, die Dauer der ununterbrochenen Nachtruhe übergangsweise für eine Zeit von höchstens drei Jahren auf zehn Stunden beschränkt werden.

Art. 3. Das Verbot der Nachtarbeit kann außer Kraft gesetzt werden:
1. im Falle höherer Gewalt, sofern in einem Betrieb eine Arbeitsunterbrechung eintritt, die unmöglich vorherzusehen war und sich nicht zeitweilig wiederholt;
2. falls die Arbeit solche Rohstoffe oder in Bearbeitung befindliche Stoffe, die einer sehr schnellen Veränderung unterliegen, zum Gegenstande hat, sofern es zur Bewahrung der Stoffe vor sonst unvermeidlichem Verderben notwendig ist.

Art. 4. Die Dauer der ununterbrochenen Nachtruhe kann in den dem Einflusse der Jahreszeiten unterworfenen Gewerben und bei dem Vorhandensein außerordentlicher Umstände in allen Betrieben an sechzig Tagen im Jahre bis auf zehn Stunden herabgesetzt werden.

Art. 5. Jedem der vertragschließenden Staaten liegt es ob, diejenigen Verwaltungsmaßregeln zu treffen, die notwendig sind, um in seinem Gebiete die strenge Durchführung der Bestimmungen des gegenwärtigen Abkommens sicherzustellen.

Die Regierungen werden einander die in ihren Ländern über den Gegenstand des gegenwärtigen Abkommens jetzt oder künftig geltenden Gesetze und Verordnungen sowie die zeitweilig über deren Anwendung erstatteten Berichte auf diplomatischem Wege mitteilen.

Art. 6. Die Bestimmungen dieses Abkommens finden auf Kolonien, Besitzungen und Schutzgebiete nur Anwendung, falls zu diesem Zwecke in deren Namen dem Schweizerischen Bundesrate von der Regierung des Mutterlandes Nachricht gegeben wird.

Diese Regierung kann mit der Nachricht von dem Beitritt einer Kolonie, einer Besitzung oder eines Schutzgebiets die Erklärung verbinden, daß das Abkommen auf solche Arten von Eingeborenenarbeiten keine Anwendung findet, bei denen eine Überwachung unmöglich wäre.

Art. 7. In den außereuropäischen Staaten sowie in den Kolonien, Besitzungen und Schutzgebieten kann die Dauer der ununterbrochenen Nachtruhe, sofern das Klima oder die Verhältnisse der eingeborenen Bevölkerung es erfordern, geringer als die in dem gegenwärtigen Abkommen bestimmte Mindestdauer sein, unter der Bedingung, daß dafür ausgleichende Ruhezeiten während des Tages gewährt werden.

Art. 8. Dieses Abkommen soll ratifiziert und die Ratifikationsurkunden sollen spätestens am 31. Dezember 1908 bei dem Schweizerischen Bundesrate hinterlegt werden. Über die Hinterlegung soll ein Protokoll aufgenommen werden; von diesem soll jedem der vertragschließenden Staaten eine beglaubigte Abschrift auf diplomatischem Wege mitgeteilt werden.

Das gegenwärtige Abkommen tritt zwei Jahre nach dem Schlusse des Hinterlegungsprotokolls in Kraft.

Die Frist für das Inkrafttreten wird von zwei Jahren auf zehn Jahre verlängert:

1. für Rübenrohzuckerfabriken;
2. für Wollkämmereien und -spinnereien;
3. für die Arbeiten über Tage in Bergwerksbetrieben, sofern diese Arbeiten für die Dauer von mindestens vier Monaten im Jahre durch klimatische Einflüsse zum Stillstand gebracht werden.

Art. 9. Den Staaten, die dieses Abkommen nicht unterzeichnet haben, steht es frei, ihren Beitritt in einer Urkunde zu erklären, die an den Schweizerischen Bundesrat zu richten und von diesem einem jeden der anderen Vertragsstaaten bekanntzugeben ist.

Art. 10. Der Lauf der im Art. 8 für das Inkrafttreten dieses Abkommens vorgesehenen Fristen beginnt für die Staaten, die es nicht unterzeichnet haben, sowie für Kolonien, Besitzungen und Schutzgebiete mit dem Zeitpunkt ihres Beitritts.

Art. 11. Dieses Abkommen kann sowohl von den Staaten, die es unterzeichnet haben, als auch von den später beitretenden Staaten, Kolonien, Besitzungen und Schutzgebieten nicht vor Ablauf einer Frist von zwölf Jahren gekündigt werden, die vom Schlusse des Protokolls über die Hinterlegung der Ratifikationsurkunden an berechnet wird.

Es kann sodann von Jahr zu Jahr gekündigt werden.

Die Kündigung wird wirksam erst ein Jahr, nachdem sie von der in Betracht kommenden Regierung oder, sofern es sich um eine Kolonie, eine Besitzung oder ein Schutzgebiet handelt, von der Regierung des Mutterlandes schriftlich an den Schweizerischen Bundesrat ergangen ist; der Bundesrat wird die Kündigung unverzüglich der Regierung eines jeden der anderen Vertragsstaaten mitteilen.

Die Kündigung soll nur in Ansehung des Staates, der Kolonie, der Besitzung oder des Schutzgebietes wirksam sein, in dessen oder deren Namen sie ergangen ist.

Zu Urkund dessen haben die Bevollmächtigten das gegenwärtige Abkommen unterzeichnet.

Geschehen in Bern, am sechsundzwanzigsten September neunzehnhundertsechs in einer einzigen Ausfertigung, die im Archiv der Schweizerischen Eidgenossenschaft hinterlegt bleiben und wovon eine beglaubigte Abschrift jedem der vertragschließenden Staaten auf diplomatischem Wege übermittelt werden soll. . .

b) Bekanntmachung, betreffend die Hinterlegung der Ratifikationsurkunden . . . Vom 31. Dezember 1910.

23] Das vorstehend abgedruckte, am 26. September 1906 in Bern für Deutschland, für Österreich-Ungarn und zugleich gesondert für Österreich und für Ungarn, für Belgien, sowie für Dänemark, Spanien, Frankreich, Großbritannien und Irland, Italien, Luxemburg, die Niederlande, Portugal, Schweden und die Schweiz unterzeichnete Internationale Abkommen über das Verbot der Nachtarbeit der gewerblichen Arbeiterinnen ist von den genannten Staaten mit Ausnahme Dänemarks, Spaniens, Italiens und Schwedens ratifiziert worden. Die Ratifikationsurkunden sind bis zum 31. Dezember 1908 bei dem Schweizerischen Bundesrate hinterlegt worden. In Gemäßheit des Art.

6 des Abkommens hat die Französische Regierung am 26. März 1909 für Algier und am 15. Januar 1910 für Tunis, sowie die Königlich Großbritannische Regierung am 21. Februar 1908 für Gibraltar, die Goldküste, Nordnigerien, Uganda, Ceylon, Neuseeland, die Fiji-Inseln, die Leeward-Inseln und Trinidad dem Schweizerischen Bundesrate gegenüber Beitrittserklärungen abgegeben.

Zwischen Dänemark, Spanien, Italien und Schweden, von denen die Ratifikationsurkunden zu dem Abkommen bis zum 31. Dezember 1908 nicht hinterlegt worden waren, und den übrigen Signatarmächten ist eine Verständigung dahin getroffen worden, daß es Dänemark, Spanien, Italien und Schweden gleich den Staaten, die das Abkommen nicht unterzeichnet haben, freistehen soll, gemäß Art. 9 des Abkommens diesem beizutreten. Dementsprechend hat Italien in einer an den Schweizerischen Bundesrat gerichteten Urkunde vom 29. Dezember 1909 und Schweden in einer solchen vom 14. Januar 1910 seinen Beitritt erklärt.

Ferner ist, nachdem der Beitritt Schwedens am 14. Januar 1910 erklärt worden war, zwischen denjenigen Mächten, deren Ratifikationsurkunden bis zum 31. Dezember 1908 hinterlegt worden waren, und Italien, sowie Schweden vereinbart worden, daß das im Art. 8 Abs. 1 vorgesehene Hinterlegungsprotokoll erst mit dem 14. Januar 1910 als geschlossen gelten und das Abkommen demgemäß für die an der Vereinbarung beteiligten Mächte und für die Kolonien, Besitzungen und Schutzgebiete, für die Beitrittserklärungen bis zum 14. Januar 1910 abgegeben worden sind, mithin für die oben aufgeführten Kolonien, Besitzungen und Schutzgebiete mit Ausnahme von Tunis, am 14. Januar 1912 in Kraft treten soll. Es soll ferner der Lauf der Fristen, die im Art. 8 Abs. 4 und im Art. 11 Abs. 1 festgesetzt sind, erst am 14. Januar 1910 beginnen.

Für Tunis und für solche Staaten, Kolonien, Besitzungen und Schutzgebiete, für welche Beitrittserklärungen noch abgegeben werden sollten, verbleibt es bei der Bestimmung des Art. 10.

Berlin, den 31. Dezember 1910.

Der Reichskanzler.
von Bethmann Hollweg.

c) Internationales Abkommen über das Verbot der Verwendung von weißem (gelbem) Phosphor zur Anfertigung von Zündhölzern. Vom 26. September 1906. [24

(Übersetzung.)

Seine Majestät der Deutsche Kaiser, König von Preußen, Seine Majestät der König von Dänemark, der Präsident der Französischen Republik, Seine Majestät der König von Italien, Seine Königliche Hoheit der

Großherzog von Luxemburg, Herzog zu Nassau, Ihre Majestät die Königin der Niederlande, der Schweizerische Bundesrat . . . [wie in Nr. 22.]

Art. 1. Die hohen vertragschließenden Teile verpflichten sich, in ihrem Gebiete die Herstellung, die Einfuhr und das Feilhalten von Zündhölzern, die weißen (gelben) Phosphor enthalten, zu verbieten.

Art. 2. Jedem der vertragschließenden Staaten liegt es ob, diejenigen Verwaltungsmaßnahmen zu treffen, die notwendig sind, um in seinem Gebiete die strenge Durchführung der Bestimmungen des gegenwärtigen Abkommens sicher zu stellen.

Die Regierungen werden einander die in ihren Ländern über den Gegenstand des gegenwärtigen Abkommens jetzt oder künftig geltenden Gesetze und Verordnungen sowie die über deren Anwendung erstatteten Berichte auf diplomatischem Wege mitteilen.

Art. 3. Die Bestimmungen dieses Abkommens finden auf Kolonien, Besitzungen und Schutzgebiete nur Anwendung, falls zu diesem Zwecke in deren Namen dem Schweizerischen Bundesrate von der Regierung des Mutterlandes Nachricht gegeben wird.

Art. 4. Dieses Abkommen soll ratifiziert und die Ratifikationsurkunden sollen spätestens bis zum 31. Dezember 1908 bei dem Schweizerischen Bundesrate hinterlegt werden.

Über die Hinterlegung soll ein Protokoll aufgenommen werden; von diesem soll jedem der vertragschließenden Staaten eine beglaubigte Abschrift auf diplomatischem Wege mitgeteilt werden.

Das gegenwärtige Abkommen tritt drei Jahre nach dem Schlusse des Hinterlegungsprotokolls in Kraft.

Art. 5. Den Staaten, die dieses Abkommen nicht unterzeichnet haben, steht es frei, ihren Beitritt in einer Urkunde zu erklären, die an den Schweizerischen Bundesrat zu richten und von diesem einem jeden der anderen Vertragsstaaten bekannt zu geben ist.

Die im Art. 4 für das Inkrafttreten dieses Abkommens vorgesehene Frist wird für die Staaten, die es nicht unterzeichnet haben, sowie für Kolonien, Besitzungen oder Schutzgebiete auf fünf Jahre verlängert, die von dem Eingang der Nachricht von ihrem Beitritt gerechnet werden.

Art. 6. Dieses Abkommen kann sowohl von den Staaten, die es unterzeichnet haben, als auch von den später beitretenden Staaten, Kolonien, Besitzungen und Schutzgebieten nicht vor Ablauf einer Frist von fünf Jahren gekündigt werden . . . [wie in Nr. 22].

d) Bekanntmachung, betreffend die Hinterlegung der Ratifikationsurkunden ... Vom 31. Dezember 1910. [25

Das vorstehend abgedruckte, am 26. September 1906 in Bern für Deutschland, Dänemark, Frankreich, Italien, Luxemburg, die Niederlande und die Schweiz unterzeichnete Internationale Abkommen über das Verbot der Verwendung von weißem (gelbem) Phosphor zur Anfertigung von Zündhölzern ist von den genannten Staaten mit Ausnahme Italiens ratifiziert worden; die Ratifikationsurkunden sind bis zum 31. Dezember 1908 bei dem Schweizerischen Bundesrate hinterlegt worden. In Gemäßheit des Art. 3 des Abkommens hat die Königlich Dänische Regierung durch Note vom 21. Januar 1908 den Schweizerischen Bundesrat benachrichtigt, daß das Abkommen nicht nur auf das eigentliche Dänemark mit Einschluß der Faröer, sondern auch auf die dänischen Antillen Anwendung finden solle. Ferner hat die Französische Regierung am 26. November 1909 für die französische Somaliküste, Réunion, Madagaskar und die davon abhängigen Gebiete, für Französisch Westafrika, die Ozeanischen Besitzungen Frankreichs und Neukaledonien und am 15. Januar 1910 für Tunis, sowie die Niederländische Regierung am 7. März 1910 für Niederländisch Indien dem Schweizerischen Bundesrate gegenüber Beitrittserklärungen abgegeben.

Zwischen Italien ... [entspr. Nr. 23, Abs. 2].

Die Königlich Großbritannische Regierung hat auf Grund des Art. 5 des Abkommens den Beitritt Großbritanniens und Irlands in einer an den Schweizerischen Bundesrat gerichteten Urkunde vom 28. Dezember 1908 erklärt. Sie hat ferner am 3. Mai 1909 für die Oranjeflußkolonie, am 4. Januar 1910 für Gibraltar, Malta, Cypern, Britisch Ostafrika, Mauritius, die Seychellen, Südnigerien und Uganda, am 24. Februar 1910 für Nordnigerien, am 26. März 1910 für die Leeward-Inseln, am 20. Juni 1910 für die Fiji-Inseln, am 22. Oktober 1910 für Gambia, die Goldküste und Sierra Leone sowie am 19. Dezember 1910 für die Bermuda-Inseln dem Schweizerischen Bundesrate gegenüber Beitrittserklärungen abgegeben.

Die Königlich Spanische Regierung hat auf Grund des Art. 5 des Abkommens in einer an den Schweizerischen Bundesrat gerichteten Urkunde vom 29. Oktober 1909 den Beitritt Spaniens erklärt.

Berlin, den 31. Dezember 1910.

Der Reichskanzler.
von Bethmann Hollweg.

XI. Die Mindestlohn-Gesetze in der angelsächsischen Welt. [26

Die neuere Bewegung für gesetzliche Einführung von Mindestlöhnen hat von den hochentwickelten Demokratien in Neu-Seeland und

Australien ihren Ausgang genommen. Sie begann dort als Bestandteil der Bestrebungen, nach den großen Hafenstreiks von 1890, ähnlichen Störungen des gewerblichen Lebens im Interesse aller Beteiligten vorzubeugen. Durch Gesetz von 1894 wurde in Neu-Seeland den Organisationen ein staatliches Verfahren mit Entscheidungs- und Zwangsgewalt zur Verfügung gestellt, dafür aber der Streik verboten; durch Einbeziehung der Nichtorganisierten gingen hieraus regionale Entscheidungen über Arbeitsbedingungen, insbesondere über Mindestlöhne, in einzelnen Gewerben hervor. In die Zeit, in welcher die Kolonien Südaustralien (1894), Westaustralien (1900) und Neusüdwales (1901) sich ähnliche Gesetze gaben, fällt die Begründung des australischen Bundesstaates (The Commonwealth of Australia, seit 1. Jan. 1901), der die Angelegenheit sofort in seine Kompetenz zog. Das Bundesgesetz von 1904, das einen „Präsidenten" als Bundes-Schiedsgericht einsetzte, wurde durch Novellen von 1909 und 1911 fortgebildet. — Inzwischen hatte England in den Nöten der Hausindustrie sich ebenfalls zu dem Auskunftsmittel verstanden, staatlich autorisierte Lohnfestsetzungsämter (trade boards) zuzulassen (1909). Nachdem von dem Prinzip der freien Lohnvereinbarung diese erste Abweichung gemacht war, folgte sofort eine zweite, und diesmal für eine sehr bedeutende und modern betriebene Industrie: in dem großen Kohlenstreik von 1912 konnte die Regierung den Streikenden die Bewilligung eines Mindestlohnes durch die Grubenbesitzer nicht beschaffen und versprach ihnen, um den für das ganze englische Wirtschaftsleben bedrohlich werdenden Streik zu beendigen, die gesetzliche Einführung von Mindestlohnämtern für die einzelnen Kohlenreviere. Dies geschah durch Gesetz von 1912 (Vgl. Broda, Inwieweit ist eine gesetzliche Festlegung der Lohn- und Arbeitsbedingungen möglich? Erfahrungen Englands, Australiens und Kanadas. Berlin 1912).

Außer dem letztgenannten englischen Gesetz ist im folgenden das australische Bundesgesetz berücksichtigt; nicht weil es praktisch das wichtigste wäre (seine Anwendung scheint neben den Gesetzen der einzelnen Kolonien nur unerheblich zu sein), sondern weil es den Durchschnitt der öffentlichen Meinung über das zulässige Maß staatlichen Eingriffs zu ungefährem Ausdruck bringt.

a) Das australische Schiedsgesetz. Vom $\frac{\text{15. Dez. 1904}}{\text{23. Nov. 1911.}}$

Bulletin des Internat. Arbeitsamts 4 (1905), S. 459—73, dazu die Novellen v. 13. Dez. 1909, 29. August 1910 und 23. Nov. 1911 in den Sammlungen dieses Amtes.

[27

An act relating to conciliation and arbitration for the prevention and settlement of industrial disputes extending beyond the limits of any one state.

Gesetz betr. Vermittlung und

Schiedssprechung zur Verhütung und Schlichtung gewerblicher Streitigkeiten, die sich über die Grenzen eines Einzelstaates hinaus erstrecken.

6. 1) Keine Person oder Organsisation darf wegen einer gewerblichen Streitigkeit irgend etwas wie eine Aussperrung oder einen Streik unternehmen, oder eine Aussperrung oder einen Streik fortsetzen.

Strafe: 1000 £.

2) Strafverfolgung für eine Übertretung dieses Paragraphen darf nur mit Zustimmung des Präsidenten eingeleitet werden.

7. Haben Personen, die sich als Arbeitgeber und Arbeitnehmer zusammentun wollen, oder die Vertreter solcher Personen eine gewerbliche Vereinbarung über die Arbeitsbedingungen geschlossen, so soll jede dieser Personen, die ohne triftige Ursache oder Entschuldigung sich weigert oder unterläßt, Arbeit zu den vereinbarten Bedingungen anzubieten oder anzunehmen, als einer Aussperrung oder eines Streiks schuldig erachtet werden.

8. Jede Arbeitgeber- oder Arbeitnehmerorganisation, die zur Durchsetzung der Forderungen von Arbeitgebern oder Arbeitnehmern ihren Mitgliedern befiehlt, Arbeit nicht anzubieten oder nicht anzunehmen, soll als einer Aussperrung oder eines Streiks schuldig erachtet werden.

9. 1) Kein Arbeitgeber darf einen Arbeitnehmer lediglich aus dem Grunde aus seiner Beschäftigung entlassen oder in seiner Beschäftigung schädigen oder seine Stellung zu seinem Nachteil ändern, weil der Arbeitnehmer Beamter oder Mitglied einer Organisation oder eines Vereins, der um Registrierung als Organisation nachgesucht hat, ist oder auf die Vorteile einer gewerblichen Vereinbarung oder Entscheidung Anspruch hat.

Strafe: 50 £.

2) Strafverfolgung für eine Übertretung dieses Artikels darf nur mit Zustimmung des Präsidenten oder des Registerführers eingeleitet werden.

3) Bei einer Strafverfolgung für eine Übertretung dieses Artikels liegt dem Arbeitgeber ob, zu beweisen, daß ein Arbeitnehmer, der nachgewiesenermaßen entlassen oder in seiner Beschäftigung geschädigt oder benachteiligt wurde, während er Beamter oder Mitglied einer Organisation oder eines solchen Vereines war oder während er auf die vorgenannten Vorteile Anspruch hatte, aus andern Gründen als den in diesem Artikel genannten entlassen oder in seiner Beschäftigung geschädigt oder benachteiligt wurde.

34. Der Gerichtshof kann zuzeiten alle anhängigen Geschäfte einer Vermittlungskommission überweisen, die aus einer gleichen Anzahl Arbeitgeber- und Arbeitnehmervertreter besteht und sich bemühen soll, die Parteien zu versöhnen.

36. 1) Der Gerichtshof kann jede gewerbliche Streitigkeit, die seiner Gerichtsbarkeit untersteht, und jede aus der Streitigkeit erwachsende Angelegenheit einem lokalen Gewerbeamt (Local IndustrialBoard) zur Untersuchung und Berichterstattung überweisen und kann diesem Amt nach Gutdünken von seinen Vollmachten, einschließlich aller Vollmachten des Gerichtshofes betr. Vermittlung und Schlichtung der Streitigkeiten durch gütliche Vereinbarung übertragen. Ein lokales Gewerbeamt kann sein:

a) jede zur Behandlung willige staatliche Gewerbebehörde; oder

b) jedes lokale Amt, das nach Vorschrift oder nach den Verfügungen des Gerichtshofes konstituiert ist und aus der gleichen Anzahl Arbeitgeber- und Arbeitnehmervertretern und einem Vorsitzenden besteht, der ein Richter des Obergerichtes oder eines einzelstaatlichen Obergerichtes sein soll.

38. Bei jeder gewerblichen Streitigkeit, die seiner Gerichtsbarkeit untersteht, hat der Gerichtshof Vollmacht:

a) die Streitigkeit, wie vorgeschrieben, zu untersuchen und zu entscheiden;

b) nach Maßgabe der Untersuchung oder der Entscheidung Verfügungen zu erlassen, Urteile zu fällen oder Anordnungen zu geben;

c) für Übertretung oder Nichtbeachtung von Bestimmungen solcher Verfügungen oder Urteile Maximalstrafen festzusetzen, die jedoch im Falle einer Organisation oder eines Arbeitgebers, welcher nicht Mitglied einer durch die Verfügung oder das Urteil gebundenen Organisation ist, 1000 £, oder im Falle eines Einzelmitgliedes einer Organisation 10 £ nicht übersteigen dürfen.

Wenn die Mitgliederzahl einer Arbeitgeberorganisation weniger als 100 beträgt, so darf die Maximalstrafe nicht höher sein als die Summe, die, multipliziert mit der Zahl der Mitglieder, 1000 £ ergäbe...

e) Organisationen oder Einzelpersonen zu verbieten, Zuwiderhandlungen gegen dieses Gesetz zu begehen oder fortzusetzen;

f) durch Urteile oder Verfügungen zu erklären, daß alle bezüglich gewerblicher Angelegenheiten durch ein Urteil bestimmten Praktiken, Reglemente, Vorschriften, Gebräuche, Übereinkommens- und Anstellungsbedingungen und sonstige Geschäfte, für jedes Gewerbe, bei welchem die Streitigkeit entsteht, allgemeine Regel sind.

Bevor jedoch eine allgemeine Regel fixiert wird, hat der Gerichtshof gebührend in Betracht zu ziehen, bis zu welchem Grad die interessierten Gewerbe oder Personen miteinander in Wettbewerb treten oder wahrscheinlich treten werden.

Ferner hat der Präsident, bevor eine allgemeine Regel fixiert wird, durch eine Anzeige im Amtsblatte (Gazette) und, je nach Gutfinden des Gerichtshofes, eventuell auch in andern Publikationen, unter genauer Bezeichnung des Gewerbes und der gewerblichen Angelegenheit, bezüglich deren die Fixierung einer allgemeinen Regel in Aussicht genommen ist, bekannt zu geben, daß alle Einzelpersonen und Organisationen, die den Wunsch und ein Interesse haben, gehört zu werden, an oder vor einem bestimmten Tag persönlich oder durch Vertretung vor dem Gericht erscheinen dürfen; der Gerichtshof soll nach Vorschrift alle diese persönlich erschienenen oder vertretenen Einzelpersonen oder Organisationen anhören;

g) unter gebührender Berücksichtigung der örtlichen Verhältnisse zu bestimmen, innerhalb welcher Gebietsgrenzen ev. und mit welchen Bedingungen und Ausnahmen die also fixierte allgemeine Regel für die in dem betreffenden Gewerbe tätigen Personen, seien sie Arbeitgeber oder Arbeitnehmer, seien sie Mitglieder einer Organisation oder nicht, verbindlich sein soll.

40. 1) Der Gerichtshof kann durch seinen Entscheid oder durch einen auf Antrag einer durch den Entscheid gebundenen Organisation oder Person erlassenen Befehl

a) verfügen, daß, wenn Mitglieder von Arbeitgeber- oder Arbeitnehmerorganisationen und andere Personen (nicht jedoch Söhne oder Töchter von Arbeitgebern) gleichzeitig Dienst oder Beschäftigung anbieten oder suchen, auf die in dem Entscheid oder Befehle angegebene Weise der Vorzug ceteris paribus den betreffenden Mitgliedern gegeben werden; und

b) einen Mindestlohnsatz oder eine Mindestvergütung vorschreiben, in welchem Falle der Gerichtshof auf Antrag einer der an der gewerblichen Streitigkeit beteiligten Parteien oder einer durch den Entscheid gebundenen Organisation oder Person dafür zu sorgen hat, daß auf die Weise, und unter den Bedingungen, die in dem Entscheid oder Befehle genau zu bezeichnen sind, ein niedrigerer Satz für diejenigen Arbeitnehmer festgesetzt werde, die den vorgeschriebenen Mindestlohn nicht verdienen können.

2) Ist nach Ansicht des Gerichtshofes zur Verhütung oder Beilegung einer gewerblichen Streitigkeit, zur Erhaltung des gewerblichen Friedens oder im Interesse des Wohlergehens der Gesellschaft nicht notwendig, die Verfügung zu treffen, daß nach Maßgabe der Bestimmungen der lit. a) des Abs. 1 dieses Artikels Mitgliedern von Organisationen der Vorzug gegeben werde, so hat der Gerichtshof eine entsprechende Verfügung zu treffen.

44. 1) Wenn eine durch eine Verfügung oder ein Urteil gebundene Organisation oder Einzelperson sich der Übertretung oder Nichtbeachtung der Bestimmungen der Verfügung oder des Urteils schuldig gemacht hat, so können die Strafen, die zu verhängen der Gerichtshof Vollmacht hat, von jedem Gerichtshof mit beschleunigtem Verfahren, in welchem ein Polizei-, Amts- oder Spezialrichter (Police, Stipendiary or Special Magistrate) sitzt, verhängt werden.

2) Diese Strafen können eingeklagt werden durch

a) den Registrator, oder

b) jede Organisation, die oder deren Mitglieder alle oder zum Teil durch die Übertretung oder Nichtbeachtung geschädigt worden sind;

c) jedes Mitglied einer Organisation, das durch die Übertretung oder Nichtbeachtung geschädigt worden ist.

45. Wenn der Gerichtshof oder irgend ein Gericht mit beschleunigtem Verfahren für Übertretung oder Nichtbeachtung von Bestimmungen einer Verfügung oder eines Urteils eine Strafe verhängt, so kann er verfügen, daß die Strafe ganz oder teilweise in den Consolidated Revenue Fund einbezahlt oder an irgend eine in der Verfügung genau bezeichnete Organisation oder Einzelperson ausgerichtet werde.

47. 1) Um einer Verfügung oder einem Urteil Nachachtung zu verschaffen, kann gegen Eigentum einer Organisation oder gegen Eigentum, an welchem eine Organisation mit Gewinn beteiligt ist, sei dasselbe in der Verwaltung von Bevollmächtigten oder in anderer Hand, mit der Pfändung vorgegangen werden, ganz so, als wäre die Organisation eine eingetragene Gesellschaft und unumschränkte Besitzerin des Eigentums oder des Gewinnanteils...

3) Wenn das Eigentum einer Organisation, gegen die mit Pfändung vorgegangen worden ist, nicht ausreicht, um die Vollziehung einer Verfügung oder eines Urteils im ganzen Umfange zu gewährleisten, so sind die Mitglieder der Organisation bis zur Höhe der in Paragraph c des Abschnittes 38 festgesetzten Maximalstrafen für den Ausfall haftbar.

50. Wer einer Zuwiderhandlung gegen Teil II dieses Gesetzes oder eines vorsätzlichen Versäumnisses bei der Befolgung eines Urteils schuldig befunden worden ist, soll, wenn der Gerichtshof nach eigenem Gutfinden so verfügt, außer zu der für das Vergehen verhängten Strafe ein für allemal zu einer oder mehreren der folgenden Rechtsnachteile verurteilt sein:

a) Er soll den Anspruch auf alle Rechte, Vorrechte, Wohltaten oder Vorteile des vorliegenden Gesetzes verlieren. Sofern solche Rechte, Vorrechte, Wohltaten oder Vorteile in Frage kommen, soll dieses Gesetz für ihn keine Geltung haben.

b) Er soll nicht mehr Mitglied oder Beamter einer Organisation oder einer Vereinigung, welche eine Organisation oder einen Teil derselben bildet, bleiben können. Er verliert die Befähigung, Mitglied oder Beamter einer Organisation oder einer solchen Vereinigung zu werden.

c) Er verliert alle bestehenden oder erwachsenden Anrechte auf Zahlungen aus dem Fonds einer Organisation oder einer Vereinigung, welche eine Organisation oder einen Teil derselben bildet. Die Annahme einer Zahlung durch ihn oder die Erlegung einer Zahlung an ihn durch eine Person oder Organisation oder durch eine solche Vereinigung ist ein Vergehen gegen dieses Gesetz.

Strafe: 20 £.

Der Gerichtshof kann jedoch jederzeit nach eigenem Gutfinden diese Rechtsnachteile alle oder teilweise aufheben, wenn dem Anschein nach die Zuwiderhandlung oder die vorsätzliche Versäumnis genügend gestraft worden ist und für die wirksame Anwendung des Gesetzes daraus kein Nachteil entsteht.

73. Eine Organisation kann zur Verhütung von gewerblichen Streitigkeiten in Gegenwart oder Zukunft durch Vermittlung und Schiedssprechung mit einer anderen Organisation oder Person eine gewerbliche Vereinbarung abschließen.

76. Von jeder gewerblichen Vereinbarung soll binnen 50 Tagen nach ihrem Abschluß eine Kopie im Bureau des Gewerberegistrators und eine im Bureau der davon betroffenen Organisation deponiert werden. Sie soll vorschriftsmäßig eingesehen werden können. Wenn der Registrator von einer interessierten Person darum angegangen wird, hat er in passender Weise die Untersuchung an die Hand zu nehmen. Wenn er die Überzeugung gewonnen hat, daß die Vereinbarung von den Parteien oder für dieselben gemäß diesem Gesetz in aller Form Rechtens abgeschlossen und mit Rechtskraft ausgestattet worden ist, so hat er in diesem Sinne ein Zertifikat auszustellen, welches als endgültiger Beweis für die Wahrheit der angeführten Tatsache gelten soll.

78. 1) Eine durch eine gewerbliche Vereinbarung gebundene Organisation oder Person verfällt für die Übertretung oder Nichtbeachtung einer Bestimmung der Vereinbarung einer Strafe, welche den in der Vereinbarung bestimmten Betrag nicht übersteigen darf; wenn jedoch kein Betrag bestimmt ist, einer Strafe, welche bei einer Organisation 500 £, bei einem Arbeitgeber 250 £ und bei einem Arbeitnehmer 10 £ nicht übersteigen darf.

b) Das Mindestlohngesetz für die englischen Kohlengruben.

Vom 29. März 1912.

Bulletin des Internationalen Arbeitsamtes XI, 111—115. [28

An Act to provide a Minimum Wage in the case of Workmen employed underground in Coal Mines (including Mines of Stratified Ironstone), and for purposes incidental thereto. (Ch. 2,2 Geo. 5). 29th March 1912.

Gesetz zur Schaffung eines Mindestlohnes für Arbeiter, die unter Tage in Kohlengruben (einschließlich der Gruben mit Eisensteinflözen) beschäftigt sind und zu den damit zusammenhängenden Zwecken. (Kap. 2, 2 Georg. V.) Vom 29. März 1912.

I. 1) Es soll als stillschweigende Voraussetzung jedes Vertrages betreffend die Beschäftigung eines Arbeiters unter Tage in einer Kohlengrube gelten, daß der Arbeitgeber dem Arbeiter einen Lohn zu dem mindestens auf Grund dieses Gesetzes aufgestellten und auf den Arbeiter anwendbaren Mindestsatz zu zahlen hat, es sei denn, daß auf die in den Reviervorschriften vorgesehene Weise bezeugt wird, daß der Arbeiter zu den auf Grund der Reviervorschriften von der Wirksamkeit dieser Bestimmung ausgeschlossenen Personen gehört oder daß der Arbeiter den Rechtsanspruch auf einen Lohn zum Mindestsatz verwirkt hat infolge der Nichterfüllung der Bedingungen, die von den Reviervorschriften hinsichtlich der Regelmäßigkeit oder Ergiebigkeit (efficiency) der von den Arbeitern zu verrichtenden Arbeit aufgestellt sind; alle Vereinbarungen über die Lohnzahlung sind nichtig, sofern sie dieser Bestimmung zuwiderlaufen.

Zu Zwecken dieses Gesetzes bedeutet der Ausdruck „Reviervorschriften" („district rules") Vorschriften, die auf Grund der in diesem Gesetze verliehenen Befugnisse vom paritätischen Revieramt (joint district board) erlassen worden sind.

2) Die Reviervorschriften haben hinsichtlich des Reviers, auf welches sie Anwendung finden, Bedingungen aufzustellen betreffend den Ausschluß alter und gebrechlicher Arbeiter (einschließlich solcher Arbeiter, die infolge von Krankheit oder Unfall teilweise erwerbsunfähig sind) von dem Rechtsanspruch auf Lohn zum Mindestsatz, sowie betreffend die Regelmäßigkeit und Ergiebigkeit der von den Arbeitern zu verrichtenden Arbeit und betreffend die Zeit, für welche ein Arbeiter bei einer nicht vorherzusehenden Arbeitsunterbrechung zu zahlen ist, und haben die Bestimmung zu enthalten, daß der Arbeiter bei Nichterfüllung der Bedingungen hinsichtlich der Regelmäßigkeit und Ergiebigkeit der Arbeit den Rechtsanspruch auf Lohn zum Mindestsatz verwirkt, es sei denn, daß die Nichterfüllung dieser Bedingungen einer Ursache zuzuschreiben ist, die außerhalb des Machtbereiches des Arbeiters liegt.

Die Reviervorschriften haben auch Bestimmung zu treffen hinsichtlich der Personen, von denen, und der Weise, in der Streitigkeiten darüber zu entscheiden sind, ob ein Arbeiter des Reviers zu den Arbeitern gehört, auf welche der Mindestlohnsatz Anwendung findet oder ob ein Arbeiter die in den Vorschriften aufgestellten Bedingungen erfüllt hat oder ob ein Arbeiter, der die in den Vorschriften aufgestellten Bedingungen nicht erfüllt hat, seinen Rechtsanspruch auf Lohn zum Mindestsatz verwirkt hat, sowie hinsichtlich des zu Zwecken dieses Artikels auszufertigenden Ausweises über eine solche Entscheidung.

3) Die Bestimmungen dieses Artikels über Lohnzahlung zum

Mindestsatze treten vom Tage der Annahme dieses Gesetzes an in Kraft, auch wenn ein Mindestlohnsatz noch nicht aufgestellt ist. Ein Arbeiter kann alle Beträge, die ihm auf Grund dieses Artikels als Lohn hätten bezahlt werden müssen, wenn ein Mindestsatz aufgestellt gewesen wäre, von seinem Arbeitgeber zu jeder Zeit eintreiben, nachdem der Mindestlohnsatz festgesetzt ist.

II. 1) Mindestlohnsätze und Reviervorschriften zu Zwecken dieses Gesetzes sind für jedes der in der Anlage zu diesem Gesetze genannten Reviere von einer Körperschaft aufzustellen, die vom Handelsamte als paritätisches Revieramt für diesen Bezirk anerkannt ist.

Die Bestimmungen dieses Gesetzes beeinträchtigen jedoch nicht die Wirksamkeit von Vereinbarungen oder Usancen, die vor der Annahme dieses Gesetzes hinsichtlich der Lohnzahlung zu einem höheren als dem auf Grund dieses Gesetzes aufgestellten Mindestsatz getroffen worden sind oder bestanden haben. Bei der Aufstellung von Mindestlohnsätzen hat das paritätische Revieramt den durchschnittlichen Taglohnsatz zu berücksichtigen, welcher den Arbeitern derjenigen Kategorie gezahlt wird, für die der Mindestsatz aufgestellt werden soll.

2) Das Handelsamt kann für ein Revier als paritätisches Revieramt jede zur Zeit der Annahme dieses Gesetzes bereits bestehende oder erst zu Zwecken dieses Gesetzes gebildete Körperschaft anerkennen, die nach seinem Urteil die Arbeiter der Kohlengruben des Reviers und die Arbeitgeber dieser Arbeiter in gerechtem und zulänglichem Maße vertritt und deren Vorsitzender eine unabhängige Persönlichkeit ist, die von den Arbeiter- bzw. den Arbeitgebervertretern der Körperschaft in gemeinsamem Einverständnis oder in Ermanglung eines solchen Einverständnisses vom Handelsamte ernannt wird.

Als Bedingung der Anerkennung als paritätisches Revieramt zu Zwecken dieses Gesetzes kann das Handelsamt verlangen, daß jede Körperschaft, deren Satzungen für die Stimmrechtsgleichheit zwischen den Arbeiter- und den Arbeitgebervertretern und für das Recht des Stichentscheids des Vorsitzenden bei Meinungsverschiedenheiten der beiden Vertreterkategorien nicht sichernde Vorkehrungen treffen, die vom Handelsamt zu diesem Behufe genehmigten Satzungen annimmt. Alle derart angenommenen Satzungen gelten als Satzungen, die für das Verfahren der Körperschaft zu Zwecken dieses Gesetzes maßgebend sind.

3) Das paritätische Revieramt eines Reviers hat allgemeine Mindestlohnsätze (general minimum rates of wages) und allgemeine Reviervorschriften (general district rules) für sein Revier (die in diesem Gesetze als allgemeine Reviermindestsätze und allgemeine Reviervorschriften bezeichnet werden) aufzustellen. Diese allgemeinen Reviermin-

destsätze und allgemeinen Reviervorschriften sind im ganzen Revier auf alle Kohlengruben des Reviers und auf alle Arbeiter oder Kategorien von Arbeitern, die in diesen Gruben unter Tage beschäftigt werden, anzuwenden, mit Ausnahme der Gruben und der Arbeiter, auf welche ein auf Grund der Bestimmungen dieses Artikels aufgestellter besonderer Mindestlohnsatz oder auf Grund der Bestimmungen dieses Artikels aufgestellte besondere Reviervorschriften anzuwenden sind, oder der Gruben und der Arbeiter, auf welche nach der Erklärung des paritätischen Revieramtes die allgemeinen Reviersätze und die allgemeinen Reviervorschriften nicht anzuwenden sind, solange die Entscheidung der Frage anhängig ist, ob in dem betreffenden Falle ein besonderer Reviersatz oder besondere Reviervorschriften aufgestellt werden sollten.

4) Wird dem paritätischen Revieramt eines Reviers nachgewiesen, daß ein allgemeiner Reviermindestsatz oder allgemeine Reviervorschriften auf eine Gruppe oder Kategorie von Kohlengruben des Reviers infolge der besonderen Verhältnisse dieser Gruppe oder Kategorie von Gruben nicht anzuwenden sind, so kann es einen besonderen Mindestsatz (höher oder niedriger als den allgemeinen Reviersatz) oder besondere Reviervorschriften (schärfer oder weniger scharf als die allgemeinen Reviervorschriften) für diese Gruppe oder Kategorie von Gruben aufstellen. Dieser besondere Satz oder diese besonderen Vorschriften sollen dann an Stelle des allgemeinen Reviermindestsatzes oder der allgemeinen Reviervorschriften auf diese Gruppe oder Kategorie von Gruben Anwendung finden...

III. 2) Das paritätische Revieramt eines Reviers ist befugt, die zur Zeit in seinem Reviere in Kraft stehenden Mindestlohnsätze oder Reviervorschriften abzuändern: a) jederzeit bei gemeinsamem Einverständnis der Arbeiter- und der Arbeitgebervertreter des paritätischen Revieramtes; und b) nach Ablauf eines Jahres seit der letzten Aufstellung oder Abänderung des Lohnsatzes oder der Vorschriften auf Ansuchen (wobei eine dreimonatige Kündigungsfrist nach Ablauf des Jahres einzuhalten ist) irgendwelcher Arbeiter oder Arbeitgeber, deren diesbezüglicher Antrag nach dem Urteile des paritätischen Revieramtes einen ansehnlichen Teil der unter den beteiligten Arbeitern oder Arbeitgebern herrschenden Meinung darstellt; ferner sollen die Bestimmungen dieses Gesetzes über die Aufstellung von Mindestlohnsätzen oder Reviervorschriften soweit sachdienlich auch auf die Abänderung dieser Sätze oder Vorschriften Anwendung finden...

IV. 2) Gelingt es dem paritätischen Revieramt nicht, binnen drei Wochen nach seiner Anerkennung auf Grund dieses Gesetzes für ein Revier die ersten Mindestlohnsätze und Reviervorschriften aufzustellen, oder erledigt das paritätische Revieramt binnen drei Wochen nach Ablauf der Kündigungsfrist für einen auf Grund dieses Gesetzes gestellten Antrag auf Abänderung des Mindestlohnsatzes oder von Reviervorschriften den Antrag nicht, so hat an Stelle des paritätischen Revieramtes der Vorsitzende des paritätischen Revieramtes die Sätze oder Vorschriften aufzustellen bezw. den Antrag zu erledigen. Die von ihm aufgestellten Mindestlohnsätze oder Reviervorschriften haben zu Zwecken dieses Gesetzes dieselbe Wirkung, wie wenn sie vom paritätischen Revieramt aufgestellt worden wären.

Doch hat, wenn die Arbeiter- und die Arbeitgebervertreter des paritätischen Revieramtes sich dahin verständigen oder der Vorsitzende des paritätischen Revieramtes anordnet, daß ein bestimmter Zeitraum von mehr als drei Wochen zu Zwecken dieser Ziffer an Stelle der drei Wochen tritt, diese Ziffer dieselbe Wirkung, wie wenn der angegebene Zeitraum dort an Stelle der drei Wochen stände...

VI. 1) Dieses Gesetz kann als „Kohlengruben - (Mindestlohn-) gesetz von 1912" („Coal Mines [Minimum Wage] Act, 1912") angeführt werden.

2) Dieses Gesetz bleibt drei Jahre vom Tage seiner Annahme an und nicht länger in Kraft, falls das Parlament nicht anders beschließt.

Anlage. Reviere: Northumberland, Durham, Cumberland, Lancashire und Cheshire, Süd Yorkshire, West Yorkshire, Cleveland, Derbyshire (mit Ausnahme von Süd Derbyshire), Süd Derbyshire, Nottinghamshire, Leicestershire, Shropshire, Nord Staffordshire, Süd Stafford (mit Ausnahme von Cannock Chase) und Ost Worcestershire, Cannock Chase, Warwickshire, Forest of Dean, Bristol, Somerset, Nord Wales, Süd Wales (einschließlich Monmouth), Das schottische Festland...

XI. Der Gesamt-Arbeitsvertrag im neuen Schweizerischen Obligationenrecht. [29

Bundesgetz über das Obligationenrecht v. 30. März 1911. — Kl. Kommentar v. Schneider u. Fick, großer v. Oser: Zürich (Schulthess, im Ersch.).

322. Durch Vertrag von Arbeitgebern oder Arbeitgebervereinigungen mit Arbeitern oder Arbeitervereinigungen können bestimmte Vorschriften für die Dienstverhältnisse der beteiligten Arbeitgeber und Arbeiter aufgestellt werden.

Ein solcher Gesamt-Arbeitsvertrag bedarf zu seiner Gültigkeit der schriftlichen Form.

Haben sich die Beteiligten über die Dauer des Gesamt-Arbeitsvertrages nicht geeinigt, so kann er nach Ablauf eines Jahres jederzeit auf sechs Monate gekündigt werden.

323. Dienstverträge, die von

auf einem Gesamt-Arbeitsvertrag verpflichteten Arbeitgebern und Arbeitern abgeschlossen werden, sind, soweit sie den darin aufgestellten Bestimmungen widersprechen, nichtig.

Die nichtigen Bestimmungen werden durch diejenigen des Gesamt-Arbeitsvertrages ersetzt.

324. Der Bundesrat und die von den Kantonen bezeichneten Behörden können nach Anhörung der beteiligten Berufsverbände oder gemeinnütziger Vereinigungen über einzelne Arten von Dienstverträgen und den Lehrvertrag Normal-Arbeitsverträge aufsetzen, deren Inhalt als Vertragswille angenommen wird, sobald keine Abweichungen schriftlich vereinbart werden.

Die Normal-Arbeitsverträge sind angemessen zu veröffentlichen.

Zweiter Teil: Das geltende deutsche Arbeiterschutz-Recht.

I. Bürgerliches Gesetzbuch.

v. 1896, in Kraft seit 1900. — Textausg. Reclam, Meyers Volksbibl.; kl. Komm.: Rosenthal, Achilles; mittl.: Neumann; großer: Planck.

30]

a) Dienstvertrag.

§ 611. Durch den Dienstvertrag wird derjenige, welcher Dienste zusagt, zur Leistung der versprochenen Dienste, der andere Teil zur Gewährung der vereinbarten Vergütung verpflichtet.

Gegenstand des Dienstvertrages können Dienste jeder Art sein.

§ 612. Eine Vergütung gilt als stillschweigend vereinbart, wenn die Dienstleistung den Umständen nach nur gegen eine Vergütung zu erwarten ist.

Ist die Höhe der Vergütung nicht bestimmt, so ist bei dem Bestehen einer Taxe die taxmäßige Vergütung, in Ermangelung einer Taxe die übliche Vergütung als vereinbart anzusehen.

§ 613. Der zur Dienstleistung Verpflichtete hat die Dienste im Zweifel in Person zu leisten. Der Anspruch auf diese Dienste ist im Zweifel nicht übertragbar.

§ 614. Die Vergütung ist nach der Leistung der Dienste zu entrichten. Ist die Vergütung nach Zeitabschnitten bemessen, so ist sie nach dem Ablaufe der einzelnen Zeitabschnitte zu entrichten.

§ 615. Kommt der Dienstberechtigte mit der Annahme der Dienste in Verzug, so kann der

Verpflichtete für die infolge des Verzuges nicht geleisteten Dienste die vereinbarte Vergütung verlangen, ohne zur Nachleistung verpflichtet zu sein. Er muß sich jedoch den Wert desjenigen anrechnen lassen, was er infolge des Unterbleibens der Dienstleistung erspart oder durch anderweitige Verwendung seiner Dienste erwirbt oder zu erwerben böswillig unterläßt.

Schutzvorschriften.] **§ 616.** Der zur Dienstleistung Verpflichtete wird des Anspruchs auf die Vergütung nicht dadurch verlustig, daß er für eine verhältnismäßig nicht erhebliche Zeit durch einen in seiner Person liegenden Grund ohne sein Verschulden an der Dienstleistung verhindert wird. Er muß sich jedoch den Betrag anrechnen lassen, welcher ihm für die Zeit der Verhinderung aus einer auf Grund gesetzlicher Verpflichtung bestehenden Kranken- oder Unfallversicherung zukommt.

§ 617. Ist bei einem dauernden Dienstverhältnisse, welches die Erwerbstätigkeit des Verpflichteten vollständig oder hauptsächlich in Anspruch nimmt, der Verpflichtete in die häusliche Gemeinschaft aufgenommen, so hat der Dienstberechtigte ihm im Falle der Erkrankung die erforderliche Verpflegung und ärztliche Behandlung bis zur Dauer von sechs Wochen, jedoch nicht über die Beendigung des Dienstverhältnisses hinaus, zu gewähren, sofern nicht die Erkrankung von dem Verpflichteten vorsätzlich oder durch grobe Fahrlässigkeit herbeigeführt worden ist. Die Verpflegung und ärztliche Behandlung kann durch Aufnahme des Verpflichteten in eine Krankenanstalt gewährt werden. Die Kosten können auf die für die Zeit der Erkrankung geschuldete Vergütung angerechnet werden. Wird das Dienstverhältnis wegen der Erkrankung von dem Dienstberechtigten nach § 626 gekündigt, so bleibt die dadurch herbeigeführte Beendigung des Dienstverhältnisses außer Betracht.

Die Verpflichtung des Dienstberechtigten tritt nicht ein, wenn für die Verpflegung und ärztliche Behandlung durch eine Versicherung oder durch eine Einrichtung der öffentlichen Krankenpflege Vorsorge getroffen ist.

§ 618. Der Dienstberechtigte hat Räume, Vorrichtungen oder Gerätschaften, die er zur Verrichtung der Dienste zu beschaffen hat, so einzurichten und zu unterhalten und Dienstleistungen, die unter seiner Anordnung oder seiner Leitung vorzunehmen sind, so zu regeln, daß der Verpflichtete gegen Gefahr für Leben und Gesundheit soweit geschützt ist, als die Natur der Dienstleistung es gestattet.

Ist der Verpflichtete in die häusliche Gemeinschaft aufgenommen, so hat der Dienstberechtigte in Ansehung des Wohn- und Schlafraumes, der Verpflegung sowie der Arbeits- und Erholungszeit diejenigen Einrichtungen und Anordnungen zu treffen, welche mit Rücksicht auf die Gesundheit, die Sittlichkeit und die Religion des Verpflichteten erforderlich sind.

Erfüllt der Dienstberechtigte die ihm in Ansehung des Lebens und der Gesundheit der Verpflichteten obliegenden Verpflichtungen nicht, so finden auf seine Verpflichtung zum Schadenersatze die für unerlaubte Handlungen geltenden Vorschriften der §§ 842 bis 846 entsprechende Anwendung.

§ 619. Die dem Dienstberechtigten nach den §§ 617, 618 obliegenden Verpflichtungen können nicht im voraus durch Vertrag aufgehoben oder beschränkt werden.

[Endigung, Kündigung etc.] **§ 620.** Das Dienstverhältnis endigt mit dem Ablaufe der Zeit, für die es eingegangen ist.

Ist die Dauer des Dienstverhältnisses weder bestimmt, noch aus der Beschaffenheit oder dem Zwecke der Dienste zu entnehmen, so kann jeder Teil das Dienstverhältnis nach Maßgabe der §§ 621 bis 623 kündigen.

§ 621. Ist die Vergütung nach Tagen bemessen, so ist die Kündigung an jedem Tage für den folgenden Tag zulässig.

Ist die Vergütung nach Wochen bemessen, so ist die Kündigung nur für den Schluß einer Kalenderwoche zulässig; sie hat spätestens am ersten Werktage der Woche zu erfolgen.

Ist die Vergütung nach Monaten bemessen, so ist die Kündigung nur für den Schluß eines Kalendermonats zulässig; sie hat spätestens am fünfzehnten des Monats zu erfolgen.

Ist die Vergütung nach Vierteljahren oder längeren Zeitabschnitten bemessen, so ist die Kündigung für den Schluß eines Kalendervierteljahres und nur unter Einhaltung einer Kündigungsfrist von sechs Wochen zulässig.

§ 622. Das Dienstverhältnis der mit festen Bezügen zur Leistung von Diensten höherer Art Angestellten, deren Erwerbstätigkeit durch das Dienstverhältnis vollständig oder hauptsächlich in Anspruch genommen wird, insbesondere der Lehrer, Erzieher, Privatbeamten, Gesellschafterinnen, kann nur für den Schluß eines Kalendervierteljahrs und nur unter Einhaltung einer Kündigungsfrist von sechs Wochen gekündigt werden, auch wenn die Vergütung nach kürzeren Zeitabschnitten als Vierteljahren bemessen ist.

§ 623. Ist die Vergütung nicht nach Zeitabschnitten bemessen, so kann das Dienstverhältnis jederzeit gekündigt werden; bei einem die Erwerbstätigkeit des Verpflichteten vollständig oder hauptsächlich in Anspruch nehmenden Dienstverhältnis ist jedoch eine Kündigungsfrist von zwei Wochen einzuhalten.

§ 624. Ist das Dienstverhältnis für die Lebenszeit einer Person oder für längere Zeit als fünf Jahre eingegangen, so kann es von dem Verpflichteten nach dem Ablaufe von fünf Jahren gekündigt werden. Die Kündigungsfrist beträgt sechs Monate.

§ 625. Wird das Dienstverhältnis nach dem Ablaufe der Dienstzeit von dem Verpflichteten mit Wissen des anderen Teiles fortgesetzt, so gilt es als auf unbestimmte Zeit verlängert, sofern nicht der andere Teil unverzüglich widerspricht.

§ 626. Das Dienstverhältnis kann von jedem Teile ohne Einhaltung einer Kündigungsfrist gekündigt werden, wenn ein wichtiger Grund vorliegt.

§ 627. Hat der zur Dienstleistung Verpflichtete, ohne in einem dauernden Dienstverhältnisse mit festen Bezügen zu stehen, Dienste höherer Art zu leisten, die auf Grund besonderen Vertrauens übertragen zu werden pflegen, so ist die Kündigung auch ohne die im § 626 bezeichnete Voraussetzung zulässig.

Der Verpflichtete darf nur in der Art kündigen, daß sich der Dienstberechtigte die Dienste anderweit beschaffen kann, es sei denn, daß ein wichtiger Grund für die unzeitige Kündigung vorliegt. Kündigt er ohne solchen Grund zur Unzeit, so hat er dem Dienstberechtigten den daraus entstehenden Schaden zu ersetzen.

§ 628. Wird nach dem Beginne der Dienstleistung das Dienstverhältnis auf Grund des § 626 oder des § 627 gekündigt, so kann der Verpflichtete einen seinen bisherigen Leistungen entsprechenden Teil der Vergütung verlangen. Kündigt er, ohne durch vertragswidriges Verhalten des anderen Teiles dazu veranlaßt zu sein, oder veranlaßt er durch sein vertragswidriges Verhalten die Kündigung des anderen Teiles, so steht ihm ein Anspruch auf die Vergütung insoweit nicht zu, als seine bisherigen Leistungen infolge der Kündigung für den anderen Teil kein Interesse haben. Ist die Vergütung für eine spätere Zeit im voraus entrichtet, so hat der Verpflichtete sie nach Maßgabe des § 347 oder, wenn die Kündigung wegen eines Umstandes erfolgt, den er nicht zu vertreten hat, nach den Vorschriften über die Herausgabe einer ungerechtfertigten Bereicherung zurückzuerstatten.

Wird die Kündigung durch vertragswidriges Verhalten des anderen Teiles veranlaßt, so ist dieser zum Ersatze des durch die Aufhebung des Dienstverhältnisses entstehenden Schadens verpflichtet.

§ 629. Nach der Kündigung eines dauernden Dienstverhältnisses hat der Dienstberechtigte dem Verpflichteten auf Verlangen angemessene Zeit zum Aufsuchen eines anderen Dienstverhältnisses zu gewähren.

[Zeugnis.] **§ 630.** Bei der Beendigung eines dauernden Dienstverhältnisses kann der Verpflichtete von dem anderen Teile ein schriftliches Zeugnis über das Dienstverhältnis und dessen Dauer fordern. Das Zeugnis ist auf Verlangen auf die Leistungen und die Führung im Dienste zu erstrecken.

31] **b) Einige sonstige Bestimmungen.**

[Gute Sitten, Bewucherung.] **§ 138.** Ein Rechtsgeschäft, das gegen die guten Sitten verstößt, ist nichtig.

Nichtig ist insbesondere ein Rechtsgeschäft, durch das jemand unter Ausbeutung der Notlage, des Leichtsinns oder der Unerfahrenheit eines andern sich oder einem Dritten für eine Leistung Vermögensvorteile versprechen oder gewähren läßt, welche den Wert der Leistung dergestalt übersteigen, daß den Umständen nach die Vermögensvorteile in auffälligem Mißverhältnisse zu der Leistung stehen.

[Vertragsstrafe.] **§ 343.** Ist eine verwirkte Strafe unverhältnismäßig hoch, so kann sie auf Antrag des Schuldners durch Urteil auf den angemessenen Betrag herabgesetzt werden. Bei der Beurteilung der Angemessenheit ist jedes berechtigte Interesse des Gläubigers, nicht bloß das Vermögensinteresse, in Betracht zu ziehen. Nach der Entrichtung der Strafe ist die Herabsetzung ausgeschlossen . . .

§ 394. Soweit eine Forderung der Pfändung nicht unterworfen ist, findet die Aufrechnung gegen die Forderung nicht statt. Gegen die aus Kranken-, Hilfs- oder Sterbekassen, insbesondere aus Knappschaftskassen und Kassen der Knappschaftsvereine, zu beziehenden Hebungen können jedoch geschuldete Beiträge aufgerechnet werden. [Aufrechnung.]

II. Das sog. deutsche Arbeiterschutzgesetz

Titel VII der Gewerbeordnung in der Fassung der Novelle von 1891 mit den späteren Abänderungen (bis 1911).

Textausg.: Meyers Volksbibl. 1912, Reclam 1910, mit Nachtrag 1912; kl. Kommentar: Hoffmann 1912; Flesch-Hiller-Luppe 1910, nebst Ergänzungsheft 1912; mittl.: Neukamp 1912; großer: Rohrscheidt (im Ersch.), Landmann.

32] **a) Textabdruck.**

Tit. VII. Gewerbl. Arbeiter (Gesellen, Gehilfen, Lehrlinge, Betriebsbeamte, Werkmeister, Techniker, Fabrikarbeiter.)

I. Allgemeine Verhältnisse.

§ 105. Die Festsetzung der Verhältnisse zwischen den selbständigen Gewerbetreibenden u. den gewerblichen Arbeitern ist, vorbehaltlich der durch Reichsgesetz begründeten Beschränkungen, Gegenstand freier Übereinkunft.

§ 105 a. Zum Arbeiten an Sonn- und Festtagen können die Gewerbetreibenden die Arbeiter nicht verpflichten. Arbeiten, welche nach den Bestimmungen dieses Gesetzes auch an Sonn- und Festtagen vorgenommen werden dürfen, fallen unter die vorstehende Bestimmung nicht. [Sonntagsruhe.]

Welche Tage als Festtage gelten, bestimmen unter Berücksichtigung der örtlichen und konfessionellen Verhältnisse die Landesregierungen.

§ 105 b. Im Betriebe von Bergwerken, Salinen, Aufbereitungs-Anstalten, Brüchen und Gruben, von Hüttenwerken, Fabriken und Werkstätten, von Zimmerplätzen und anderen Bauhöfen, von Werften und Ziegeleien sowie bei Bauten aller Art dürfen Arbeiter an Sonn- und Festtagen nicht beschäftigt werden. Die den Arbeitern zu gewährende Ruhe hat mindestens für jeden Sonn- und Festtag vierundzwanzig, für zwei aufeinanderfolgende Festtage sechsunddreißig, für das Weihnachts-, Oster- und Pfingstfest achtundvierzig Stunden zu dauern. Die Ruhezeit ist von zwölf Uhr nachts zu rechnen und muß bei zwei aufeinanderfolgenden Sonn- und Festtagen bis sechs Uhr abends des zweiten Tages dauern. In Betrieben mit regelmäßiger Tag- und Nachtschicht kann die Ruhezeit frühestens um sechs Uhr abends des vorhergehenden Werktags, spätestens um 6 Uhr morgens des Sonn- oder Festtags beginnen, wenn für die auf den Beginn der Ruhezeit folgenden vierundzwanzig Stunden der Betrieb ruht.

Im Handelsgewerbe dürfen Gehilfen, Lehrlinge und Arbeiter am ersten Weihnachts-, Oster- und Pfingsttag überhaupt nicht, im übrigen an Sonn- und Festtagen nicht länger als fünf Stunden beschäftigt werden. Durch statutarische Bestimmung einer Gemeinde oder eines weiteren Kommunalverbandes (§ 142) kann diese Beschäftigung für alle oder einzelne Zweige des Handelsgewerbes auf kürzere Zeit eingeschränkt oder ganz untersagt werden. Für die letzten vier Wochen vor Weihnachten sowie für einzelne Sonn- und Festtage, an welchen örtliche Verhältnisse einen erweiterten Geschäftsverkehr erforderlich machen, kann die Polizeibehörde eine Vermehrung der Stunden, während welcher die Beschäftigung stattfinden darf, bis auf zehn Stunden zulassen. Die Stunden, während welcher die Beschäftigung stattfinden darf, werden unter Berücksichtigung der für den öffentlichen Gottesdienst bestimmten Zeit, sofern die Beschäftigungszeit durch statutarische Bestimmungen eingeschränkt worden ist, durch letztere, im übrigen von der Polizeibehörde festgestellt. Die Feststellung kann für verschiedene Zweige des Handelsgewerbes verschieden erfolgen.

Die Bestimmungen des Abs. 2 finden auf die Beschäftigung von Gehilfen, Lehrlingen und Arbeitern im Geschäftsbetriebe von Konsum- und anderen Vereinen entsprechende Anwendung.

§ 105 c. Die Bestimmungen des § 105 b finden keine Anwendung:

1. auf Arbeiten, welche in Notfällen oder im öffentlichen Interesse unverzüglich vorgenommen werden müssen;
2. für einen Sonntag auf Arbeiten zur Durchführung einer gesetzlich vorgeschriebenen Inventur;
3. auf die Bewachung der Be-

triebsanlagen, auf Arbeiten zur Reinigung und Instandhaltung, durch welche der regelmäßige Fortgang des eigenen oder eines fremden Betriebs bedingt ist, sowie auf Arbeiten, von welchen die Wiederaufnahme des vollen werktätigen Betriebs abhängig ist, sofern nicht diese Arbeiten an Werktagen vorgenommen werden können;

4. auf Arbeiten, welche zur Verhütung des Verderbens von Rohstoffen oder des Mißlingens von Arbeitserzeugnissen erforderlich sind, sofern nicht diese Arbeiten an Werktagen vorgenommen werden können;
5. auf die Beaufsichtigung des Betriebs, soweit er nach Ziffer 1 bis 4 an Sonn- und Festtagen stattfindet.

Gewerbetreibende, welche Arbeiter an Sonn- und Festtagen mit Arbeiten der unter Ziffer 1 bis 5 erwähnten Art beschäftigen, sind verpflichtet, ein Verzeichnis anzulegen, in welches für jeden einzelnen Sonn- und Festtag die Zahl der beschäftigten Arbeiter, die Dauer ihrer Beschäftigung sowie die Art der vorgenommenen Arbeiten einzutragen sind. Das Verzeichnis ist auf Erfordern der Ortspolizeibehörde sowie dem im § 139 b bezeichneten Beamten jederzeit zur Einsicht vorzulegen.

Bei den unter Ziffer 3 und 4 bezeichneten Arbeiten, sofern dieselben länger als drei Stunden dauern, oder die Arbeiter am Besuche des Gottesdienstes hindern, sind die Gewerbetreibenden verpflichtet, jeden Arbeiter entweder an jedem dritten Sonntage volle sechsunddreißig Stunden, oder an jedem zweiten Sonntage mindestens in der Zeit von 6 Uhr morgens bis sechs Uhr abends von der Arbeit frei zu lassen.

Ausnahmen von den Vorschriften des vorstehenden Absatzes darf die untere Verwaltungsbehörde gestatten, wenn die Arbeiter am Besuche des sonntäglichen Gottesdienstes nicht gehindert werden und ihnen an Stelle des Sonntags eine vierundzwanzigstündige Ruhezeit an einem Wochentage gewährt wird.

§ 105 d. Für bestimmte Gewerbe, insbesondere für Betriebe, in denen Arbeiten vorkommen welche ihrer Natur nach eine Unterbrechung oder einen Aufschub nicht gestatten, sowie für Betriebe, welche ihrer Natur nach auf bestimmte Jahreszeiten beschränkt sind, oder welche in gewissen Zeiten des Jahres zu einer außergewöhnlich verstärkten Tätigkeit genötigt sind, können durch Beschluß des Bundesrats Ausnahmen von der Bestimmung des § 105 b Absatz 1 zugelassen werden.

Die Regelung der an Sonn- und Festtagen in diesen Betrieben gestatteten Arbeiten und der Bedingungen, unter welchen sie gestattet sind, erfolgt für alle Betriebe derselben Art gleichmäßig und unter Berücksichtigung der Bestimmung des § 105 c Absatz 3.

Die vom Bundesrate getroffenen Bestimmungen sind durch das Reichsgesetzblatt zu veröffentlichen und dem Reichstage bei seinem nächsten Zusammentritte zur Kenntnisnahme vorzulegen.

§ 105 e. Für Gewerbe, deren vollständige oder teilweise Ausübung an Sonn- und Festtagen zur Befriedigung täglicher oder an diesen Tagen besonders hervortretender Bedürfnisse der Bevölkerung erforderlich ist, sowie für Betriebe, welche ausschließlich oder vorwiegend mit durch Wind oder unregelmäßige Wasserkraft bewegten Triebwerken arbeiten, können durch Verfügung der höheren Verwaltungsbehörde Ausnahmen von den im § 105 b getroffenen Bestimmungen zugelassen werden. Die Regelung dieser Ausnahmen hat unter Berücksichtigung der Bestimmungen des § 105 c Absatz 3 zu erfolgen.

Der Bundesrat trifft über die Voraussetzungen und Bedingungen der Zulassung von Ausnahmen nähere Bestimmungen; dieselben sind dem Reichstage bei seinem nächsten Zusammentritte zur Kenntnisnahme mitzuteilen.

Das Verfahren auf Anträge wegen Zulassung von Ausnahmen für Betriebe, welche ausschließlich oder vorwiegend mit durch Wind oder unregelmäßige Wasserkraft bewegten Triebwerken arbeiten, unterliegt den Vorschriften der §§ 20 und 21.

§ 105 f. Wenn zur Verhütung eines unverhältnismäßigen Schadens ein nicht vorherzusehendes Bedürfnis der Beschäftigung von Arbeitern an Sonn- und Festtagen eintritt, so können durch die untere Verwaltungsbehörde Ausnahmen von der Bestimmung des § 105 b Absatz 1 für bestimmte Zeit zugelassen werden.

Die Verfügung der unteren Verwaltungsbehörde ist schriftlich zu erlassen und muß von dem Unternehmer auf Erfordern dem für die Revision zuständigen Beamten an der Betriebsstelle zur Einsicht vorgelegt werden. Eine Abschrift der Verfügung ist innerhalb der Betriebsstätte an einer den Arbeitern leicht zugänglichen Stelle auszuhängen.

Die untere Verwaltungsbehörde hat über die von ihr gestatteten Ausnahmen ein Verzeichnis zu führen, in welchem die Betriebsstätte, die gestatteten Arbeiten, die Zahl der in dem Betriebe beschäftigten und der an den betreffenden Sonn- und Festtagen tätig gewesenen Arbeiter, die Dauer ihrer Beschäftigung sowie die Dauer und die Gründe der Erlaubnis einzutragen sind.

§ 105 i. Der § 105 a Abs. 1 und die §§ 105 b bis 105 g finden auf Gast- und Schankwirtschaftsgewerbe, Musikaufführungen, Schaustellungen, theatralische Vorstellungen oder sonstige Lustbarkeiten sowie auf Verkehrsgewerbe keine Anwendung.

Die Gewerbetreibenden können die Arbeiter in diesen Gewerben nur zu solchen Arbeiten an Sonn- und Festtagen verpflichten, welche nach der Natur des Gewerbebetriebs einen Aufschub oder eine Unterbrechung nicht gestatten.

[Arbeitsbuch für Minderjährige.] **§ 107.** Minderjährige Personen dürfen, soweit reichsgesetzlich nicht ein anderes zugelassen ist, als Arbeiter nur beschäftigt werden, wenn sie mit einem Arbeitsbuche versehen sind. Bei der Annahme solcher Arbeiter hat der Arbeitgeber das Arbeitsbuch einzufordern. Er ist verpflichtet, dasselbe zu verwahren, auf amtliches Verlangen vorzulegen und nach rechtmäßiger Lösung des Arbeitsverhältnisses wieder auszuhändigen. Die Aushändigung erfolgt an den gesetzlichen Vertreter, sofern dieser es verlangt, oder der Arbeiter das sechszehnte Lebensjahr noch nicht vollendet hat, andernfalls an den Arbeiter selbst. Mit Genehmigung der Gemeindebehörde des im § 108 bezeichneten Ortes kann die Aushändigung des Arbeitsbuches auch an die zur gesetzlichen Vertretung nicht berechtigte Mutter oder einen sonstigen Angehörigen oder unmittelbar an den Arbeiter erfolgen.

Auf Kinder, welche zum Besuche der Volksschule verpflichtet sind, finden vorstehende Bestimmungen keine Anwendung.

[Zeugnis.] **§ 113.** Beim Abgange können die Arbeiter ein Zeugnis über die Art und Dauer ihrer Beschäftigung fordern.

Dieses Zeugnis ist auf Verlangen der Arbeiter auch auf ihre Führung und ihre Leistungen auszudehnen.

Den Arbeitgebern ist untersagt, die Zeugnisse mit Merkmalen zu versehen, welche den Zweck haben, den Arbeiter in einer aus dem Wortlaute des Zeugnisses nicht ersichtlichen Weise zu kennzeichnen.

Ist der Arbeiter minderjährig, so kann das Zeugnis von dem gesetzlichen Vertreter gefordert werden. Dieser kann verlangen, daß das Zeugnis an ihn, nicht an den Minderjährigen ausgehändigt werde. Mit Genehmigung der Gemeindebehörde des im § 108 bezeichneten Ortes kann auch gegen den Willen des gesetzlichen Vertreters die Aushändigung unmittelbar an den Arbeiter erfolgen.

[Lohnbücher und Arbeitszettel.] **§ 114 a.** Für bestimmte Gewerbe kann der Bundesrat Lohnbücher oder Arbeitszettel vorschreiben und die zur Ausführung erforderlichen Bestimmungen erlassen. In die Lohnbücher oder Arbeitszettel sind von dem Arbeitgeber oder einem dazu bevollmächtigten Betriebsbeamten einzutragen.

1. der Zeitpunkt der Übertragung von Arbeit, Art und Umfang der Arbeit, bei Akkordarbeit die Stückzahl,
2. die Lohnsätze,
3. die Bedingungen für die Lieferung von Werkzeugen und Stoffen zu den Arbeiten,
4. der Zeitpunkt der Ablieferung sowie Art und Umfang der abgelieferten Arbeit,
5. der Lohnbetrag unter Angabe der etwa vorgenommenen Abzüge,
6. der Tag der Lohnzahlung.

Der Bundesrat kann bestimmen, daß in die Lohnbücher oder Arbeitszettel auch die Bedingungen für die Gewährung von

Kost und Wohnung eingetragen werden, sofern Kost oder Wohnung als Lohn oder Teil des Lohnes gewährt werden soll.

Im übrigen sind noch solche Eintragungen zulässig, welche sich auf Namen, Firma und Niederlassungsort des Arbeitgebers, Namen und Wohnort des Arbeiters, die übertragenen Arbeiten und die dafür vereinbarten oder gezahlten Löhne beziehen.

Für die Eintragungen gelten entsprechend § 111 Abs. 3, 4 § 113 Abs. 3.

§ 114 b. Das Lohnbuch oder der Arbeitszettel ist von dem Arbeitgeber auf seine Kosten zu beschaffen und dem Arbeiter sofort nach Vollziehung der vorgeschriebenen Eintragungen kostenfrei auszuhändigen. Die Eintragungen sind von dem Arbeitgeber oder einem dazu bevollmächtigten Betriebsbeamten zu unterzeichnen. Der Bundesrat kann bestimmen, daß die Lohnbücher in der Betriebsstätte verbleiben, wenn die Arbeitgeber glaubhaft machen, daß die Wahrung von Fabrikationsgeheimnissen diese Maßnahme erheischt. Den beteiligten Arbeitern ist Gelegenheit zu geben, sich vor Erlaß dieser Bestimmung zu äußern.

Sofern nicht der Bundesrat anders bestimmt, sind die Eintragungen gemäß § 114 a Abs. 1 Nr. 1 bis 3 vor oder bei der Übergabe der Arbeit, die gemäß § 114a Abs. 1 Nr. 4 bei der Abnahme der Arbeit, die gemäß § 114 a Abs. 1 Nr. 5, 6 bei der Lohnzahlung mit Tinte zu bewirken und zu unterzeichnen.

In den Lohnbüchern sind die §§ 115 bis 119 a Abs. 1, § 119 b abzudrucken.

§ 114 c. Soweit der Bundesrat Bestimmungen auf Grund des § 114 a Abs. 1, 2 nicht erläßt, kann die Landeszentralbehörde oder nach Anhören beteiligter Gewerbetreibender und Arbeiter die zuständige Polizeibehörde durch Polizeiverordnung sie erlassen. Für diesen Fall kann die Landeszentralbehörde oder die zuständige Polizeibehörde auch Bestimmungen auf Grund des § 114 b Abs. 2 erlassen.

§ 114 d. Bundesrat und Landeszentralbehörde können die Bestimmungen auf Grund der §§ 114 a bis 114 c auch für einzelne Bezirke erlassen.

§ 115. Die Gewerbetreibenden sind verpflichtet, die Löhne ihrer Arbeiter in Reichswährung zu berechnen und bar auszuzahlen. [Lohnzahlung.]

Sie dürfen den Arbeitern keine Waren kreditieren. Doch ist es gestattet, den Arbeitern Lebensmittel für den Betrag der Anschaffungskosten, Wohnung u. Landnutzung gegen die ortsüblichen Miet- und Pachtpreise, Feuerung, Beleuchtung, regelmäßige Beköstigung, Arzneien und ärztliche Hilfe sowie Werkzeuge und Stoffe zu den ihnen übertragenen Arbeiten für den Betrag der durchschnittlichen Selbstkosten unter Anrechnung bei der Lohnzahlung zu verabfolgen. Zu einem höheren Preise ist die Verabfolgung von Werkzeugen und Stoffen für Akkordarbeiten zulässig, wenn derselbe den ortsüblichen nicht übersteigt und im voraus vereinbart ist.

§ 115 a. Lohn- und Abschlagszahlungen dürfen in Gast- und Schankwirtschaften oder Verkaufsstellen nicht ohne Genehmigung der unteren Verwaltungsbehörde erfolgen; sie dürfen an dritte nicht erfolgen auf Grund von Rechtsgeschäften oder Urkunden über Rechtsgeschäfte, welche nach § 2 des Gesetzes, betreffend die Beschlagnahme des Arbeits- oder Dienstlohnes, von 21. Juni 1869 (Bundes-Gesetzbl. S. 242) rechtlich unwirksam sind.

§ 116. Arbeiter, deren Forderungen in einer dem § 115 zuwiderlaufenden Weise berichtigt werden sind, können zu jeder Zeit Zahlung nach Maßgabe des § 115 verlangen, ohne daß ihnen eine Einrede aus dem an Zahlungsstatt Gegebenenen entgegengesetzt werden kann. Letzteres fällt, soweit es noch bei dem Empfänger vorhanden oder dieser daraus bereichert ist, derjenigen Hilfskasse zu, welcher der Arbeiter angehört, in Ermangelung einer solchen einer anderen zum Besten der Arbeiter an dem Orte bestehenden, von der Gemeindebehörde zu bestimmenden Kasse und in deren Ermangelung der Ortsarmenkasse.

§ 117. Verträge, welche dem § 115 zuwiderlaufen, sind nichtig.

Dasselbe gilt von Verabredungen zwischen den Gewerbetreibenden und den von ihnen beschäftigten Arbeitern über die Entnahme der Bedürfnisse der letzteren aus gewissen Verkaufsstellen sowie überhaupt über die Verwendung des Verdienstes derselben zu einem anderen Zwecke als zur Beteiligung an Einrichtungen zur Verbesserung der Lage der Arbeiter oder ihrer Familien.

§ 118. Forderungen für Waren, welche dem § 115 zuwider kreditiert worden sind, können von dem Gläubiger weder eingeklagt, noch durch Anrechnung oder sonst geltend gemacht werden, ohne Unterschied, ob sie zwischen den Beteiligten unmittelbar entstanden oder mittelbar erworben sind. Dagegen fallen dergleichen Forderungen der im § 116 bezeichneten Kasse zu.

§ 119. Den Gewerbetreibenden im Sinne der §§ 115 bis 118 sind gleich zu achten deren Familienglieder, Gehilfen, Beauftragte, Geschäftsführer, Aufseher und Faktoren sowie andere Gewerbetreibende, bei deren Geschäft eine der hier erwähnten Personen unmittelbar oder mittelbar beteiligt ist.

§ 119 a. Lohneinbehaltungen welche von Gewerbeunternehmern zur Sicherung des Ersatzes eines ihnen aus der widerrechtlichen Auflösung des Arbeitsverhältnisses erwachsenden Schadens oder einer für diesen Fall verabredeten Strafe ausbedungen werden, dürfen bei den einzelnen Lohnzahlungen ein Viertel des fälligen Lohnes, im Gesamtbetrage den Betrag eines durchschnittlichen Wochenlohnes nicht übersteigen.

Durch statutarische Bestimmung einer Gemeinde oder eines weiteren Kommunalverbandes (§ 142) kann für alle Gewerbebetriebe oder gewisse Arten derselben festgesetzt werden;

1. daß Lohn- und Abschlagszahlungen in festen Fristen erfolgen müssen, welche nicht länger als einen Monat und nicht kürzer als eine Woche sein dürfen;
2. daß der von minderjährigen Arbeitern verdiente Lohn an die Eltern oder Vermünder und nur mit deren schriftlicher Zustimmung oder nach deren Bescheinigung über den Empfang der letzten Lohnzahlung unmittelbar an die Minderjährigen gezahlt wird;
3. daß die Gewerbetreibenden den Eltern oder Vormündern innerhalb gewisser Fristen Mitteilung von den an minderjährige Arbeiter gezahlten Lohnbeträgen zu machen haben.

§ 119 b. Unter den in §§ 114a bis 119 a bezeichneten Arbeitern werden auch diejenigen Personen verstanden, welche für bestimmte Gewerbetreibende außerhalb der Arbeitsstätten der letzteren mit der Anfertigung gewerblicher Erzeugnisse beschäftigt sind, und zwar auch dann, wenn sie die Roh- und Hilfsstoffe selbst beschaffen.

[Fortbildungsschule] **§ 120.** Die Gewerbeunternehmer sind verpflichtet, ihren Arbeitern unter achtzehn Jahren, welche eine von der Gemeindebehörde oder vom Staate als Fortbildungsschule anerkannte Unterrichtsanstalt besuchen, hierzu die erforderlichenfalls von der zuständigen Behörde festzusetzende Zeit zu gewähren. Am Sonntag darf der Unterricht nur stattfinden, wenn die Unterrichtsstunden so gelegt werden, daß die Schüler nicht gehindert werden, den Hauptgottesdienst oder einen mit Genehmigung der kirchlichen Behörden für sie eingerichteten besonderen Gottesdienst ihrer Konfession zu besuchen . . .

Als Fortbildungsschulen im Sinne dieser Bestimmung gelten auch Anstalten, in welchen Unterricht in weiblichen Hand- und Hausarbeiten erteilt wird.

Die Pflicht zum Besuch einer Fortbildungsschule kann, soweit sie nicht nach Landesgesetz besteht, durch statutarische Bestimmung einer Gemeinde oder eines weiteren Kommunalverbandes (§ 142) für die im Abs. 1 bezeichneten Arbeiter eingeführt werden. Diese Pflicht besteht dann auch für die Zeit ihrer Arbeitslosigkeit. Auf demselben Wege können die zur Durchführung dieser Verpflichtung erforderlichen Bestimmungen getroffen werden. Insbesondere können durch statutarische Bestimmung die zur Sicherung eines regelmäßigen Schulbesuchs den Schulpflichtigen sowie deren Eltern, Vormündern und Arbeitgebern obliegenden Verpflichtungen bestimmt und diejenigen Vorschriften erlassen werden, durch welche die Ordnung in der Fortbildungsschule und ein gebührliches Verhalten der Schüler gesichert wird. Von der durch statutarische Bestimmung begründeten Verpflichtung zum Besuch einer Fortbildungsschule sind diejenigen befreit, welche eine Innungs- oder andere Fortbildungs- oder Fachschule besuchen, sofern der Unterricht dieser Schule von der höheren Verwaltungsbehörde als ein ausreichender Ersatz des allgemeinen Fortbildungsschulunterrichts anerkannt wird.

Die im Abs. 3 Satz 1 ausgesprochene Pflicht kann für eine Gemeinde oder einen weiteren Kommunalverband durch Anordnung der höheren Verwaltungsbehörde eingeführt werden, wenn ungeachtet einer von ihr auf Antrag beteiligter Arbeitgeber oder Arbeiter an die Gemeinde oder den weiteren Kommunalverband erlassenen Aufforderung innerhalb der gesetzten Frist das Statut nicht erlassen worden ist. Die im Abs. 3 vorgesehenen Bestimmungen werden in diesem Falle von der höheren Verwaltungsbehörde getroffen. Gegen die Aufforderung und die Anordnungen der höheren Verwaltungsbehörde ist Beschwerde an die Landeszentralbehörde zulässig.

Die Unterrichtszeiten werden von der hierfür nach Landesrecht zuständigen Behörde festgesetzt und bekannt gemacht.

[Allgemeiner Gesundheits- u. Sittlichkeitsschutz]

§ 120 a. Die Gewerbeunternehmer sind verpflichtet, die Arbeitsräume, Betriebsvorrichtungen, Maschinen und Gerätschaften so einzurichten und zu unterhalten und den Betrieb so zu regeln, daß die Arbeiter gegen Gefahren für Leben und Gesundheit soweit geschützt sind, wie es die Natur des Betriebs gestattet.

Insbesondere ist für genügendes Licht, ausreichenden Luftraum und Luftwechsel, Beseitigung des bei dem Betrieb entstehenden Staubes, der dabei entwickelten Dünste und Gase sowie der dabei entstehenden Abfälle Sorge zu tragen.

Ebenso sind diejenigen Vorrichtungen herzustellen, welche zum Schutze der Arbeiter gegen gefährliche Berührungen mit Maschinen oder Maschinenteilen oder gegen andere in der Natur der Betriebsstätte oder des Betriebs liegende Gefahren, namentlich auch gegen die Gefahren, welche aus Fabrikbränden erwachsen können, erforderlich sind.

Endlich sind diejenigen Vorschritten über die Ordnung des Betriebs und das Verhalten der Arbeiter zu erlassen, welche zur Sicherung eines gefahrlosen Betriebs erforderlich sind.

§ 120 b. Die Gewerbeunternehmer sind verpflichtet, diejenigen Einrichtungen zu treffen und zu unterhalten und diejenigen Vorschriften über das Verhalten der Arbeiter im Betriebe zu erlassen, welche erforderlich sind, um die Aufrechterhaltung der guten Sitten und des Anstandes zu sichern.

Insbesondere muß, soweit es die Natur des Betriebs zuläßt, bei der Arbeit die Trennung der Geschlechter durchgeführt werden, sofern nicht die Aufrechterhaltung der guten Sitten und des

Anstandes durch die Einrichtung des Betriebes ohnehin gesichert ist.

In Anlagen, deren Betrieb es mit sich bringt, daß die Arbeiter sich umkleiden und nach der Arbeit sich reinigen, müssen ausreichende, nach Geschlechtern getrennte Ankleide- und Waschräume vorhanden sein.

Die Bedürfnisanstalten müssen so eingerichtet sein, daß sie für die Zahl der Arbeiter ausreichen, daß den Anforderungen der Gesundheitspflege entsprochen wird und daß ihre Benutzung ohne Verletzung von Sitte und Anstand erfolgen kann.

§ 120 c. Gewerbeunternehmer, welche Arbeiter unter achtzehn Jahren beschäftigen, sind verpflichtet, bei der Einrichtung der Betriebsstätte und bei der Regelung des Betriebs diejenigen besonderen Rücksichten auf Gesundheit und Sittlichkeit zu nehmen, welche durch das Alter dieser Arbeiter geboten sind.

§ 120 d. Die zuständigen Polizeibehörden sind befugt, im Wege der Verfügung für einzelne Anlagen die Ausführung derjenigen Maßnahmen anzuordnen, welche zur Durchführung der in §§ 120 a bis 120 c enthaltenen Grundsätze erforderlich und nach der Beschaffenheit der Anlage ausführbar erscheinen. Sie können anordnen, daß den Arbeitern zur Einnahme von Mahlzeiten außerhalt der Arbeitsräume angemessene, in der kalten Jahreszeit geheizte Räume unentgeltlich zur Verfügung gestellt werden. . . .

§ 120 e. Durch Beschluß des Bundesrats können Vorschriften darüber erlassen werden, welchen Anforderungen in bestimmten Arten von Anlagen zur Durchführung der in den §§ 120 a bis 120 c enthaltenen Grundsätze zu genügen ist. In diese Bestimmungen können auch Anordnungen über das Verhalten der Arbeiter im Betriebe zum Schutze von Leben und Gesundheit aufgenommen werden. Eine Abschrift oder ein Abdruck der Anordnungen ist an geeigneter, allen beteiligten Arbeitern zugänglicher Stelle auszuhängen und in lesbarem Zustand zu erhalten.

Soweit solche Vorschriften durch Beschluß des Bundesrats nicht erlassen sind, können dieselben durch Anordnung der Landes-Zentralbehörden oder durch Polizeiverordnungen der zuständigen Polizeibehörden erlassen werden. Vor dem Erlasse solcher Anordnungen und Polizeiverordnungen ist den Vorständen der beteiligten Berufsgenossenschaften oder Berufsgenossenschafts-Sektionen Gelegenheit zu einer gutachtlichen Äußerung zu geben. Auf diese finden die Bestimmungen des § 113 Abs. 2, 4 und des § 115 Abs. 4 Satz 1 des Gewerbe-Unfallversicherungsgesetzes (Reichs-Gesetzbl. 1900 S. 573, 585) Anwendung.

§ 120 f. Für solche Gewerbe, in welchen durch übermäßige Dauer der täglichen Arbeitszeit die Gesundheit der Arbeiter gefährdet wird, kann der Bundesrat und, soweit er nicht Bestimmungen erläßt, die Landeszentralbehörde oder nach Anhören beteiligter Gewerbetreibender u. Arbeiter die zuständige Polizeibehörde durch Polizeiverordnung Dauer, Beginn und Ende der zulässigen täglichen Arbeitszeit und der zu gewährenden Pausen regeln und die zur Durchführung erforderlichen Anordnungen erlassen

Soweit solche Bestimmungen nicht erlassen sind, kann auf Antrag oder nach Anhören des Gewerbeaufsichtsbeamten (§139b) und nach Anhören beteiligter Gewerbetreibender und Arbeiter die zuständige Polizeibehörde für einzelne Betriebe, in denen durch übermäßige Dauer der täglichen Arbeitszeit die Gesundheit der Arbeiter gefährdet wird, im Wege der Verfügung Bestimmungen und Anordnungen dieser Art erlassen. § 120 d Abs. 4 gilt entsprechend.

II. Verhältnisse der Gesellen und Gehilfen.

§ 121. Gehilfen und Gesellen sind verpflichtet, den Anordnungen der Arbeitgeber in Beziehung auf die ihnen übertragenen Arbeiten und auf die häuslichen Einrichtungen Folge zu leisten; zu häuslichen Arbeiten sind sie nicht verbunden.

[Kündigung] **§ 122.** Das Arbeitsverhältnis zwischen den Gesellen oder Gehilfen und ihren Arbeitgebern kann, wenn nicht ein anderes verabredet ist, durch eine jedem Teile freistehende vierzehn Tage vorher erklärte Aufkündigung gelöst werden. Werden andere Aufkündigungsfristen vereinbart so müssen sie für beide Teile gleich sein. Vereinbarungen, welche dieser Bestimmung zuwiderlaufen, sind nichtig.

[Kündigungslose Beendigung] **§ 123.** Vor Ablauf der vertragsmäßigen Zeit und ohne Aufkündigung können Gesellen und Gehilfen entlassen werden:

1. wenn sie bei Abschluß des Arbeitsvertrages den Arbeitgeber durch Vorzeigung falscher oder verfälschter Arbeitsbücher oder Zeugnisse hintergangen oder ihn über das Bestehen eines anderen, sie gleichzeitig verpflichtenden Arbeitsverhältnisses in einem Irrtum versetzt haben;
2. wenn sie eines Diebstahls, einer Entwendung, einer Unterschlagung, eines Betruges oder eines liederlichen Lebenswandels sich schuldig machen;
3. wenn sie die Arbeit unbefugt verlassen haben oder sonst den nach dem Arbeitsvertrag ihnen obliegenden Verpflichtungen nachzukommen beharrlich verweigern;
4. wenn sie der Verwarnung ungeachtet mit Feuer und Licht unvorsichtig umgehen;
5. wenn sie sich Tätlichkeiten oder grobe Beleidigungen gegen den Arbeitgeber oder seine Vertreter oder gegen die Familienangehörigen des Arbeitgebers oder seiner Vertreter zuschulden kommen lassen;
6. wenn sie einer vorsätzlichen und rechtswidrigen Sachbeschädigung zum Nachteile des Arbeitgebers oder eines Mit-

arbeiters sich schuldig machen;

7. wenn sie Familienangehörige des Arbeitgebers oder seiner Vertreter oder Mitarbeiter zu Handlungen verleiten oder zu verleiten versuchen oder mit Familienangehörigen des Arbeitgebers oder seiner Vertreter Handlungen begehen, welche wider die Gesetze oder die guten Sitten verstoßen;
8. wenn sie zur Fortsetzung der Arbeit unfähig oder mit einer abschreckenden Krankheit behaftet sind.

In den unter Ziffer 1 bis 7 gedachten Fällen ist die Entlassung nicht mehr zulässig, wenn die zugrunde liegenden Tatsachen dem Arbeitgeber länger als eine Woche bekannt sind.

Inwiefern in den unter Ziffer 8 gedachten Fällen dem Entlassenen ein Anspruch auf Entschädigung zustehe, ist nach dem Inhalt des Vertrages und nach dem allgemeinen gesetzlichen Vorschriften zu beurteilen.

§ 124. Vor Ablauf der vertragsmäßigen Zeit und ohne Aufkündigung können Gesellen und Gehilfen die Arbeit verlassen:

1. wenn sie zur Fortsetzung der Arbeit unfähig werden;
2. wenn der Arbeitgeber oder seine Vertreter sich Tätlichkeiten oder grobe Beleidigungen gegen die Arbeiter oder gegen ihre Familienangehörigen zuschulden kommen lassen;
3. wenn der Arbeitgeber oder seine Vertreter oder Familienangehörige derselben die Arbeiter oder deren Familienangehörige zu Handlungen verleiten oder zu verleiten versuchen oder mit den Familienangehörigen der Arbeiter Handlungen begehen, welche wider die Gesetze oder die guten Sitten laufen;
4. wenn der Arbeitgeber den Arbeitern den schuldigen Lohn nicht in der bedungenen Weise auszahlt, bei Stücklohn nicht für ihre ausreichende Beschäftigung sorgt, oder wenn er sich widerrechtlicher Übervorteilungen gegen sie schuldig macht;
5. wenn bei Fortsetzung der Arbeit das Leben oder die Gesundheit der Arbeiter einer erweislichen Gefahr ausgesetzt sein würde, welche bei Eingehung des Arbeitsvertrags nicht zu erkennen war.

In den unter Ziffer 2 gedachten Fällen ist der Austritt aus der Arbeit nicht mehr zulässig, wenn die zugrunde liegenden Tatsachen dem Arbeiter länger als eine Woche bekannt sind.

§ 124 a. Außer den in §§ 123 und 124 bezeichneten Fällen kann jeder der beiden Teile aus wichtigen Gründen vor Ablauf der vertragsmäßigen Zeit und ohne Innehaltung einer Kündigungsfrist die Aufhebung des Arbeitsverhältnisses verlangen, wenn dasselbe mindestens auf vier Wochen oder wenn eine längere als vierzehntägige Kündigungsfrist vereinbart ist.

§ 124 b. Hat ein Geselle oder Gehilfe rechtswidrig die Arbeit verlassen, so kann der Arbeit- [Vertragsbruch] geber als Entschädigung für den Tag der vertragsmäßigen oder gesetzlichen Arbeitszeit, höchstens aber für eine Woche, den Betrag des ortsüblichen Tagelohns (§ 8 des Krankenversicherungsgesetzes vom 15. Juni 1883 Reichs-Gesetzbl. S. 73) fordern. Diese Forderung ist an den Nachweis eines Schadens nicht gebunden. Durch ihre Geltendmachung wird der Anspruch auf Erfüllung des Vertrages und auf weiteren Schadensersatz ausgeschlossen. Dasselbe Recht steht dem Gesellen oder Gehilfen gegen den Arbeitgeber zu. wenn er von diesem vor rechtmäßiger Beendigung des Arbeitsverhältnisses entlassen worden ist.

§ 125. Ein Arbeitgeber, welcher einen Gesellen oder Gehilfen verleitet, vor rechtmäßiger Beendigung des Arbeitsverhältnisses die Arbeit zu verlassen, ist dem früheren Arbeitgeber für den entstandenen Schaden oder den nach § 124 b an die Stelle des Schadensersatzes tretenden Betrag als Selbstschuldner mitverhaftet. In gleicher Weise haftet ein Arbeitgeber, welcher einen Gesellen oder Gehilfen annimmt, von dem er weiß, daß derselbe einem anderen Arbeitgeber zur Arbeit noch verpflichtet ist.

In dem im vorstehenden Absatze bezeichneten Umfang ist auch derjenige Arbeitgeber mitverhaftet, welcher einen Gesellen oder Gehilfen, von dem er weiß, daß derselbe einem anderen Arbeitgeber zur Arbeit noch verpflichtet ist, während der Dauer dieser Verpflichtung in der Beschäftigung behält, sofern nicht seit der unrechtmäßigen Lösung des Arbeitsverhältnisses bereits vierzehn Tage verflossen sind.

Den Gesellen und Gehilfen stehen im Sinne der vorstehenden Bestimmungen die im § 119 b bezeichneten Personen gleich.

III. Lehrlingsverhältnisse...

IIIa. Meistertitel....

IIIb. Verhältnisse der Betriebsbeamten, Werkmeister, Techniker.

§ 133 a. Das Dienstverhältnis der von Gewerbeunternehmern gegen feste Bezüge beschäftigten Personen, welche nicht lediglich vorübergehend mit der Leitung oder Beaufsichtigung des Betriebs oder einer Abteilung desselben beauftragt (Betriebsbeamte, Werkmeister und ähnliche Angestellte) oder mit höheren technischen Dienstleistungen betraut sind (Maschinentechniker, Bautechniker, Chemiker, Zeichner und dergleichen), kann ...[a]) [Kündigung.]

§ 133 e. Auf die im § 133 a bezeichneten Personen finden die Bestimmungen der §§ 124 b und 125 Anwendung, dagegen nicht die Bestimmungen des § 119 a. [Vertragsbruch, Lohneinbeh. etc.]

§ 133 f. Eine Vereinbarung zwischen dem Gewerbeunternehmer und einem der in § 133 a [Konkurrenzklausel.]

---

a) Folgt bis § 133 d eine Regelung der Kündigung etc. ähnlich (jedoch mit einzelnen Abweichungen) wie für Handlungsgehilfen (HGB. §§ 65—72, unten Nr. 38).

bezeichneten Angestellten, durch die der Angestellte für die Zeit nach der Beendigung des Dienstverhältnisses in seiner gewerblichen Tätigkeit beschränkt wird, ist für den Angestellten nur insoweit verbindlich, als die Beschränkung nach Zeit, Ort und Gegenstand nicht die Grenzen überschreitet, durch welche eine unbillige Erschwerung seines Fortkommens ausgeschlossen wird.

Die Vereinbarung ist nichtig, wenn der Angestellte zur Zeit des Abschlusses minderjährig ist.

IV. Besondere Bestimmungen für Betriebe, in denen in der Regel mindestens zehn Arbeiter beschäftigt werden.

§ 133 g. Die Bestimmungen der §§ 133 h bis 139 aa finden Anwendung auf Gesellen, Gehilfen, Lehrlinge und sonstige gewerbliche Arbeiter mit Ausnahme der Betriebsbeamten, Werkmeister, Techniker (§§ 133 a bis 133 f).

A. Bestimmungen für Betriebe, in denen in der Regel mindestens zwanzig Arbeiter beschäftigt werden.

§ 133 h. Auf Betriebe, in denen in der Regel mindestens zwanzig Arbeiter beschäftigt werden, finden die nachfolgenden Bestimmungen der §§ 134 bis 134 h Anwendung. Dies gilt für Betriebe, in denen regelmäßig zu gewissen Zeiten des Jahres ein vermehrtes Arbeitsbedürfnis eintritt, schon dann, wenn zu diesen Zeiten mindestens zwanzig Arbeiter beschäftigt werden.

[Vertragsbruch.]

§ 134. Den Unternehmern ist untersagt, für den Fall der rechtswidrigen Auflösung des Arbeitsverhältnisses durch den Arbeiter die Verwirkung des rückständigen Lohnes über den Betrag des durchschnittlichen Wochenlohnes hinaus auszubedingen. Auf die Arbeitgeber und Arbeiter in solchen Betrieben finden die Bestimmungen des § 124 b keine Anwendung.

[Lohnzettel Lohntüten Lohnbuch etc.]

Den Arbeitern ist bei der regelmäßigen Lohnzahlung ein schriftlicher Beleg (Lohnzettel, Lohntüte, Lohnbuch usw.) über den Betrag des verdienten Lohnes und der einzelnen Arten der vorgenommenen Abzüge auszuhändigen.

[Arbeitsordnung.]

§ 134 a. Für jeden Betrieb ist innerhalb vier Wochen nach Inkrafttreten dieses Gesetzes od. nach der Eröffnung des Betriebes eine Arbeitsordnung zu erlassen. Für die einzelnen Abteilungen des Betriebs oder für die einzelnen Gruppen der Arbeiter können besondere Arbeitsordnungen erlassen werden. Der Erlaß erfolgt durch Aushang (§ 134 e Absatz 2).

Die Arbeitsordnung muß den Zeitpunkt, mit welchem sie in Wirksamkeit treten soll, angeben und von demjenigen, welcher sie erläßt, unter Angabe des Datums unterzeichnet sein.

Abänderungen ihres Inhalts können nur durch den Erlaß von Nachträgen oder in der Weise erfolgen, daß an Stelle der bestehenden eine neue Arbeitsordnung erlassen wird.

Die Arbeitsordnungen und Nachträge zu denselben treten frühestens zwei Wochen nach ihrem Erlaß in Geltung.

§ 134 b. Die Arbeitsordnung muß Bestimmungen enthalten:

1. über Anfang und Ende der regelmäßigen täglichen Arbeitszeit sowie der für die erwachsenen Arbeiter vorgesehenen Pausen;
2. über Zeit und Art der Abrechnung und Lohnzahlung mit der Maßgabe, daß die regelmäßige Lohnzahlung nicht am Sonntage stattfinden darf. Ausnahmen können von der unteren Verwaltungsbehörde zugelassen werden;
3. sofern es nicht bei den gesetzlichen Bestimmungen bewenden soll, über die Frist der zulässigen Aufkündigung sowie über die Gründe, aus welchen die Entlassung und der Austritt aus der Arbeit ohne Aufkündigung erfolgen darf;
4. sofern Strafen vorgesehen werden, über die Art und Höhe derselben, über die Art ihrer Festsetzung und, wenn sie in Geld bestehen, über deren Einziehung und über den Zweck, für welchen sie verwendet werden sollen;
5. sofern die Verwirkung von Lohnbeträgen nach Maßgabe der Bestimmung des § 134 Absatz 1 durch Arbeitsordnung oder Arbeitsvertrag ausbedungen wird, über die Verwendung der verwirkten Beträge.

Strafbestimmungen, welche das Ehrgefühl oder die guten Sitten verletzen, dürfen in die Arbeitsordnung nicht aufgenommen werden. Geldstrafen dürfen die Hälfte des durchschnittlichen Tagesarbeitsverdienstes nicht übersteigen; jedoch können Tätlichkeiten gegen Mitarbeiter, erhebliche Verstöße gegen die guten Sitten sowie gegen die zur Aufrechterhaltung der Ordnung des Betriebs, zur Sicherung eines gefahrlosen Betriebs oder zur Durchführung der Bestimmungen der Gewerbeordnung erlassenen Vorschriften mit Geldstrafen bis zum vollen Betrage des durchschnittlichen Tagesarbeitsverdienstes belegt werden. Alle Strafgelder müssen zum Besten der Arbeiter des Betriebs verwendet werden. Das Recht des Arbeitgebers, Schadensersatz zu fordern, wird durch diese Bestimmung nicht berührt.

Dem Betriebsinhaber bleibt überlassen, neben den im Abs. 1 unter 1 bis 5 bezeichneten, noch weitere die Ordnung des Betriebs und des Verhalten der Arbeiter im Betriebe betreffende Bestimmungen in die Arbeitsordnung aufzunehmen. Mit Zustimmung eines ständigen Arbeiterausschusses können in die Arbeitsordnung Vorschriften über das Verhalten der Arbeiter bei Benutzung der zu ihrem Besten getroffenen mit dem Betriebe verbundenen Einrichtungen sowie Vorschriften über das Verhalten der minderjährigen Arbeiter außerhalb des Betriebs aufgenommen werden.

§ 134 c. Der Inhalt der Arbeitsordnung ist, soweit er den Gesetzen nicht zuwiderläuft, für die Arbeitgeber und Arbeiter rechtsverbindlich.

Andere als die in der Arbeitsordnung oder in den §§ 123 und 124 vorgesehenen Gründe der Entlassung und des Austritts aus der Arbeit dürfen im Arbeitsvertrage nicht vereinbart werden. Andere als die in der Arbeitsordnung vorgesehenen Strafen dürfen über den Arbeiter nicht verhängt werden. Die Strafen müssen ohne Verzug festgesetzt und dem Arbeiter zur Kenntnis gebracht werden.

Die verhängten Geldstrafen sind in ein Verzeichnis einzutragen, welches den Namen des Bestraften, den Tag der Bestrafung sowie den Grund und die Höhe der Strafe ergeben und auf Erfordern dem im § 139 b bezeichneten Beamten jederzeit zur Einsicht vorgelegt werden muß.

§ 134 d. Vor dem Erlaß der Arbeitsordnung oder eines Nachtrags zu derselben ist den in dem Betrieb oder in den betreffenden Betriebsabteilungen beschäftigten großjährigen Arbeitern Gelegenheit zu geben, sich über den Inhalt derselben zu äußern.

Für Betriebe, für welche ein ständiger Arbeiterausschuß besteht, wird dieser Vorschrift durch Anhörung des Ausschusses über den Inhalt der Arbeitsordnung genügt.

§ 134 e. Die Arbeitsordnung sowie jeder Nachtrag zu derselben ist unter Mitteilung der seitens der Arbeiter geäußerten Bedenken, soweit die Äußerungen schriftlich oder zu Protokoll erfolgt sind, binnen drei Tagen nach dem Erlaß in zwei Ausfertigungen unter Beifügung der Erklärung, daß und in welcher Weise der Vorschrift des § 134 d genügt ist, der unteren Verwaltungsbehörde einzureichen.

Die Arbeitsordnung ist an geeigneter, allen beteiligten Arbeitern zugänglicher Stelle auszuhängen. Der Aushang muß stets in lesbarem Zustande erhalten werden. Die Arbeitsordnung ist jedem Arbeiter bei seinem Eintritt in die Beschäftigung zu behändigen.

§ 134 f. Arbeitsordnungen u. Nachträge zu denselben, welche nicht vorschriftsmäßig erlassen sind, oder deren Inhalt den gesetzlichen Bestimmungen zuwiderläuft, sind auf Anordnung der unteren Verwaltungsbehörde durch gesetzmäßige Arbeitsordnungen zu ersetzen oder den gesetzlichen Vorschriften entsprechend abzuändern.

Gegen diese Anordnung findet binnen zwei Wochen die Beschwerde an die höhere Verwaltungsbehörde statt.

[Arbeiterausschuß.]

§ 134 h. Als ständige Arbeiterausschüsse im Sinne des § 134 b Abs. 3 und des § 134 d gelten nur:

1. diejenigen Vorstände der Betriebs- (Fabrik-) Krankenkassen oder anderer für die Arbeiter des Betriebs bestehender Kasseneinrichtungen, deren Mitglieder in ihrer Mehrheit von den Arbeitern aus ihrer Mitte zu wählen sind,

sofern sie als ständige Arbeiterausschüsse bestellt werden;
2. die Knappschaftsältesten von Knappschaftsvereinen, welche die nicht den Bestimmungen der Berggesetze unterstehenden Betriebe eines Unternehmers umfassen, sofern sie als ständige Arbeiterausschüsse bestellt werden;
3. die bereits vor dem 1. Januar 1891 errichteten ständigen Arbeiterausschüsse, deren Mitglieder in ihrer Mehrzahl von den Arbeitern aus ihrer Mitte gewählt werden;
4. solche Vertretungen, deren Mitglieder in ihrer Mehrzahl von den volljährigen Arbeitern des Betriebs oder der betreffenden Betriebsabteilung aus ihrer Mitte in unmittelbarer und geheimer Wahl gewählt werden. Die Wahl der Vertreter kann auch nach Arbeiterklassen oder nach besonderen Abteilungen des Betriebs erfolgen.

B. Bestimmungen für alle Betriebe, in denen in der Regel mindestens zehn Arbeiter beschäftigt werden.

§ 134 i. Auf Betriebe, in denen in der Regel mindestens zehn Arbeiter beschäftigt werden, finden, unbeschadet des § 133 h, die nachfolgenden Bestimmungen der §§ 135 bis 139 aa Anwendung. Dies gilt für Betriebe, in denen regelmäßig zu gewissen Zeiten des Jahres ein vermehrtes Arbeitsbedürfnis eintritt, schon dann, wenn zu diesen Zeiten mindestens zehn Arbeiter beschäftigt werden.

§ 135. Kinder unter dreizehn Jahren dürfen nicht beschäftigt werden. Kinder über dreizehn Jahre dürfen nur beschäftigt werden, wenn sie nicht mehr zum Besuche der Volksschule verpflichtet sind. [Jugendliche u. Arbeiterinnen.]

Die Beschäftigung von Kindern unter vierzehn Jahren darf die Dauer von sechs Stunden täglich nicht überschreiten.

Junge Leute zwischen vierzehn und sechzehn Jahren dürfen nicht länger als zehn Stunden täglich beschäftigt werden.

§ 136. Die Arbeitsstunden der jugendlichen Arbeiter (§ 135) dürfen nicht vor sechs Uhr morgens beginnen und nicht über acht Uhr abends dauern. Zwischen den Arbeitsstunden müssen an jedem Arbeitstage regelmäßige Pausen gewährt werden. Für jugendliche Arbeiter, welche nur sechs Stunden täglich beschäftigt werden, muß die Pause mindestens eine halbe Stunde betragen. Den übrigen jugendlichen Arbeitern muß mindestens mittags eine einstündige, sowie vormittags und nachmittags je eine halbstündige Pause gewährt werden. Eine Vor- und Nachmittagspause braucht nicht gewährt zu werden, sofern jugendliche Arbeiter täglich nicht länger als acht Stunden beschäftigt werden, und die Dauer ihrer durch eine Pause nicht unterbrochenen Arbeitszeit am Vor- und Nachmittage je vier Stunden nicht übersteigt.

Während der Pausen darf den jugendlichen Arbeitern eine Beschäftigung im Betrieb überhaupt nicht und der Aufenthalt in den Arbeitsräumen nur dann gestattet werden, wenn in denselben diejenigen Teile des Betriebs, in welchen jugendliche Arbeiter beschäftigt sind, für die Zeit des Pausen völlig eingestellt werden, oder wenn der Aufenthalt im Freien nicht tunlich und andere geeignete Aufenthaltsräume ohne unverhältnismäßige Schwierigkeiten nicht beschafft werden können.

Nach Beendigung der täglichen Arbeitszeit ist den jugendlichen Arbeitern eine ununterbrochene Ruhezeit von mindestens elf Stunden zu gewähren.

An Sonn- und Festtagen sowie während der von dem ordentlichen Seelsorger für den Katechumenen- und Konfirmanden-, Beicht- und Kommunionunterricht bestimmten Stunden dürfen jugendliche Arbeiter nicht beschäftigt werden.

§ 137. Arbeiterinnen dürfen nicht in der Nachtzeit von acht Uhr abends bis sechs Uhr morgens und am Sonnabend sowie an Vorabenden der Festtage nicht nach fünf Uhr nachmittags beschäftigt werden.

Die Beschäftigung von Arbeiterinnen darf die Dauer von zehn Stunden täglich, an den Vorabenden der Sonn- und Festtage von acht Stunden, nicht überschreiten.

Zwischen den Arbeitsstunden muß den Arbeiterinnen eine mindestens einstündige Mittagspause gewährt werden.

Nach Beendigung der täglichen Arbeitszeit ist den Arbeiterinnen eine ununterbrochene Ruhezeit von mindestens elf Stunden zu gewähren.

Arbeiterinnen, welche ein Hauswesen zu besorgen haben, sind auf ihren Antrag eine halbe Stunde vor der Mittagspause zu entlassen, sofern diese nicht mindestens einundeinehalbe Stunde beträgt.

Arbeiterinnen dürfen vor und nach ihrer Niederkunft im ganzen während acht Wochen nicht beschäftigt werden. Ihr Wiedereintritt ist an den Ausweis geknüpft, daß seit ihrer Niederkunft wenigstens sechs Wochen verflossen sind.

Arbeiterinnen dürfen nicht in Kokereien und nicht zum Transport von Materialien bei Bauten aller Art verwendet werden.

§ 137 a. Arbeiterinnen und jugendlichen Arbeitern darf für die Tage, an welchen sie in dem Betriebe die gesetzlich zulässige Arbeitszeit hindurch beschäftigt waren, Arbeit zur Verrichtung außerhalb des Betriebs vom Arbeitgeber überhaupt nicht übertragen oder für Rechnung Dritter überwiesen werden.

Für die Tage, an welchen die Arbeiterinnen oder jugendlichen Arbeiter in dem Betriebe kürzere Zeit beschäftigt waren, ist diese Übertragung oder Überweisung nur in dem Umfange zulässig, in welchem Durchschnittsarbeiter ihrer Art die Arbeit voraussichtlich in dem Betriebe während des Restes der gesetzlich zulässigen Arbeitszeit würden herstellen können, und für Sonn- und Festtage überhaupt nicht.

Bei Zuwiderhandlungen gegen die Bestimmung des Abs. 2 kann die zuständige Polizeibehörde auf Antrag oder nach Anhörung des zuständigen Gewerbeaufsichtsbeamten (§ 139 b) im Wege der Verfügung für einzelne Betriebe die Übertragung oder Überweisung solcher Arbeit entsprechend den Bestimmungen des Abs. 2 beschränken oder von besonderen Bedingungen abhängig machen. Vor Erlaß solcher Verfügungen hat der Gewerbeaufsichtsbeamte den beteiligten Arbeitgebern und Arbeitern, wo ständige Arbeiterausschüsse (§ 134 h) bestehen, diesen Gelegenheit zu geben, sich zu äußern.

Gegen die Verfügung der Polizeibehörde steht dem Gewerbeunternehmer binnen zwei Wochen die Beschwerde an die höhere Verwaltungsbehörde zu. Gegen die Entscheidung der höheren Verwaltungsbehörde ist binnen vier Wochen die Beschwerde an die Zentralbehörde zulässig; diese entscheidet endgültig.

§ 138. Sollen Arbeiterinnen oder jugendliche Arbeiter beschäftigt werden, so hat der Arbeitgeber vor dem Beginne der Beschäftigung der Ortspolizeibehörde eine schriftliche Anzeige zu machen. In der Anzeige sind der Betrieb, die Wochentage, an welchen die Beschäftigung stattfinden soll, Beginn und Ende der Arbeitszeit und der Pausen sowie die Art der Beschäftigung anzugeben. Eine Änderung hierin darf, abgesehen von Verschiebungen, welche durch Ersetzung behinderter Arbeiter für einzelne Arbeitsschichten notwendig werden, nicht erfolgen, bevor eine entsprechende weitere Anzeige der Behörde gemacht ist.

In jedem Betriebe hat der Arbeitgeber dafür zu sorgen, daß in denjenigen Räumen, in welchen jugendliche Arbeiter beschäftigt werden, an einer in die Augen fallenden Stelle ein Verzeichnis der jugendlichen Arbeiter unter Angabe ihrer Arbeitstage sowie des Beginns und Endes ihrer Arbeitszeit und der Pausen ausgehängt ist. Ebenso hat er dafür zu sorgen, daß in den betreffenden Räumen eine Tafel ausgehängt ist, welche in der von der Zentralbehörde zu bestimmenden Fassung und in deutlicher Schrift einen Auszug aus den Bestimmungen über die Beschäftigung von Arbeiterinnen und jugendlichen Arbeitern enthält.

[Ausnahmen und weiter gehende Vorschriften.]

§ 138 a. Wegen außergewöhnlicher Häufung der Arbeit kann auf Antrag des Arbeitgebers die untere Verwaltungsbehörde auf die Dauer von zwei Wochen die Beschäftigung von Arbeiterinnen über sechzehn Jahre bis neun Uhr abends an den Wochentagen außer Sonnabend unter der Voraussetzung gestatten, daß die tägliche Arbeitszeit zwölf Stunden nicht überschreitet und die zu gewährende ununterbrochene Ruhezeit nicht weniger als zehn Stunden beträgt. Innerhalb eines Kalenderjahrs darf die Erlaubnis einem Arbeitgeber für seinen Betrieb oder für eine Abteilung seines Betriebs auf mehr als vierzig Tage nicht erteilt werden.

Für eine zwei Wochen übersteigende Dauer kann die gleiche Erlaubnis nur von der höheren Verwaltungsbehörde und auch von dieser für mehr als vierzig Tage, jedoch nicht für mehr als fünfzig Tage im Jahre nur dann erteilt werden, wenn die Arbeitszeit für den Betrieb oder die betreffende Abteilung des Betriebs so geregelt wird, daß ihre tägliche Dauer im Durchschnitte der Betriebstage des Jahres die regelmäßige gesetzliche Arbeitszeit nicht überschreitet.

Der Antrag ist schriftlich zu stellen und muß den Grund, aus welchem die Erlaubnis beantragt wird, die Zahl der in Betracht kommenden Arbeiterinnen, das Maß der längeren Beschäftigung sowie den Zeitraum angeben, für welchen dieselbe stattfinden soll. Der Bescheid der unteren Verwaltungsbehörde auf den Antrag ist binnen drei Tagen schriftlich zu erteilen. Gegen die Versagung der Erlaubnis steht die Beschwerde an die vorgesetzte Behörde zu.

Die untere Verwaltungsbehörde hat über Fälle, in welchen die Erlaubnis erteilt worden ist, ein Verzeichnis zu führen, in welches der Name des Arbeitgebers und die für den schriftlichen Antrag vorgeschriebenen Angaben einzutragen sind.

Die untere Verwaltungsbehörde kann die Beschäftigung von Arbeiterinnen über sechzehn Jahre, welche kein Hauswesen zu besorgen haben und eine Fortbildungsschule nicht besuchen, bei den im § 105 c Absatz 1 unter Ziffer 3 und 4 bezeichneten Arbeiten an Sonnabenden und Vorabenden von Festtagen nachmittags nach fünf Uhr, jedoch nicht über acht Uhr abends hinaus unter der Voraussetzung gestatten, daß diese Arbeiterinnen am folgenden Sonn- oder Festtage arbeitsfrei bleiben. Die Erlaubnis ist schriftlich zu erteilen. Eine Abschrift derselben ist in denjenigen Räumen, in welchen die Arbeiterinnen beschäftigt werden, an einer in die Augen fallenden Stelle auszuhängen.

§ 139. Wenn Naturereignisse oder Unglücksfälle den regelmäßigen Betrieb einer Anlage unterbrochen haben, so können Ausnahmen von den im § 135 Abs. 2, 3, in §§ 136, 137 Absatz 1 bis 4 vorgesehenen Beschränkungen auf die Dauer von vier Wochen durch die höhere Verwaltungsbehörde, auf längere Zeit durch den Reichskanzler zugelassen werden. In dringenden Fällen solcher Art sowie zur Verhütung von Unglücksfällen kann die untere Verwaltungsbehörde, jedoch höchstens auf die Dauer von vierzehn Tagen, solche Ausnahmen gestatten.

Wenn die Natur des Betriebs oder Rücksichten auf die Arbeiter in einzelnen Anlagen es erwünscht erscheinen lassen, daß die Arbeitszeit der Arbeiterinnen oder jugendlichen Arbeiter in einer anderen als der durch § 136 Abs. 1, 2, 4, § 137 Abs. 1, 3 vorgesehenen Weise geregelt wird, so kann auf besonderen Antrag eine anderweite Regelung hinsichtlich der Pausen durch die höhere Verwaltungsbehörde, im übrigen durch den Reichskanzler gestattet werden. Jedoch dürfen in solchen Fällen die jugendlichen Arbeiter nicht länger als sechs Stunden beschäftigt werden, wenn zwischen den Arbeitsstunden nicht Pausen von zusammen mindestens einstündiger Dauer gewährt werden.

Die auf Grund vorstehender Bestimmung zu treffenden Verfügungen müssen schriftlich erlassen werden. Vor Erlaß von Verfügungen auf Grund des Abs. 2 ist den Arbeitern und, wo ständige Arbeiterausschüsse auf Grund reichsgesetzlicher oder landesgesetzlicher Vorschriften bestehen, diesen Gelegenheit zu geben, sich gutachtlich zu äußern.

§ 139 a. Der Bundesrat ist ermächtigt:

1. die Verwendung von Arbeitsrinnen sowie von jugendlichen Arbeitern für gewisse Gewerbezweige, die mit besonderen Gefahren für Gesundheit oder Sittlichkeit verbunden sind, gänzlich zu untersagen oder von besonderen Bedingungen abhängig zu machen;
2. für Anlagen, die mit ununterbrochenem Feuer betrieben werden, oder die sonst durch die Art des Betriebs auf eine regelmäßige Tag- und Nachtarbeit angewiesen sind, sowie für solche Anlagen, deren Betrieb eine Einteilung in regelmäßige Arbeitsschichten von gleicher Dauer nicht gestattet oder seiner Natur nach auf bestimmte Jahreszeiten beschränkt ist, Ausnahmen von den im § 135 Abs. 2, 3, § 136, § 137 Abs. 1 bis 3 vorgesehenen Bestimmungen zuzulassen, soweit § 136 Abs. 3 in Betracht kommt, jedoch nur für männliche jugendliche Arbeiter;
3. für gewisse Gewerbezweige, soweit die Natur des Betriebs oder die Rücksicht auf die Arbeiter es erwünscht erscheinen lassen, die Abkürzung oder den Wegfall der für jugendliche Arbeiter vorgeschriebenen Pausen zu gestatten;
4. für Gewerbezweige, in denen regelmäßig zu gewissen Zeiten des Jahres ein vermehrtes Arbeitsbedürfnis eintritt, auf höchstens vierzig Tage im Kalenderjahr Ausnahmen von den Bestimmungen des § 137 Abs. 1, 2, 4 mit der Maßgabe zuzulassen, daß die tägliche Arbeitszeit zwölf Stunden, an Sonnabenden acht Stunden nicht überschreitet, und die zu gewährende ununterbrochene Ruhezeit nicht weniger als zehn Stunden beträgt. In der ununterbrochenen Ruhezeit müssen die Stunden zwischen zehn Uhr abends und fünf Uhr morgens liegen;
5. für Gewerbezweige, in denen die Verrichtung der Nachtarbeit zur Verhütung des Verderbens von Rohstoffen oder des Mißlingens von Arbeitserzeugnissen dringend erfor-

derlich erscheint, Ausnahmen von den Bestimmungen des § 137 Abs. 1 bis 4 mit der Maßgabe zuzulassen, daß die ununterbrochene Ruhezeit an höchstens sechzig Tagen im Kalenderjahre bis auf achteinhalb Stunden täglich herabgesetzt werden darf.

In den Fällen zu 2 darf die Dauer der wöchentlichen Arbeitszeit für Kinder sechsunddreißig Stunden, für junge Leute sechzig, für Arbeiterinnen achtundfünfzig Stunden nicht überschreiten. Die Nachtarbeit darf in vierundzwanzig Stunden die Dauer von zehn Stunden nicht überschreiten und muß in jeder Schicht durch eine oder mehrere Pausen in der Gesamtdauer von mindestens einer Stunde unterbrochen sein. Die Tagschichten und Nachtschichten müssen wöchentlich wechseln.

In den Fällen zu 3 dürfen die jugendlichen Arbeiter nicht länger als sechs Stunden beschäftigt werden, wenn zwischen den Arbeitsstunden nicht eine oder mehrere Pausen von zusammen mindestens einstündiger Dauer gewährt werden.

In den Fällen zu 4 darf die Erlaubnis zur Überarbeit für mehr als vierzig Tage, jedoch nicht für mehr als fünfzig Tage nur dann erteilt werden, wenn die Arbeitszeit so geregelt wird, daß ihre tägliche Dauer im Durchschnitte der Betriebstage des Jahres die regelmäßige gesetzliche Arbeitszeit nicht überschreitet.

Die durch Beschluß des Bundesrats getroffenen Bestimmungen sind zeitlich zu begrenzen und können auch für bestimmte Bezirke erlassen werden. Sie sind durch das Reichs-Gesetzblatt zu veröffentlichen und dem Reichstage bei seinem nächsten Zusammentritte zur Kenntnisnahme vorzulegen.

§ 139 aa. Auf die Arbeiter in den unter Abschnitt IV fallenden Betrieben finden im übrigen die Bestimmungen der §§ 121 bis 125 oder, wenn sie als Lehrlinge anzusehen sind, die Bestimmungen der §§ 126 bis 128 Anwendung. [Hinweise.

V. Aufsicht.

§ 139 b. Die Aufsicht über die Ausführung der Bestimmungen der §§ 105 a, 105 b Abs. 1, der §§ 105 c bis 105 h, 120 a bis 120 f, 133 g bis 139 aa, ist ausschließlich oder neben den ordentlichen Polizeibehörden besonderen von den Landesregierungen zu ernennenden Beamten zu übertragen. Denselben stehen bei Ausübung dieser Aufsicht alle amtlichen Befugnisse der Ortspolizeibehörden, insbesondere das Recht zur jederzeitigen Revision der Anlagen zu. Sie sind, vorbehaltlich der Anzeige von Gesetzwidrigkeiten, zur Geheimhaltung der amtlich zu ihrer Kenntnis gelangenden Geschäfts- und Betriebsverhältnisse der ihrer Revision unterliegenden Anlagen zu verpflichten.

Die Ordnung der Zuständigkeitsverhältnisse zwischen diesen Beamten und den ordentlichen Polizeibehörden bleibt der verfassungsmäßigen Regelung in den einzelnen Bundesstaaten vorbehalten.

Die erwähnten Beamten haben Jahresberichte über ihre amtliche Tätigkeit zu erstatten. Diese Jahresberichte oder Auszüge aus denselben sind dem Bundesrat und dem Reichstage vorzulegen.

Die auf Grund der Bestimmungen der §§ 105 a bis 105 h, 120 a bis 120 f, 133 g bis 139 aa auszuführenden amtlichen Revisionen müssen die Arbeitgeber zu jeder Zeit, namentlich auch in der Nacht, während des Betriebs gestatten.

Die Arbeitgeber sind ferner verpflichtet, den genannten Beamten oder der Polizeibehörde diejenigen statistischen Mitteilungen über die Verhältnisse ihrer Arbeiter zu machen, welche vom Bundesrat oder von der Landes-Zentralbehörde unter Festsetzung der dabei zu beobachtenden Fristen und Formen vorgeschrieben werden.

VI. Gehilfen, Lehrlinge und Arbeiter in offenen Verkaufsstellen.

[Ruhezeit.] **§ 139 c.** In offenen Verkaufsstellen und den dazu gehörigen Schreibstuben (Kontoren) und Lagerräumen ist den Gehilfen, Lehrlingen und Arbeitern nach Beendigung der täglichen Arbeitszeit eine ununterbrochene Ruhezeit von mindestens zehn Stunden zu gewähren.

In Gemeinden, welche nach der jeweilig letzten Volkszählung mehr als zwanzigtausend Einwohner haben, muß die Ruhezeit in offenen Verkaufsstellen, in denen zwei oder mehr Gehilfen und Lehrlinge beschäftigt werden, für diese mindestens elf Stunden betragen; für kleinere Ortschaften kann diese Ruhezeit durch Ortsstatut vorgeschrieben werden.

Innerhalb der Arbeitszeit muß den Gehilfen, Lehrlingen und Arbeitern eine angemessene Mittagspause gewährt werden. Für Gehilfen, Lehrlinge und Arbeiter, die ihre Hauptmahlzeit außerhalb des die Verkaufsstelle enthaltenden Gebäudes einnehmen, muß diese Pause mindestens ein und eine halbe Stunde betragen.

§ 139 d. Die Bestimmungen des § 139 c finden keine Anwendung

1. auf Arbeiten, die zur Verhütung des Verderbens von Waren unverzüglich vorgenommen werden müssen,
2. für die Aufnahme der gesetzlich vorgeschriebenen Inventur sowie bei Neueinrichtungen und Umzügen,
3. außerdem an jährlich höchstens dreißig von der Ortspolizeibehörde allgemein oder für einzelne Geschäftszweige zu bestimmenden Tagen.

§ 139 e. Von neun Uhr abends bis fünf Uhr morgens müssen offene Verkaufsstellen für den geschäftlichen Verkehr geschlossen sein. Die beim Ladenschluß im Laden schon anwesenden Kunden dürfen noch bedient werden. [Ladenschluß.]

Über neun Uhr abends dürfen Verkaufsstellen für den geschäftlichen Verkehr geöffnet sein

1. für unvorhergesehene Notfälle,
2. an höchstens vierzig von der Ortspolizeibehörde zu bestimmenden Tagen, jedoch bis spätestens zehn Uhr abends,
3. nach näherer Bestimmung der höheren Verwaltungsbehörde in Städten, welche nach der jeweilig letzten Volkszählung weniger als zweitausend Einwohner haben, sowie in ländlichen Gemeinden, sofern in denselben der Geschäftsverkehr sich vornehmlich auf einzelne Tage der Woche oder auf einzelne Stunden des Tages beschränkt.

Die Bestimmungen der §§139c und 139 d werden durch die vorstehenden Bestimmungen nicht berührt.

Während der Zeit, wo die Verkaufsstellen geschlossen sein müssen, ist das Feilbieten von Waren auf öffentlichen Wegen, Straßen, Plätzen oder an anderen öffentlichen Orten oder ohne vorherige Bestellung von Haus zu Haus im stehenden Gewerbebetriebe (§ 42b Abs. 1 Ziffer 1) sowie im Gewerbebetrieb im Umherziehen (§ 55 Abs. 1 Ziffer 1) verboten. Ausnahmen können von der Ortspolizeibehörde zugelassen werden. Die Bestimmung des § 55 a Abs. 2 Satz 2 findet Anwendung.

§ 139 f. Auf Antrag von mindestens zwei Dritteln der beteiligten Geschäftsinhaber kann für eine Gemeinde oder mehrere örtlich unmittelbar zusammenhängende Gemeinden durch Anordnung der höheren Verwaltungsbehörde nach Anhörung der Gemeindebehörden für alle oder einzelne Geschäftszweige angeordnet werden, daß die offenen Verkaufstellen während bestimmter Zeiträume oder während des ganzen Jahres auch in der Zeit zwischen acht und neun Uhr abends und zwischen fünf und sieben Uhr morgens für den geschäftlichen Verkehr geschlossen sein müssen. Die Bestimmungen der §§ 139 c und 139 d werden hierdurch nicht berührt.

Auf Antrag von mindestens einem Drittel der beteiligten Geschäftsinhaber hat die höhere Verwaltungsbehörde die beteiligten Geschäftsinhaber durch ortsübliche Bekanntmachung oder besondere Mitteilung zu einer Äußerung für oder gegen die Einführung des Ladenschlusses im Sinne des vorstehenden Absatzes aufzufordern. Erklären sich zwei Drittel der Abstimmenden für die Einführung, so kann die höhere Verwaltungsbehörde die entsprechende Anordnung treffen.

Der Bundesrat ist befugt, Bestimmungen darüber zu erlassen, in welchem Verfahren die erforderliche Zahl von Geschäftsinhabern festzustellen ist.

Während der Zeit, wo Verkaufsstellen auf Grund des Abs. 1 geschlossen sein müssen, ist der Verkauf von Waren der in diesen Verkaufsstellen geführten Art sowie das Feilbieten von solchen Waren auf öffentlichen Wegen, Straßen, Plätzen oder an anderen öffentlichen Orten oder ohne vorherige Bestellung von Haus zu Haus im stehenden Gewerbebetriebe (§ 42 b Abs. 1 Ziffer 1) sowie im Gewerbebetrieb im Umherziehen (§ 55 Absatz 1 Ziffer 1) verboten. Ausnahmen können von der Ortspolizeibehörde zugelassen werden. Die Bestimmung des § 55 a Abs. 2 Satz 2 findet Anwendung.

[Allg. Gesundheits- u. Sittlichkeitsschutz.] **§ 139 g.** Die Polizeibehörden sind befugt, im Wege der Verfügung für einzelne offene Verkaufsstellen diejenigen Maßnahmen anzuordnen, welche zur Durchführung der im § 62 Abs. 1 des Handelsgesetzbuchs enthaltenen Grundsätze in Ansehung der Einrichtung und Unterhaltung der Geschäftsräume und der für den Geschäftsbetrieb bestimmten Vorrichtungen und Gerätschaften sowie in Ansehung der Regelung des Geschäftsbetriebs erforderlich und nach der Beschaffenheit der Anlage ausführbar erscheinen.

Die Bestimmungen im § 120d Abs. 2 bis 4 finden entsprechende Anwendung.

§ 139 h. Durch Beschluß des Bundesrats können Vorschriften darüber erlassen werden, welchen Anforderungen die Laden-, Arbeits- und Lagerräume und deren Einrichtung sowie die Maschinen und Gerätschaften zum Zwecke der Durchführung der in § 62 Abs. 1 des Handelsgesetzbuchs enthaltenen Grundsätze zu genügen haben. Die Bestimmung im § 120 g findet Anwendung.

Soweit solche Vorschriften durch Beschluß des Bundesrats nicht erlassen sind, können sie durch Anordnung der im § 120 e Absatz 2 bezeichneten Behörden erlassen werden.

§ 139 i. Die durch § 76 Abs. 4 des Handelsgesetzbuchs sowie durch § 120 Abs. 1 begründete Verpflichtung des Geschäftsinhabers findet an Orten, wo eine vom Staate oder der Gemeindebehörde anerkannte Fachschule besteht, hinsichtlich des Besuchs dieser Schule entsprechende Anwendung. [Fortbildungs- u. Fachschule.]

Der Geschäftsinhaber hat die Gehilfen und Lehrlinge unter achtzehn Jahren zum Besuche der Fortbildungs- und Fachschule anzuhalten und den Schulbesuch zu überwachen.

§ 139 k. Für jede offene Verkaufsstelle, in welcher in der Regel mindestens zwanzig Gehilfen und Lehrlinge beschäftigt werden, ist innerhalb vier Wochen nach Inkrafttreten dieses Gesetzes oder nach der Eröffnung des Betriebs eine Arbeitsordnung zu erlassen. [Arbeitsordnung.]

Auf die Arbeitsordnung finden die Vorschriften der §§ 134 a, 134 b Abs. 1 Ziffer 1 bis 4, Abs. 2, Abs. 3 Satz 1, des § 134 c Abs. 1, Abs. 2 Satz 2 und 3, des § 134 d Abs. 1 und der §§ 134 e, 134 f entsprechende Anwendung.

Andere als die in der Arbeitsordnung oder in den §§ 71 und 72 des Handelsgesetzbuchs vorgesehenen Gründe der Entlassung und des Austritts aus der Arbeit dürfen im Arbeitsvertrage nicht vereinbart werden.

Die verhängten Geldstrafen sind in ein Verzeichnis einzutragen, welches den Namen des Bestraften, den Tag der Bestrafung sowie den Grund und die Höhe der Strafe ergeben und auf

Erfordern der Ortspolizeibehörde jederzeit zur Einsicht vorgelegt werden muß.

Auf Arbeitsordnungen, welche vor dem Inkrafttreten dieses Gesetzes erlassen worden sind, finden die Bestimmungen der §§ 134 a, 134 b Abs. 1 Ziffer 1 bis 4, Abs. 2, Abs. 3 Satz 1, des § 134 c Abs. 1, Abs. 2 Satz 2 und 3, des § 134 e Abs. 2 und des § 134 f entsprechende Anwendung. Dieselben sind binnen vier Wochen der unteren Verwaltungsbehörde in zwei Ausfertigungen einzureichen. Auf spätere Abänderungen dieser Arbeitsordnungen und auf die seit dem 1. Oktober 1899 erstmalig erlassenen Arbeitsordnungen finden der § 134 d Abs. 1 und der § 134 e Abs. 1 entsprechende Anwendung.

33] **Aus Titel II.**

[Sonntagsruhe.]

§ 41 a. Soweit nach den Bestimmungen der §§ 105 b bis 105 h Gehilfen, Lehrlinge und Arbeiter im Handelsgewerbe an Sonn- und Festtagen nicht beschäftigt werden dürfen, darf in offenen Verkaufstsellen ein Gewerbebetrieb an diesen Tagen nicht stattfinden. Diese Bestimmung findet auf den Geschäftsbetrieb von Konsum- und anderen Vereinen entsprechende Anwendung. . . .

§ 41 b. Auf Antrag von mindestens zwei Dritteln der beteiligten Gewerbetreibenden kann für eine Gemeinde oder mehrere örtlich zusammenhängende Gemeinden durch die höhere Verwaltungsbehörde vorgeschrieben werden, daß an Sonn- und Festtagen in bestimmten Gewerben, deren vollständige oder teilweise Ausübung zur Befriedigung täglicher oder an diesen Tagen besonders hervortretender Bedürfnisse der Bevölkerung erforderlich ist, ein Betrieb nur insoweit stattfinden darf, als Ausnahmen von den im § 105 b Abs. 1 getroffenen Bestimmungen zugelassen sind. . . .

Aus Titel X. [34

[Koalitionsfreiheit.]

§ 152. Alle Verbote und Strafbestimmungen gegen Gewerbetreibende, gewerbliche Gehilfen, Gesellen oder Fabrikarbeiter wegen Verabredungen und Vereinigungen zum Behufe der Erlangung günstiger Lohn- und Arbeitsbedingungen, insbesondere mittels Einstellung der Arbeit oder Entlassung der Arbeiter, werden aufgehoben.

Jedem Teilnehmer steht der Rücktritt von solchen Vereinigungen und Verabredungen frei, und es findet aus letzteren weder Klage noch Einrede statt.

§ 153. Wer andere durch Anwendung körperlichen Zwanges, durch Drohungen, durch Ehrverletzung oder durch Verrufserklärung bestimmt oder zu bestimmen versucht, an solchen Verabredungen (§ 152) teilzunehmen, oder ihnen Folge zu leisten, oder andere durch gleiche Mittel hindert oder zu hindern versucht, von solchen Verabredungen zurückzutreten, wird mit Gefängnis bis zu drei Monaten bestraft, sofern nach dem allgemeinen Strafgesetze nicht eine härtere Strafe eintritt.

35] *Aus „Schlußbestimmungen.*

§ 154. Von den Bestimmungen im Titel VII finden keine Anwendung . . .

2. die Bestimmungen der §§ 105, 106 bis 119 b sowie, vorbehaltlich des § 139 g Abs. 1 und der §§ 139 h, 139 l, 139 m, die Bestimmungen der §§ 120 a bis 139 aa auf Handlungsgehilfen und Handlungslehrlinge . . . [Handlungsgehilfen.]

b) Halbamtliche Zusammenstellung über die neueste Gewerbenovelle.

36] Reichsanzeiger v. 12. April 1912.

Die Verhandlungen über die letzten Änderungen der Gewerbeordnung waren besonders langwierig und verwickelt. Unter dem 16. Dez. 1907 legte die Reichsregierung dem Reichstage einen umfangreichen Entwurf zur Abänderung der GO. vor. Diese „große Gewerbenovelle" setzte der Beratung weitgehende Schwierigkeiten entgegen. Der Reichstag befürchtete, daß bei vollständiger Durchberatung die vorgeschlagenen Neuerungen betr. Frauen-Nachtarbeit nicht so rechtzeitig fertiggestellt würden, wie aus Rücksicht auf die Berner Konvention (Nr. 22—25) angemessen wäre. Damit hingen andere Bestimmungen über Frauenarbeit (10 stündiger Maximal-Arbeitstag in Übereinstimmung mit Jugendlichen, Nachhausegeben, Wöchnerinnenschutz usw.) zusammen, sowie die Ersetzung des Begriffes Fabriken (Titel VII, Abschn. 4) durch „Betriebe, in denen in der Regel mindestens 10 Arbeiter beschäftigt werden". Aus diesen Bestandteilen machte der Reichstag eine eigene Gewerbenovelle, die unter dem 25. Dez. 1908 (RGBl. S. 667) verkündet wurde. Der Rest blieb unerledigt. Aus diesem Reste brachte in der nächsten Session (1909-11) die Regierung zunächst die Bestimmungen über Hausarbeit wieder ein, aber nicht als Gewerbenovelle, sondern als selbständiges Gesetz; dies begründete nicht bloß einen formalen, sondern auch einen sachlichen Unterschied (s. Nr. 42). Dieses wurde als „Hausarbeitgesetz" unter dem 20. Dez. 1911 verkündet (unten Nr. 41) und am 1. April 1913 in Kraft gesetzt. Inzwischen hatte aber die Regierung eine neue Gewerbenovelle eingebracht, die um dieselbe Zeit verkündet wurde und an demselben Tage inkraft trat. Diese Gewerbenovelle hatte nicht die genügende Beachtung gefunden; u. zw. um so weniger, da gleichzeitig im Einführungsgesetz zur RVO. und im Stellenvermittelungsgesetz von Abänderungen der GO. die Rede war. Dieser (von den Interessenten fast übersehenen) Novelle gilt die nachstehende halbamtliche Zusammenstellung. Eines Abdruckes der Novelle selbst bedarf es nicht, da sie in unsern GO.-Text hineingearbeitet ist.

[37

Im Herbst des vergangenen Jahres hat der Reichstag einer Novelle zur Gewerbeordnung zugestimmt, deren Vorschriften am 1. April in Kraft getreten sind. Es handelt sich namentlich um eine Erweiterung der Befugnis des Bundesrats, die Ausgabe von Lohnbüchern und Lohnzetteln für bestimmte Gewerbe anzuordnen, um das Recht der Gemeinden, auch für Arbeiterinnen den Besuch einer Fortbildungsschule anzuordnen, und um neue Bestimmungen über
[1] einen sanitären Maximalarbeitstag. In die Lohnbücher oder Arbeitszettel sind vom Arbeitgeber oder seinem Vertreter künftig einzutragen: Art, Umfang der Arbeit, die Zeit, wann sie in Auftrag gegeben ist, bei Akkordarbeit die Stückzahl; die Lohnsätze, die Bedingungen für die Lieferung von Werkzeugen und Stoffen zu der Arbeit, der Zeitpunkt der Ablieferung, Art und Umfang der gelieferten Arbeit; der Lohnbetrag unter Angabe etwaiger Abzüge und der Tag der Lohnzahlung. Wird dem Arbeiter Kost und Wohnung gewährt, so können auch hierüber Eintragungen verlangt werden. Erläßt der Bundesrat keine entsprechende Verordnung, so kann die Einführung der Lohnbücher oder Arbeitszettel auch von den Landesregierungen und von den Polizeibehörden erfolgen. Das Lohnbuch für Minderjährige, das niemals eine praktische Bedeutung erlangt hat, ist durch die Novelle aufgehoben.

[2] Der § 120 der Gewerbeordnung ist dahin erweitert, daß durch Ortsstatut der Zwang zum Besuch einer Fortbildungsschule nicht nur für nicht 18 Jahre alte Arbeiter, Handlungsgehilfen und Lehrlinge, sondern auch für Arbeiterinnen eingeführt werden kann. Das gleiche kann auch durch die Landesgesetzgebung oder durch Bestimmung eines Kommunalverbandes geschehen.

[3] Über den sanitären Maximalarbeitstag gelten künftig folgende Bestimmungen: Für solche Gewerbe, in denen durch übermäßige Dauer der täglichen Arbeitszeit die Gesundheit der Arbeiter gefährdet wird, kann der Bundesrat und, soweit er nicht Bestimmungen erläßt, die Landeszentralbehörde oder nach Anhörung beteiligter Gewerbetreibenden und Arbeiter die zuständige Polizeibehörde Dauer, Beginn und Ende der zulässigen täglichen Arbeitszeit und der zu gewährenden Pausen regeln und die zur Durchführung erforderlichen Anordnungen erlassen. Soweit solche Bestimmungen nicht erlassen sind, kann auf Antrag oder nach Anhören der Gewerbeaufsichtsbeamten oder beteiligten Gewerbetreibenden und Arbeiter die zuständige Polizeibehörde für einzelne Betriebe, in denen durch übermäßige Dauer der täglichen Arbeitszeit die Gesundheit der Arbeiter gefährdet wird, im Wege der Verfügung Bestimmungen und Anordnungen dieser Art er-

lassen. Bisher konnte dieser sanitäre Maximalarbeitstag nur durch bundesrätliche Verordnung festgesetzt werden.

[4] In einem anderen Paragraphen der Novelle werden vorsätzliche Übertretungen der Schutzvorschriften für Jugendliche und Arbeiterinnen im Wiederholungsfalle mit schärferen Strafen belegt.

38] III. Handelsgesetzbuch.

Textausg.: Reclam, Meyers Volksbibl.; kl. Komm.: Litthauer; großer: Staub-Könige.

Handlungsgehilfen und Handlungslehrlinge.

§ 59. Wer in einem Handelsgewerbe zur Leistung kaufmännischer Dienste gegen Entgelt angestellt ist (Handlungsgehilfe), hat, soweit nicht besondere Vereinbarungen über die Art und den Umfang seiner Dienstleistungen oder über die ihm zukommende Vergütung getroffen sind, die dem Ortsgebrauch entsprechenden Dienste zu leisten, sowie die dem Ortsgebrauch entsprechende Vergütung zu beanspruchen. In Ermangelung eines Ortsgebrauches gelten die den Umständen nach angemessenen Leistungen als vereinbart.

§ 60. Der Handlungsgehilfe darf ohne Einwilligung des Prinzipals weder ein Handelsgewerbe betreiben, noch in dem Handelszweige des Prinzipals für eigene oder fremde Rechnung Geschäfte machen.

Die Einwilligung zum Betrieb eines Handelsgewerbes gilt als erteilt, wenn dem Prinzipal bei der Anstellung des Gehilfen bekannt ist, daß er das Gewerbe betreibt, und der Prinzipal die Aufgabe des Betriebs nicht ausdrücklich vereinbart.

§ 61. Verletzt der Handlungsgehilfe die ihm nach § 60 obliegende Verpflichtung, so kann der Prinzipal Schadensersatz fordern; er kann statt dessen verlangen, daß der Handlungsgehilfe die für eigene Rechnung gemachten Geschäfte als für Rechnung des Prinzipals eingegangen gelten lasse und die aus Geschäften für fremde Rechnung bezogene Vergütung herausgebe oder seinen Anspruch auf die Vergütung abtrete.

Die Ansprüche verjähren in drei Monaten von dem Zeitpunkt an, in welchem der Prinzipal Kenntnis von dem Abschlusse des Geschäfts erlangt; sie verjähren ohne Rücksicht auf diese Kenntnis in fünf Jahren von dem Abschlusse des Geschäfts an.

[Allg. Gesundheits- u. Sittlichkeitsschutz.]

§ 62. Der Prinzipal ist verpflichtet, die Geschäftsräume und die für den Geschäftsbetrieb bestimmten Vorrichtungen und Gerätschaften so einzurichten und zu unterhalten, auch den Geschäftsbetrieb und die Arbeitszeit so zu regeln, daß der Handlungsgehilfe gegen eine Gefährdung seiner Gesundheit, soweit die Natur des Betriebs es gestattet, geschützt und die Aufrechterhaltung der guten

Sitten und des Anstandes gesichert ist.

Ist der Handlungsgehilfe in die häusliche Gemeinschaft aufgenommen, so hat der Prinzipal in Ansehung des Wohn- und Schlafraums, der Verpflegung, sowie der Arbeits- und Erholungszeit diejenigen Einrichtungen u. Anordnungen zu treffen, welche mit Rücksicht auf die Gesundheit, die Sittlichkeit und die Religion des Handlungsgehilfen erforderlich sind.

Erfüllt der Prinzipal die ihm in Ansehung des Lebens und der Gesundheit des Handlungsgehilfen obliegenden Verpflichtungen nicht, so finden auf seine Verpflichtung zum Schadensersatze die für unerlaubte Handlungen geltenden Vorschriften der §§ 842 bis 846 des Bürgerlichen Gesetzbuchs entsprechende Anwendung.

Die dem Prinzipal hiernach obliegenden Verpflichtungen können nicht im voraus durch Vertrag aufgehoben oder beschränkt werden.

[Gehalt.] **§ 63.** Wird der Handlungsgehilfe durch unverschuldetes Unglück an der Leistung der Dienste verhindert, so behält er seinen Anspruch auf Gehalt und Unterhalt, jedoch nicht über die Dauer von sechs Wochen hinaus.

Der Handlungsgehilfe ist nicht verpflichtet, sich den Betrag anrechnen zu lassen, der ihm für die Zeit der Verhinderung aus einer Kranken- oder Unfallversicherung zukommt. Eine Vereinbarung, welche dieser Vorschrift zuwiderläuft, ist nichtig.

§ 64. Die Zahlung des dem Handlungsgehilfen zukommenden Gehalts hat am Schlusse jedes Monats zu erfolgen. Eine Vereinbarung, nach der die Zahlung des Gehalts später erfolgen soll, ist nichtig.

§ 65. Ist bedungen, daß der Handlungsgehilfe für Geschäfte, die von ihm geschlossen oder vermittelt werden, Provision erhalten solle, so finden die für die Handlungsagenten geltenden Vorschriften des § 88 und des § 91 Satz 1 Anwendung.

§ 66. Das Dienstverhältnis zwischen dem Prizipal und dem Handlungsgehilfen kann, wenn es für unbestimmte Zeit eingegangen ist, von jedem Teile für den Schluß eines Kalendervierteljahrs unter Einhaltung einer Kündigungsfrist von sechs Wochen gekündigt werden. [Kündigung.]

§ 67. Wird durch Vertrag eine kürzere oder längere Kündigungsfrist bedungen, so muß sie für beide Teile gleich sein; sie darf nicht weniger als einen Monat betragen.

Die Kündigung kann nur für den Schluß eines Kalendermonats zugelassen werden.

Die Vorschriften des Abs. 1 finden auch in dem Falle Anwendung, wenn das Dienstverhältnis für bestimmte Zeit mit der Vereinbarung eingegangen wird, daß es in Ermangelung einer vor dem Ablaufe der Vertragszeit erfolgten Kündigung als verlängert gelten soll.

Eine Vereinbarung, die diesen Vorschriften zuwiderläuft, ist nichtig.

§ 68. Die Vorschriften des § 67 finden keine Anwendung, wenn der Handlungsgehilfe ein Gehalt von mindestens fünftausend Mark für das Jahr bezieht.

Sie bleiben ferner außer Anwendung, wenn der Handlungsgehilfe für eine außereuropäische Handlungsniederlassung angenommen ist und nach dem Vertrage der Prinzipal für den Fall, daß er das Dienstverhältnis kündigt, die Kosten der Rückreise des Handlungsgehilfen zu tragen hat.

§ 69. Wird ein Handlungsgehilfe nur zu vorübergehender Aushilfe angenommen, so finden die Vorschriften des § 67 keine Anwendung, es sei denn, daß das Dienstverhältnis über die Zeit von drei Monaten hinaus fortgesetzt wird. Die Kündigungsfrist muß jedoch auch in einem solchen Falle für beide Teile gleich sein.

[Beendigung ohne Kündigungsfrist.]

§ 70. Das Dienstverhältnis kann von jedem Teile ohne Einhaltung einer Kündigungsfrist gekündigt werden, wenn ein wichtiger Grund vorliegt.

Wird die Kündigung durch vertragswidriges Verhalten des anderen Teiles veranlaßt, so ist dieser zum Ersatze des durch die Aufhebung des Dienstverhältnisses entstehenden Schadens verpflichtet.

§ 71. Als ein wichtiger Grund, der den Handlungsgehilfen zur Kündigung ohne Einhaltung einer Kündigungsfrist berechtigt ist es, sofern nicht besondere Umstände eine andere Beurteilung rechtfertigen, namentlich anzusehen;

1. wenn der Handlungsgehilfe zur Fortsetzung seiner Dienste unfähig wird;
2. wenn der Prinzipal den Gehalt oder den gebührenden Unterhalt nicht gewährt;
3. wenn der Prinzipal den ihm nach § 62 obliegenden Verpflichtungen nachzukommen verweigert;
4. wenn sich der Prinzipal Tätlichkeiten, erhebliche Ehrverletzungen oder unsittliche Zumutungen gegen den Handlungsgehilfen zuschulden kommen läßt oder es verweigert, den Handlungsgehilfen gegen solche Handlungen eines anderen Angestellten oder eines Familienangehörigen des Prinzipals zu schützen.

§ 72. Als ein wichtiger Grund, der den Prinzipal zur Kündigung ohne Einhaltung einer Kündigungsfrist berechtigt, ist es, sofern nicht besondere Umstände eine andere Beurteilung rechtfertigen, namentlich anzusehen;

1. wenn der Handlungsgehilfe im Dienste untreu ist oder das Vertrauen mißbraucht oder die ihm nach § 60 obliegende Verpflichtung verletzt;
2. wenn er seinen Dienst während einer den Umständen nach erheblichen Zeit unbefugt verläßt oder sich beharrlich weigert, seinen Dienstverpflichtungen nachzukommen;
3. wenn er durch anhaltende Krankheit, durch eine längere Freiheitsstrafe oder Abwesen-

heit oder durch eine die Zeit von acht Wochen übersteigende militärische Dienstleistung an der Verrichtung seiner Dienste verhindert wird;

4. wenn er sich Tätlichkeiten oder erhebliche Ehrverletzungen gegen den Prinzipal oder dessen Vertreter zuschulden kommen läßt.

Erfolgt die Kündigung, weil der Handlungsgehilfe durch unverschuldetes Unglück längere Zeit an der Verrichtung seiner Dienste verhindert ist, so wird dadurch der im § 63 bezeichnete Anspruch des Gehilfen nicht berührt.

[Zeugnis.] **§ 73.** Bei der Beendigung des Dienstverhältnisses kann der Handlungsgehilfe ein schriftliches Zeugnis über die Art und Dauer der Beschäftigung fordern. Das Zeugnis ist auf Verlangen des Handlungsgehilfen auch auf die Führung und die Leistungen auszudehnen.

Auf Antrag des Handlungsgehilfen hat die Ortspolizeibehörde das Zeugnis kosten- und stempelfrei zu beglaubigen.

[Konkurrenzklausel.] **§ 74.** Eine Vereinbarung zwischen dem Prinzipal und dem Handlungsgehilfen, durch welche dieser für die Zeit nach Beendigung des Dienstverhältnisses in seiner gewerblichen Tätigkeit beschränkt wird, ist für den Handlungsgehilfen nur insoweit verbindlich, als die Beschränkung nach Zeit, Ort und Gegenstand nicht die Grenzen überschreitet, durch welche eine unbillige Erschwerung des Fortkommens des Handlungsgehilfen ausgeschlossen wird.

Die Beschränkung kann nicht auf einen Zeitraum von mehr als drei Jahren von der Beendigung des Dienstverhältnisses an erstreckt werden.

Die Vereinbarung ist nichtig, wenn der Handlungsgehilfe zur Zeit des Abschlusses minderjährig ist.

§ 75. Gibt der Prinzipal durch vertragswidriges Verhalten dem Handlungsgehilfen Grund, das Dienstverhältnis gemäß den Vorschriften der §§ 70, 71 aufzulösen, so kann er aus einer Vereinbarung der im § 74 bezeichneten Art Ansprüche nicht geltend machen. Das gleiche gilt, wenn der Prinzipal das Dienstverhältnis kündigt, es sei denn, daß für die Kündigung ein erheblicher Anlaß vorliegt, den er nicht verschuldet hat, oder daß während der Dauer der Beschränkung dem Handlungsgehilfen das zuletzt von ihm bezogene Gehalt fortgezahlt wird.

Hat der Handlungsgehilfe für den Fall, daß er die in der Vereinbarung übernommene Verpflichtung nicht erfüllt, eine Strafe versprochen, so kann der Prinzipal nur die verwirkte Strafe verlangen; der Anspruch auf Erfüllung oder auf Ersatz eines weiteren Schadens ist ausgeschlossen. Die Vorschriften des Bürgerlichen Gesetzbuchs über die Herabsetzung einer unverhältnismäßig hohen Vertragsstrafe bleiben unberührt.

Vereinbarungen, welche diesen Vorschriften zuwiderlaufen, sind nichtig.

[Lehrlinge.] **§ 76.** Die Vorschriften der §§ 60 bis 63, 74, 75 finden auch auf Handlungslehrlinge Anwendung.

Der Lehrherr ist verpflichtet, dafür zu sorgen, daß der Lehrling in den bei dem Betriebe des Geschäfts vorkommenden kaufmännischen Arbeiten unterwiesen wird; er hat die Ausbildung des Lehrlings entweder selbst oder durch einen geeigneten, ausdrücklich dazu bestimmten Vertreter zu leiten. Die Unterweisung hat in der durch den Zweck der Ausbildung gebotenen Reihenfolge und Ausdehnung zu geschehen.

Der Lehrherr darf dem Lehrlinge die zu seiner Ausbildung erforderliche Zeit und Gelegenheit durch Verwendung zu anderen Dienstleistungen nicht entziehen; auch hat er ihm die zum Besuche des Gottesdienstes erforderliche Zeit und Gelegenheit zu gewähren. Er hat den Lehrling zur Arbeitsamkeit und zu guten Sitten anzuhalten.

In Betreff der Verpflichtung des Lehrherrn, dem Lehrlinge die zum Besuche einer Fortbildungsschule erforderliche Zeit zu gewähren, bewendet es bei den Vorschriften des § 120 der Gewerbeordnung.

§ 77. Die Dauer der Lehrzeit bestimmt sich nach dem Lehrvertrag, in Ermangelung vertragsmäßiger Festsetzung nach den örtlichen Verordnungen oder dem Ortsgebrauche.

Das Lehrverhältnis kann, sofern nicht eine längere Probezeit vereinbart ist, während des ersten Monats nach dem Beginne der Lehrzeit ohne Einhaltung einer Kündigungsfrist gekündigt werden. Eine Vereinbarung, nach der die Probezeit mehr als drei Monate betragen soll, ist nichtig.

Nach dem Ablaufe der Probezeit finden auf die Kündigung des Lehrverhältnisses die Vorschriften der §§ 70 bis 72 Anwendung. Als ein wichtiger Grund zur Kündigung durch den Lehrling ist es insbesondere auch anzusehen, wenn der Lehrherr seine Verpflichtungen gegen den Lehrling in einer dessen Gesundheit, Sittlichkeit oder Ausbildung gefährdenden Weise vernachlässigt.

Im Falle des Todes des Lehrherrn kann das Lehrverhältnis innerhalb eines Monats ohne Einhaltung einer Kündigungsfrist gekündigt werden.

§ 78. Wird von dem gesetzlichen Vertreter des Lehrlings oder, sofern dieser volljährig ist, von ihm selbst dem Lehrherrn die schriftliche Erklärung abgegeben, daß der Lehrling zu einem anderen Gewerbe oder zu einem anderen Beruf übergehen werde, so endigt, wenn nicht der Lehrling früher entlassen wird, das Lehrverhältnis nach dem Ablauf eines Monats.

Tritt der Lehrling der abgegebenen Erklärung zuwider vor dem Ablaufe von neun Monaten nach der Beendigung des Lehrverhältnisses in ein anderes Geschäft als Handlungslehrling oder als Handlungsgehilfe ein, so ist er dem Lehrherrn zum Ersatze des diesem durch die Beendigung des Lehrverhältnisses entstandenen Schadens verpflichtet. Mit ihm haftet als Gesamtschuldner der neue Lehrherr oder Prinzipal sofern er von dem Sachverhalte Kenntnis hatte.

§ 79. Ansprüche wegen unbefugten Austritts aus der Lehre kann der Lehrherr gegen den Lehrling nur geltend machen, wenn der Lehrvertrag schriftlich geschlossen ist.

§ 80. Bei der Beendigung des Lehrverhältnisses hat der Lehrherr dem Lehrling ein schriftliches Zeugnis über die Dauer der Lehrzeit und die während dieser erworbenen Kenntnisse und Fähigkeiten sowie über sein Betragen auszustellen.

Auf Antrag des Lehrlings hat die Ortspolizeibehörde das Zeugnis kosten- und stempelfrei zu beglaubigen.

§ 81. Personen, die nicht im Besitze der bürgerlichen Ehrenrechte sind, dürfen Handlungslehrlinge weder halten noch sich mit der Anleitung von Handlungslehrlingen befassen. Der Lehrherr darf solche Personen zur Anleitung von Handlungslehrlingen nicht verwenden.

Die Entlassung von Handlungslehrlingen, welche diesem Verbote zuwider beschäftigt werden, kann von der Polizeibehörde erzwungen werden.

§ 82. Wer die ihm nach § 62 Abs. 1, 2 oder nach § 76 Abs. 2, 3 dem Lehrlinge gegenüber obliegenden Pflichten in einer dessen Gesundheit, Sittlichkeit oder Ausbildung gefährdenden Weise verletzt, wird mit Geldstrafe bis zu einhundertfünfzig Mark bestraft.

Die gleiche Strafe trifft denjenigen, welcher entgegen der Vorschrift des § 81 Handlungslehrlinge hält, ausbildet oder ausbilden läßt.

[Gewerbegehilfen.] **§ 83.** Hinsichtlich der Personen, welche in dem Betrieb eines Handelsgewerbes andere als kaufmännische Dienste leisten, bewendet es bei den für das Arbeitsverhältnis dieser Personen geltenden Vorschriften.

IV. Sicherheitsmänner und Arbeiterausschüsse im Bergbau.

39] Preußisches Gesetz v. 28. Juli 1909 betr. die Abänderung des Allg. Berggesetzes v. 24. Juni $\frac{1865}{1892}$ — GS. S. 677.

[1. Kohlen-, Erz- u. Kaliwerke.] **§ 80 f.** Auf Steinkohlenbergwerken, auf unterirdisch betriebenen Braunkohlen- und Erzbergwerken sowie auf Kalisalzbergwerken oder auf selbständigen Betriebsanlagen dieser Art müssen, wenn darauf in der Regel mindestens 100 Arbeiter beschäftigt werden, Sicherheitsmänner und ein Arbeiterausschuß vorhanden sein.

[Zahl u. Wahl d. Sicherheitsmänner.] **§ 80 f a.** Die Zahl der Sicherheitsmänner ist, abgesehen von den Fällen § 80 f n, so zu bestimmen, daß auf jede zur Zeit der Wahl bestehende Steigerabteilung ein Sicherheitsmann entfällt.

§ 80 f b. Die Wahl der Sicherheitsmänner erfolgt nach Steigerabteilungen oder nach Fahrabteilungen (§ 80 f n): bei der Wahl nach Steigerabteilungen wählt jede Steigerabteilung einen Sicherheitsmann aus ihrer Mitte. Die Wahl ist unmittelbar und geheim.

Zur Wahl berechtigt sind nur volljährige Arbeiter, welche seit Eröffnung des Betriebs oder mindestens ein Jahr ununterbrochen auf dem Bergwerke gearbeitet haben. Die Sicherheitsmänner müssen mindestens 30 Jahre alt sein und seit der Eröffnung des Betriebs oder mindestens ein Jahr ununterbrochen auf dem Bergwerk und außerdem mindestens zwei Jahre auf gleichartigen Bergwerken desselben Bezirks unter Tage gearbeitet haben. Sie müssen mindestens fünf Jahre als Hauer beschäftigt gewesen sein. Sie dürfen weder selbst Gast- oder Schankwirtschaft betreiben, noch denselben Hausstand mit einem Angehörigen teilen, der ein solches Gewerbe betreibt. Wähler und Sicherheitsmänner müssen die bürgerlichen Ehrenrechte und die deutsche Reichsangehörigkeit besitzen, die Sicherheitsmänner überdies der deutschen Sprache in Wort und Schrift mächtig sein. Eine Unterbrechung der Arbeit liegt nicht vor, wenn Arbeiter alsbald nach Beendigung einer militärischen Dienstleistung, eines Ausstandes oder einer Aussperrung wieder zur Beschäftigung auf demselben Bergwerk angenommen werden, ohne inzwischen auf einem anderen Bergwerke beschäftigt gewesen zu sein.

Die Sicherheitsmänner sind auf mindestens ein und auf höchstens fünf Jahre zu wählen. Der Wahltermin ist vier Wochen vor der Wahl bekanntzugeben.

§ 80 f c. Soweit die Arbeiter von dem Rechte der Wahl der Sicherheitsmänner keinen Gebrauch machen, oder auf einem Bergwerk oder einer selbständigen Betriebsanlage Personen nicht vorhanden sind, die nach § 80 f 7 wahlberechtigt sind oder gewählt werden können, ist das Oberbergamt befugt, die Sicherheitsmänner zu ernennen. Auch kann das Oberbergamt unter besonderen Umständen die im § 80 f b Abs. 2 Satz 3 bezeichnete fünfjährige Beschäftigungszeit bis zu zwei Jahren herabsetzen.

[Zusammensetzung des Arbeiterausschusses]

§ 80 f d. Die Mitglieder des Arbeiterausschusses müssen in ihrer Mehrzahl nach Maßgabe des § 80 f e von den Arbeitern gewählt werden. Auf mindestens je 400 Mann der zur Zeit der Wahl vorhandenen Gesamtbelegschaft muß ein Vertreter entfallen; die Mindestzahl der Vertreter beträgt drei. Die Belegschaft über Tage muß, falls sie regelmäßig mindestens 100 Arbeiter umfaßt, bei der Zusammensetzung des Arbeiterausschusses angemessen berücksichtigt werden, mindestens aber durch ein von ihr aus ihrer Mitte gewähltes Mitglied vertreten sein.

§ 80 f e. Die Wahl der Mitglieder des Arbeiterausschusses erfolgt, soweit die Belegschaft unter Tage in Betracht kommt, durch die Sicherheitsmänner, soweit die Belegschaft über Tage in Betracht kommt, durch die Arbeiter über Tage. Die Wahl durch die Sicherheitsmänner geschieht unmittelbar und geheim und in der Weise, daß die Sicherheitsmänner tunlichst sogleich, spätestens aber innerhalb drei Tagen nach ihrer eigenen Wahl die Vertreter aus ihrer Mitte wählen. Ist die Anzahl der Sicherheitsmänner geringer, als für den Arbeiterausschuß erforderlich ist, so haben die wahlberechtigten Arbeiter eine Zuwahl aus solchen Arbeitern, welche das Erfordernis zum Amte als Sicherheitsmann besitzen, vorzunehman. Die Wahl durch die Arbeiter über Tage ist unmittelbar und geheim; es finden auf sie die Vorschriften im § 80 f b Absatz 2 Satz 1, 2, 4, 5 und 6 entsprechende Anwendung.

Die Verhältniswahl ist zulässig.

Die Mitglieder des Arbeiterausschusses sind auf dieselbe Zeitdauer zu wählen wie die Sicherheitsmänner.

§ 80 f f. Dem Werksbesitzer steht es frei, durch die Arbeitsordnung oder besondere Satzung die Zahl der in den Ausschuß zu wählenden Mitglieder höher festzusetzen oder zu bestimmen, daß alle Sicherheitsmänner Mitglieder des Arbeiterausschusses sind.

[Rechte u. Pflichten der Sicherheitsmänner]

§ 80 f g. Die Sicherheitsmänner sind in der Steigerabteilung, in der sie gewählt sind, zu beschäftigen. Sie haben die Befugnis, ihre Steigerabteilung zweimal im Monate zu befahren und sie in bezug auf die Sicherheit des Lebens und der Gesundheit der Arbeiter zu untersuchen. Ihre Befahrungen erfolgen in Begleitung eines Aufsichtsbeamten (§ 73). Den Tag und die Schicht der Befahrung bestimmt der Sicherheitsmann.

Außerdem haben die Sicherheitsmänner die Befugnis, an den Untersuchungen derjenigen in ihrer Steigerabteilung vorkommenden Unfälle teilzunehmen, welche nach § 204 Veranlassung zu einer Untersuchung durch den Revierbeamten geben. Die Werksverwaltung hat dem Sicherheitsmanne rechtzeitig von dem Zeitpunkte der Unfalluntersuchung Kenntnis zu geben.

Der Sicherheitsmann ist verpflichtet, die im Abs. 1 bezeichneten Befahrungen vorzunehmen, wenn der Arbeiterausschuß dies für notwendig erklärt.

Erachtet die Mehrheit des Arbeiterausschusses oder der Sicherheitsmänner (§ 80 f k) aus besonderen, auf bestimmte Tatsachen oder Wahrnehmungen gestützten, der Werksverwaltung mitzuteilenden Gründen außer den regelmäßigen Befahrungen (Abs. 1) weitere Befahrungen für notwendig, so ist der Sicherheitsmann der betreffenden Abteilung berechtigt und verpflichtet, diese Befahrungen vorzunehmen, sofern nicht die Werksverwaltung alsbald nach Kenntnis des Beschlusses gegen die beabsichtigte Befahrung Einspruch erhebt. In diesem Falle hat die

Werksverwaltung unverzüglich dem Bergrevierbeamten von der Sachlage Mitteilung zu machen. Die Kosten dieser außerordentlichen Befahrungen fallen den unterirdisch beschäftigten Arbeitern zur Last. Die Vorschriften des § 80 c Abs. 2 Satz 7 und 8 finden entsprechende Anwendung.

Die Werksverwaltung hat für jeden Sicherheitsmann ein besonderes Fahrbuch anzulegen. In dieses Fahrbuch hat der Sicherheitsmann sogleich nach beendigter Befahrung das Ergebnis derselben einzutragen. Der Betriebsführer hat das Fahrbuch nach jeder Befahrung einzusehen; er ist befugt, seine Bemerkungen zu den Eintragungen des Sicherheitsmannes zu machen. Im übrigen ist über die Einrichtung des Fahrbuchs, die zulässigen Eintragungen und seine Aufbewahrung in der zu erlassenden Ausführungsanweisung Bestimmung zu treffen.

Der Bergrevierbeamte ist jederzeit befugt, die Fahrbücher der Sicherheitsmänner einzusehen. Das gleiche Recht steht dem Arbeiterausschusse zu.

Eintragungen in das Fahrbuch, in denen die Besorgnis einer dringenden Gefahr ausgesprochen wird, sind durch den Betriebsführer unverzüglich zur Kenntnis des Bergrevierbeamten zu bringen. Gleichzeitig ist mitzuteilen, welche Anordnungen zur Beseitigung der Gefahr getroffen worden sind.

Auch im übrigen ist der Sicherheitsmann verpflichtet, die zu seiner Kenntnis gelangenden Zustände und Vorgänge, welche geeignet sind, das Leben oder die Gesundheit der Arbeiter zu gefährden, unverzüglich einem seiner Vorgesetzten zu melden. Abs. 7 findet auf diese Meldungen entsprechende Anwendung.

Der Sicherheitsmann ist ferner verpflichtet, bei Befahrungen seiner Steigerabteilung durch den Bergrevierbeamten diesen auf Erfordern zu begleiten und ihm jede Auskunft über die Sicherheitsverhältnisse der Steigerabteilung zu geben. Dasselbe gilt bei Befahrungen der Steigerabteilung durch das Hilfspersonal des Bergrevierbeamten.

Ebenso ist der Sicherheitsmann verpflichtet, auf Verlangen der Werksverwaltung eine Befahrung seiner Steigerabteilung (Absatz 1) vorzunehmen.

§ 80 f h. Der Sicherheitsmann erhält für jede von ihm nach den Vorschriften des § 80 f g Abs. 1, 2, 3, 9 und 10 vorgenommene Befahrung von der Werksverwaltung eine Entschädigung in Höhe des ihm entgangenen Arbeitsverdienstes.

§ 80 f i. Dem Arbeiterausschusse liegt es ob, darauf hinzuwirken, daß das gute Einvernehmen innerhalb der Belegschaft und zwischen der Belegschaft und dem Arbeitgeber erhalten bleibt oder wiederhergestellt wird. u.des Arbeiterausschusses.]

Der Arbeiterausschuß hat die in den §§ 80 c Abs. 2, 80 d Abs. 2, 3 und 80 g Abs. 1 [a]) bezeichneten

[a]) betr. Wahl eines Vertrauensmannes für Lohnabzüge, Unterstützungskasse (Strafgelder), Wohlfahrtseinrichtungen und Verhalten Minderjähriger, Arbeitsordnung.

Aufgaben. Außerdem hat er Anträge, Wünsche und Beschwerden der Belegschaft, die sich auf die Betriebs- und Arbeitsverhältnisse und die Wohlfahrtseinrichtungen des Bergwerks beziehen, zur Kenntnis des Bergwerksbesitzers zu bringen und sich darüber zu äußern. Er hat ferner die Befugnis nach näherer Vorschrift des § 80 f k und im § 80 f g Abs. 3 und 4 erwähnten Entscheidungen zu treffen.

Auf Verlangen von mindestens einem Viertel der Mitglieder des Arbeiterausschusses muß eine Sitzung anberaumt und der beantragte Beratungsgegenstand auf die Tagesordnung gesetzt werden.

§ 80 f k. An den die Sicherheit der Grube betreffenden, insbesondere den in § 80 f g Abs. 3 und 4 und § 80 f m bezeichneten Verhandlungen und Entscheidungen des Arbeiterausschusses nehmen auch die dem Arbeiterausschusse nicht angehörigen Sicherheitsmänner teil.

§ 80 f l. Scheidet ein Sicherheitsmann während seiner Wahlperiode aus seinem Amte aus, oder wird er durch Krankheit oder sonstige Umstände an der Fortsetzung seiner Tätigkeit als Sicherheitsmann verhindert, oder wird eine neue Steigerabteilung gebildet, so hat der Arbeiterausschuß einen der Sicherheitsmänner zu bestimmen, der für die betreffende Steigerabteilung die Rechte und Pflichten des Sicherheitsmannes hat. Auch kann der Werksbesitzer in einem solchen Falle die Vornahme einer Neuwahl veranlassen. Er muß dies tun, wenn es das Oberbergamt anordnet.

Beim Ausscheiden eines Arbeiterausschußmitglieds findet Ersatzwahl statt.

§ 80 f m. Der Arbeiterausschuß kann unter Zustimmung der Mehrheit der anwesenden Sicherheitsmänner beschließen, daß die regelmäßigen monatlichen Befahrungen der Sicherheitsmänner (§ 80 f g) bis auf anderweite Anordnung wegfallen. Der Beschluß tritt nach Genehmigung des Oberbergamts in Wirksamkeit. Er kann jederzeit durch einen gegenteiligen Beschluß des Arbeiterausschusses oder der Mehrheit der Sicherheitsmänner aufgehoben werden. Letzterer Beschluß bedarf nicht der Genehmigung.

[Wahlen nach Fahrabteilungen.]

§ 80 f n. Auf Antrag des Werksbesitzers kann das Oberbergamt genehmigen, daß die Wahl nach Fahrabteilungen erfolgt. Zu diesem Zwecke hat der Werksbesitzer das Bergwerk oder die selbständige Betriebsanlage in Fahrabteilungen einzuteilen. Die sämtlichen Baue einer Fahrabteilung müssen in höchstens drei Schichten befahren werden können. Die Vorschriften des § 80 f b Abs. 2 und 3 finden Anwendung. Die Wahl ist unmittelbar und geheim, die Verhältniswahl ist zulässig.

Die gewählten Sicherheitsmänner sind auf die verschiedenen Fahrabteilungen zu verteilen und in ihnen zu beschäftigen. Für die Abteilungen, in denen sie beschäftigt sind, haben sie die in

§§ 80 f g und 80 f h bezeichneten Rechte und Pflichten der Sicherheitsmänner, mit der Maßgabe, daß sie für jede der im § 80 f g Abs. 1 bezeichneten regelmäßigen Befahrungen bis zu drei Schichten verwenden dürfen.

Ist in einer Fahrabteilung kein Sicherheitsmann oder mehr als ein Sicherheitsmann beschäftigt, so hat der Arbeiterausschuß denjenigen Sicherheitsmann zu bestimmen, welcher für die betreffende Fahrabteilung die Rechte und Pflichten eines Sicherheitsmannes hat. § 80 f l findet entsprechende Anwendung

[Erlöschen] **§ 80 f o.** Das Amt eines Sicherheitsmanns und das eines Arbeiterausschußmitglieds erlischt, sobald er aus dem Arbeitsverhältnis ausscheidet oder eine andere Voraussetzung seiner Wählbarkeit verliert.

Einem Sicherheitsmanne kann indes zu einem früheren Zeitpunkt als zum Ablaufe seiner Wahlperiode das Arbeitsverhältnis durch den Werksbesitzer nur gekündigt werden:

1. wenn er seinen Verpflichtungen als Sicherheitsmann nicht nachkommt;
2. wenn sonst Tatsachen vorliegen, die ihn als nicht geeignet zur Fortsetzung seiner Tätigkeit als Sicherheitsmann erscheinen lassen;
3. wenn er seine Tätigkeit als Sicherheitsmann zu Zwecken mißbraucht, die mit seinem Amte als Sicherheitsmann nicht im Zusammenhange stehen;
4. wenn wichtige Gründe anderer Art vorliegen, die mit der Ausübung seines Amtes als Sicherheitsmann nicht zusammenhängen.

In den Fällen des § 82 kann auch ein Sicherheitsmann vor Ablauf der vertragsmäßigen Arbeitszeit und ohne Aufkündigung entlassen werden.

Von einem jeden Ausscheiden eines Sicherheitsmanns, sei es infolge Kündigung oder Entlassung durch den Werksbesitzer, sei es infolge eigener Kündigung oder Aufgabe der Arbeit durch den Sicherheitsmann, ist der Bergrevierbeamte unverzüglich durch den Werksbesitzer in Kenntnis zu setzen. Auf Antrag eines Beteiligten ist der Revierbeamte verpflichtet, die Gründe des Ausscheidens zu untersuchen und seine Vermittlung eintreten zu lassen.

§ 80 f p. Über die Organisation, Wahl, Zuständigkeit und Geschäftsführung des Arbeiterausschusses sowie über die Wahl und Tätigkeit der Sicherheitsmänner sind in den Arbeitsordnungen oder in besonderen Satzungen die Befugnisse des Arbeiterausschusses und der Sicherheitsmänner zu erweitern. [Satzungen.]

§ 80 f q. Das Oberbergamt entscheidet über Beschwerden, betreffend die Gültigkeit der Wahlen (§§ 80 f b, 80 f d, 80 f e, 80 f l, 80 f n). [Oberbergamt.]

Das Oberbergamt ist befugt, einen Arbeiterausschuß, der seine Zuständigkeit überschreitet, aufzulösen. Der Auflösung muß eine Verwarnung durch das Oberbergamt vorausgehen.

Das Oberbergamt kann einen Sicherheitsmann, der seinen im § 80 f g Abs. 3, 4, 5, 8, 9 und 10 bezeichneten Verpflichtungen nicht nachkommt, seines Amtes entheben. Die Entscheidung erfolgt nach Ladung und Anhörung der Beteiligten in öffentlicher Sitzung auf Grund mündlicher Verhandlung durch einen mit Gründen zu versehenden Beschluß. Auf das Verfahren finden die §§ 71 bis 73 und 75 bis 81 des Gesetzes über die allgemeine Landesverwaltung vom 30. Juli 1883 (GS. S. 195) entsprechende Anwendung.

§ 80 f r. Die in den Arbeitsordnungen oder in besonderen Satzungen enthaltenen Bestimmungen über die Verwendung der Strafgelder und die Verwaltung der Unterstützungskassen, über die Organisation, Wahl, Zuständigkeit und Geschäftsführung des Arbeiterausschusses sowie über die Sicherheitsmänner unterliegen der Genehmigung des Oberbergamts. Abgesehen von den Vorschriften über die Wahlen, darf die Genehmigung nur versagt werden, wenn die Bestimmungen gegen die Gesetze verstoßen.

[2. Andere Werke.]

§ 80 f s. Auf denjenigen Bergwerken oder selbständigen Betriebsanlagen, welche nicht zu den im § 80 f bezeichneten gehören, muß, sofern auf ihnen in der Regel mindestens einhundert Arbeiter beschäftigt werden, ein Arbeiterausschuß vorhanden sein. Die Mitglieder dieses Ausschusses müssen in ihrer Mehrzahl von den Arbeitern des Bergwerkes oder der selbständigen Betriebsanlage in unmittelbarer und geheimer Wahl gewählt werden. Die Verhältniswahl ist zulässig. Die Zahl der Vertreter soll mindestens drei betragen.

Die in den §§ 80 f b Abs. 2, Satz 1, 2, 4, 5 und 6, Abs. 3, 80 f i, 80 f l Abs. 2, 80 f o, Abs. 1, 80 f p, 80 f q Abs. 1 und 2 und 80 f r für die Sicherheitsmänner und die Arbeiterausschüsse gegebenen Vorschriften finden auf die Mitglieder dieser Arbeiterausschüsse (Abs. 1) entsprechende Anwendung.

V. Lohn- und Arbeitszeit-Schutz im Kali-Gesetz.

Reichsgesetz über den Absatz von Kalisalzen, v. 25. Mai 1910: RGBl. S. 775. — Kl. Komm.: Schönemann, 1911. [40

§ 13. Sinkt auf einem Kaliwerke der innerhalb einer Arbeiterklasse im Jahresdurchschnitte für eine regelmäßige Arbeitsschicht gezahlte Lohn unter den für diese Klasse im Durchschnitt der Kalenderjahre 1907 bis 1909 gezahlten Lohn, so tritt für das folgende Jahr eine Kürzung der Beteiligungsziffer des Werkes im gleichen Verhältnis ein, in dem der Lohn der von der Lohnverminderung am stärksten betroffenen Arbeiterklasse gesunken ist.

Eine Kürzung der Beteiligungsziffer tritt ferner ein, wenn bei einer Arbeiterklasse die regelmäßige Arbeitszeit über die im

Jahre 1909 üblich gewesene verlängert wird, und zwar im Verhältnis der Verlängerung bei der am stärksten betroffenen Arbeiterklasse.

Die Kürzung der Beteiligungsziffer beträgt mindestens 10 vom Hundert...

§ 14. Eine Kürzung der Beteiligungsziffer findet nicht statt, soweit der Kaliwerkbesitzer nachweist, daß die Durchschnittslohnsätze weder bei den im Schichtlohn, noch bei den im Gedinge ausgeführten Arbeiten gegenüber den Lohnsätzen für gleichartige in den Jahren 1907 bis 1909 ausgeführte Arbeiten herabgesetzt worden sind.

§ 15. Von der Erhöhung der Beteiligungsziffer, die infolge der Abzüge eintritt, bleiben die Kaliwerksbesitzer ausgeschlossen, deren Beteiligungsziffer eine Kürzung auf Grund des § 13 erfährt.

§ 16. Die Bestimmungen der §§ 13 und 14 finden keine Anwendung auf die Kaliwerke, bei denen die Lohn- und Arbeitsbedingungen durch besondere, zwischen den Kaliwerksbesitzern und der durch geheime Stimmabgabe festgestellten Mehrheit der beteiligten Arbeiter abgeschlossene Verträge geregelt sind; die Verträge dürfen keine Bestimmungen enthalten, die das Vereinigungsrecht der Arbeiter verhindern oder verbieten.

§ 19. Kaliwerksbesitzer dürfen den ihnen zustehenden Anteil am Absatz ganz oder teilweise auf andere Kaliwerke übertragen und die Befugnis zum Absatz einzelner Sorten untereinander austauschen.

Werden wegen Übertragung von Beteiligungsziffern Arbeiter oder Beamte beschäftigungslos, ohne eine ihren Fähigkeiten entsprechende Arbeitsgelegenheit zu finden, oder erleiden sie eine Verminderung ihres Arbeitsverdienstes, so hat der übertragende Kaliwerksbesitzer ihnen den entstehenden Einnahmeausfall bis zur Dauer von 26 Wochen zu ersetzen. Für Streitigkeiten hierüber zwischen Kaliwerksbesitzer und Arbeiter ist, wo ein Gewerbegericht oder Berggewerbegericht besteht, dieses zuständig.

Übersteigt die Übertragung die Hälfte der Gesamtbeteiligung des übertragenden Kaliwerksbesitzers an reinem Kali, so bedarf sie der Genehmigung der zuständigen Landeszentralbehörde. Die Erteilung der Genehmigung ist von der Sicherstellung der im Abs. 2 genannten Entschädigungsansprüche abhängig zu machen. Vor der Erteilung sind die beteiligten Gemeinden zu hören.

§ 30. Die Verteilungsstelle besteht aus einem Vorsitzenden und 6 Beisitzern. Der Vorsitzende und 2 Beisitzer, sowie deren Vertreter werden vom Reichskanzler unter Zustimmung des Bundesrats ernannt. Sie dürfen weder Anteile privater Kaliwerke besitzen, noch an deren Erträgnis beteiligt sein. Die übrigen Beisitzer der Verteilungsstelle und deren Vertreter werden von den Kaliwerksbesitzern gewählt.

Bei der Entscheidung der Verteilungsstelle über die Kürzungen (§ 13) der Beteiligungsziffer wirken an Stelle zweier der vier von den Kaliwerksbesitzern gewählten Beisitzer zwei Beisitzer mit, die von den Arbeitervertretern der Knappschafts-Berufsgenossenschaft (§§ 113, 114 des Gewerbe-Unfallversicherungsgesetzes) nach näheren Bestimmungen des Bundesrats aus den beim Kalibergbau beschäftigten Arbeitern gewählt werden.

VI. Die Neuregelung der Hausarbeit.

a) Hausarbeitgesetz. Vom 20. Dezember 1911.

(RGBl. S. 976). [41

[„Hausarbeiter".] § 1. Für Werkstätten, in denen

1. jemand ausschließlich zu seiner Familie gehörige Personen gewerblich beschäftigt,
2. eine oder mehrere Personen gewerbliche Arbeit verrichten, ohne von einem den Werkstattbetrieb leitenden Arbeitgeber beschäftigt zu sein,

gelten neben den bestehenden reichsrechtlichen Vorschriften die Vorschriften dieses Gesetzes. Ausgenommen bleiben Werkstätten, in denen ausschließlich für den persönlichen Bedarf des Bestellers oder seiner Angehörigen gearbeitet wird.

Die im Abs. 1 Nr. 1, 2 bezeichneten Personen soweit sie nicht nach Satz 2 ausgenommen sind, gelten als Hausarbeiter im Sinne der folgenden Vorschriften.

[„Werkstätten".] § 2. Im Sinne dieses Gesetzes gelten als

1. Werkstätten neben den Werkstätten im Sinne des § 105 b Abs. 1 der Gewerbeordnung Räume, die zum Schlafen, Wohnen oder Kochen dienen, wenn darin gewerbliche Arbeit verrichtet wird, sowie im Freien gelegene gewerbliche Arbeitstellen. . .

§ 3. In denjenigen Räumen, in welchen Arbeit für Hausarbeiter ausgegeben oder Arbeit solcher Personen abgenommen wird, muß, soweit es sich nicht um Werkstätten der im § 1 Abs. 1 Satz 2 bezeichneten Art handelt, den Hausarbeitern durch offene Auslage von Lohnverzeichnissen oder Aushängen von Lohntafeln die Möglichkeit gegeben sein, sich über die für die einzelnen in diesen Räumen zur Ausgabe gelangenden Arbeiten jeweilig gezahlten Löhne zu unterrichten. Für das Ausarbeiten neuer Muster gilt diese Bestimmung nicht. [Lohnverz., Lohntafeln.]

Der Bundesrat kann zur Ausführung dieser Bestimmung nähere Anordnungen erlassen, gegebenenfalls für einzelne Bezirke. Er kann für bestimmte Gewerbezweige oder Betriebsarten auf Antrag Beteiligter Ausnahmen gewähren.

Der Bundesrat kann vorschreiben, daß, soweit das Arbeitsentgelt in Preisen zum Ausdruck kommt, die Preise gemäß Abs. 1, 2 bekanntgegeben werden. . .

[Lohnbücher, Arbeitszettel.] § 4. Wer Arbeit für Hausarbeiter ausgibt, ist, soweit nicht die Ausgabe in Werkstätten der im § 1 Abs. 1 Satz 2 bezeichneten Art stattfindet, verpflichtet, hierbei denjenigen, welche die Arbeit entgegennehmen, auf seine Kosten Lohnbücher oder Arbeitszettel auszuhändigen, welche Art und Umfang der Arbeit sowie die dafür festgesetzten Löhne oder Preise enthalten. Für das Ausarbeiten neuer Muster gilt diese Bestimmung nicht.

Für einzelne Gewerbezweige, Betriebsarten oder besondere Gruppen von Betrieben oder Hausarbeitern kann der Bundesrat auf Antrag Beteiligter Ausnahmen gewähren.

Soweit der Bundesrat auf Grund von § 114 a der Gewerbeordnung Lohnbücher oder Arbeitszettel vorgeschrieben hat, gelten die Vorschriften des Abs. 1, 2 nicht.

[Zeitversäumnis.] § 5. Die zuständige Polizeibehörde kann auf Antrag des Gewerbeaufsichtsbeamten durch Verfügung für einzelne Gewerbebetriebe hinsichtlich der Einrichtung der Betriebsstätte und der Regelung des Betriebs in den im § 3 Abs. 1 bezeichneten Räumen anordnen, was zur Vermeidung einer durch die Natur des Betriebs nicht gerechtfertigten Zeitversäumnis der Hausarbeiter bei der Empfangnahme oder Ablieferung von Arbeit erforderlich und nach der Natur der Anlage ausführbar erscheint. Für die Ausführung ist eine angemessene Frist zu setzen...

§ 6. Soweit sich in einzelnen Gewerbezweigen aus der Art der Beschäftigung Gefahren für Leben, Gesundheit oder Sittlichkeit ergeben, kann auf Antrag des Gewerbeaufsichtsbeamten die zuständige Polizeibehörde durch Verfügung für einzelne Werkstätten diejenigen Maßnahmen anordnen, welche zur Durchführung der folgenden Grundsätze erforderlich sind: [Gesundh., Sittlichk.]

1. Die Werkstätten, einschließlich der Betriebsvorrichtungen, Maschinen und Gerätschaften, sind so einzurichten und zu unterhalten, daß die Hausarbeiter gegen Gefahren für Leben und Gesundheit so weit geschützt sind, wie es die Natur des Betriebs gestattet.

   Insbesondere ist für genügendes Licht, ausreichenden Luftraum und Luftwechsel, Beseitigung des bei dem Betrieb entstehenden Staubes, der dabei entwickelten Dünste und Gase sowie der dabei entstehenden Abfälle zu sorgen.

   Zum Schutze gegen gefährliche Berührungen mit Maschinen oder Maschinenteilen sowie gegen andere in der Natur der Betriebsstätte oder des Betriebs liegende Gefahren sind die erforderlichen Vorrichtungen herzustellen.

2. Auf Gesundheit und Sittlichkeit der männlichen Hausarbeiter unter achtzehn Jahren und der Hausarbeiterinnen sind diejenigen besonderen Rücksichten zu nehmen, welche durch Alter und Ge-

schlecht dieser Arbeiter geboten sind.

3. Arbeiten, bei denen dies zur Verhütung von Gefahren für Leben oder Gesundheit erforderlich ist, dürfen nur in solchen Räumen verrichtet werden, welche ausschließlich hierfür benutzt werden.

Zur Durchführung der Nr. 2 kann über die Vorschriften im § 5 Abs. 1, § 13 Abs. 1, 2 des Gesetzes, betreffend Kinderarbeit in gewerblichen Betrieben, vom 30. März 1903 (RGBl. S. 113) hinaus die Beschäftigung von eigenen oder fremden Kindern im Sinne jenes Gesetzes von der Vollendung eines höheren Lebensalters abhängig gemacht oder ganz verboten werden. Für andere Hausarbeiter unter 16 Jahren kann Beginn und Ende der zulässigen täglichen Arbeitszeit sowie Dauer und Lage der Pausen vorgeschrieben werden. Ferner kann die Beschäftigung an Sonn- und Festtagen sowie während der von dem ordentlichen Seelsorger für den Katechumenen-, Konfirmanden-, Beicht- und Kommunionunterricht bestimmten Stunden verboten werden.

§ 7. Soweit sich in einzelnen Gewerbezweigen, insbesondere solchen, welche der Herstellung, Verarbeitung oder Verpackung von Nahrungs- oder Genußmitteln dienen, Gefahren für die öffentliche Gesundheit ergeben, kann die zuständige Polizeibehörde durch Verfügung für einzelne Werkstätten anordnen, wie diese und die Lagerräume einschließlich der Betriebsvorrichtungen, Maschinen und Gerätschaften einzurichten und zu unterhalten sind, und wie der Betrieb zu regeln ist, um die Gefahren auszuschließen.

Außerdem kann die Polizeibehörde anordnen, daß Räume, in denen Nahrungs- oder Genußmittel hergestellt oder verarbeitet werden, zu bestimmten anderen Zwecken nicht benutzt werden dürfen.

Die Bestimmungen des Abs. 1, 2 finden auch auf die im § 1 Abs. 1 Satz 2 aufgeführten Werkstätten Anwendung.

§ 10. Der Bundesrat kann bestimmen, welchen Anforderungen in einzelnen Arten der in §§ 6, 7 bezeichneten Werkstätten oder Lagerräume zur Durchführung der dort aufgestellten Grundsätze zu genügen ist.

Er kann die Verrichtung solcher Arbeiten in der Hausarbeit verbieten, welche mit erheblichen Gefahren für Leben, Gesundheit oder Sittlichkeit der Hausarbeiter oder für die öffentliche Gesundheit verbunden sind.

Soweit nicht der Bundesrat Bestimmungen erläßt, kann die Landeszentralbehörde oder nach Anhören beteiligter Gewerbetreibender und Hausarbeiter die zuständige Polizeibehörde durch Polizeiverordnung sie erlassen. . .

§ 13. Gewerbetreibende, die außerhalb ihrer Arbeitsstätte in Werkstätten gewerbliche Arbeit verrichten lassen, sind verpflichtet, [Listenführung Ausweis.]

1. ein Verzeichnis derjenigen Personen, welchen sie Hausarbeit übertragen oder durch welche

außerhalb der Arbeitsstätte des Gewerbetreibenden die Übertragung erfolgt, unter Angabe der Betriebsstätte dieser Personen zu führen; das Verzeichnis ist auf Erfordern der Ortspolizeibehörde sowie den Gewerbeaufsichtsbeamten jederzeit zur Einsicht vorzulegen oder einzureichen,

2. sofern die Beschaffung eines Ausweises darüber vorgeschrieben ist, daß die Räume, in denen die Arbeit verrichtet wird, den an sie gestellten Anforderungen genügen, Hausarbeit nur für solche Werkstätten auszugeben, für welche ihnen dieser Ausweis vorgelegt wird.

Die entsprechende Verpflichtung liegt solchen Personen ob, welche, ohne daß sie eine Arbeitsstätte besitzen, für Gewerbetreibende außerhalb deren Arbeitsstätte Arbeit an Hausarbeiter übertragen.

[Fachausschüsse.] **§ 18.** Der Bundesrat kann für bestimmte Gewerbezweige und Gebiete, in denen Hausarbeiter beschäftigt werden, die Errichtung von Fachausschüssen beschließen...

§ 19. Die Fachausschüsse haben

1. die Staats- und Gemeindebehörden durch tatsächliche Mitteilungen und Erstattung von Gutachten zu unterstützen. Auf Ersuchen der Staats- und Gemeindebehörden haben sie bei Erhebungen über die gewerblichen und wirtschaftlichen Verhältnisse der in ihnen vertretenen Gewerbezweige in ihrem Bezirke mitzuwirken sowie Gutachten zu erstatten, insbesondere über:
   a) die Ausführung der §§ 3, 4, 10, 14 bis 16 dieses Gesetzes,
   b) die in ihrem Bezirke für die Auslegung von Verträgen und für die Erfüllung von Verbindlichkeiten zwischen Gewerbetreibenden und Hausarbeitern bestehende Verkehrssitte,
2. Wünsche und Anträge, die sich auf die gewerblichen und wirtschaftlichen Verhältnisse der in ihnen vertretenen Gewerbezweige in ihrem Bezirke beziehen, zu beraten,
3. Veranstaltungen und Maßnahmen, welche die Hebung der wirtschaftlichen Lage und der Wohlfahrt der Hausarbeiter zum Zwecke haben, anzuregen und auf Antrag der Vertreter der hierfür getroffenen Einrichtungen an deren Verwaltung mitzuwirken,
4. auf Ersuchen der Staats- und Gemeindebehörden in geeigneter Weise, insbesondere durch Vernehmung beteiligter Gewerbetreibender und Hausarbeiter sowie von Auskunftspersonen, die Höhe des von den Hausarbeitern tatsächlich erzielten Arbeitsverdienstes zu ermitteln, dessen Angemessenheit zu begutachten und Vorschläge für die Vereinbarung angemessener Entgelte zu machen,
5. auch sonst den Abschluß von Lohnabkommen oder Tarifverträgen zu fördern.

§ 20. Angelegenheiten, die lediglich die Verhältnisse eines einzelnen Betriebs betreffen, dürfen nicht in den Bereich der Tätigkeit der Fachausschüsse einbezogen werden.

§ 21. Die Fachausschüsse bestehen aus der gleichen Zahl von Vertretern der beteiligten Gewerbetreibenden und Hausarbeiter sowie einem Vorsitzenden und zwei Beisitzern. Der Vorsitzende und die Beisitzer müssen die erforderliche Sachkunde besitzen. Der Vorsitzende darf weder Gewerbetreibender noch Hausarbeiter sein.

Sofern Hausarbeiterinnen in größerer Zahl beschäftigt werden, müssen sie auf Seite der Hausarbeiter angemessen vertreten sein.

§ 22. Die Landeszentralbehörde bestimmt die Zahl der Vertreter. Sie ernennt den Vorsitzenden, die Beisitzer und nach Anhörung von beteiligten Gewerbetreibenden und Hausarbeitern je die Hälfte der Vertreter. Die andere Hälfte wird mit Stimmenmehrheit auf Seite der Gewerbetreibenden und der Hausarbeiter je von den ernannten Vertretern gewählt...

§ 27. Der den Hausarbeitern gewährte Entgelt ist Vergütung für Arbeiten oder Dienste, welche auf Grund eines Arbeits- oder Dienstverhältnisses geleistet werden, im Sinne des Gesetzes, betreffend die Beschlagnahme des Arbeits- oder Dienstlohns. [Lohnbeschlagnahme.

b) Ministerialerlaß vom 16. März 1912.

(HMBl. S. 94.) [42

Der durch das Gesetz neu geschaffene Begriff des Hausarbeiters ist, wie § 1 ergibt, kein wirtschaftlicher, sondern ein gewerbepolizeilicher, insofern durch das Gesetz über den Rahmen der bestehenden reichsgesetzlichen Vorschriften hinaus eine behördliche Regelung auch für diejenigen Betriebe ermöglicht werden soll, welche keine fremden Personen im Arbeitsverhältnis beschäftigen. Unter den Begriff des Hausarbeiters fallen auch, soweit sie nicht nach § 1 Abs. 1 Satz 2 ausgenommen sind, abweichend von § 119 b GewO. solche Personen, die nicht für bestimmte Gewerbetreibende arbeiten, sondern mit der Anfertigung gewerblicher Erzeugnisse auf Vorrat und unmittelbar für den Verbrauch beschäftigt sind. Anderseits sind solche Personen, die für bestimmte Gewerbetreibende außerhalb der Arbeitsstätten der letzteren mit der Anfertigung gewerblicher Erzeugnisse beschäftigt sind (§ 119 b GewO.), dann keine Hausarbeiter..., wenn sie ihrerseits wieder in ihren Werkstätten oder Arbeitsstuben Lohnarbeiter beschäftigen. Sie werden jedoch von den Vorschriften des Gesetzes über die Beschäftigung von Hausarbeitern insoweit erfaßt, als sie selbst noch solche beschäftigen.

Sogenannte Zwischenmeister, die in ihren Werkstätten oder Arbeitsstuben ausschließlich zu ihrer Familie gehörige Personen beschäftigen, gelten insoweit gemäß § 1 Abs. 1 Nr. 1 des Gesetzes als Hausarbeiter. Beschäftigen sie außerdem noch Hausarbeiter, so unterliegen sie gleichfalls den für die Beschäftigung von Hausarbeitern vorgesehenen gesetzlichen Bestimmungen.

Der Begriff der Beschäftigung in Familienbetrieben im Sinne des § 1 Abs. 1 Nr. 1 setzt, wie wir im übrigen bemerken, nicht das Vorhandensein eines gewerblichen Arbeitsvertrags und auf Seiten des Beschäftigten nicht die Eigenschaft eines gewerblichen Arbeiters voraus. Als beschäftigt gelten die Familienangehörigen vielmehr schon dann, wenn sie bei der Arbeit tatsächlich helfen.

43] c) **„Anweisung"** als Anlage dazu.

Behörden.

... als Polizeibehörde im Sinne der § 5 Abs. 1, § 6 Abs. 1 gilt der Gewerbeinspektor.

Bekanntgebung der Löhne (§ 3).

6. Näherer Prüfung bedarf es namentlich hinsichtlich solcher Gewerbezweige, in denen neben einer großen Zahl von Lohnsätzen zugleich regelmäßig ein häufiger Wechsel in diesen vorkommt, sowie hinsichtlich solcher Zweige der Hausarbeit, in welchen der Hausarbeiter das Erzeugnis aus einem von ihm zu beschaffenden Stoffe herstellt. In den letztbezeichneten Fällen kann es, je nachdem der zugrunde liegende Vertrag als Werkvertrag oder als Dienstvertrag angesehen wird, zweifelhaft sein, ob das dem Hausarbeiter gewährte Entgelt Preis oder Lohn darstellt (vgl. Lotmar, der Arbeitsvertrag nach dem Privatrecht des Deutschen Reiches Bd. I S. 183, 189, 196, 208/9, Bd. II 851/2, 885/6, 895, 903, 910). Soweit solche Zweifel bestehen, werden die einschlägigen Zweige der Hausarbeit, zumal die Zuwiderhandlung gegen den § 3 Abs. 1 im Gesetz unter Strafe gestellt ist, im allgemeinen dieser Vorschrift nur dann unterstellt werden können, wenn es sich in diesen Fällen zugleich als tunlich erweisen sollte, gemäß § 3 Abs. 3 auch die Bekanntgebung der Preise für die in Betracht kommenden Arbeitserzeugnisse anzuordnen. Inwieweit dies der Fall ist, wird gleichfalls näher zu prüfen sein.

Lohnbücher und Arbeitszettel (§ 4).

8. Damit die im § 34 des Gesetzes gleichfalls vorbehaltene Inkraftsetzung des § 4 vorbereitet wird, bedarf es auch insoweit alsbald einer näheren Prüfung, welche Ausnahmen etwa gemäß § 4 Abs. 2 in Frage kommen. Dabei bleibt nach § 4 Abs. 3 die Kleider- und Wäschekonfektion außer Betracht. (Vgl. Bekannt-

machung, betreffend die Einführung von Lohnbüchern für die Kleider- und Wäschekonfektion, vom 9. Dezember 1902, RGBl. S. 295.)

9. Ausnahmen werden gegenüber der allgemein verpflichtenden Vorschrift des Gesetzes lediglich damit, daß über den Arbeitsverdienst Unklarheit bei den Hausarbeitern nicht besteht, auch hier nicht begründet werden können...

Vermeidung unnötigen Zeitverlustes für die Hausarbeiter bei Empfangnahme und Ablieferung der Arbeit (§ 5).

10. Damit die bei der Empfangnahme und bei der Ablieferung der Arbeit für die Hausarbeiter entstehende Zeitversäumnis auf das durch die Natur des Betriebs erforderte und gerechtfertigte Maß beschränkt bleibt, haben die Gewerbeaufsichtsbeamten bei solchen Betrieben, welche Hausarbeiter in größerer Zahl beschäftigen und nicht ihrerseits die Arbeit den Hausarbeitern zustellen und sie von ihnen wieder abholen lassen, fortgesetzt darauf zu achten, daß die zur Ausgabe und Abnahme der Arbeit bestimmten Räume mit einer der Zahl der regelmäßig abzufertigenden Hausarbeiter angemessenen Zahl von Ausgabe- und Abnahmeschaltern oder sonstigen Abfertigungsstellen versehen, und daß diese Stellen auch entsprechend dem Bedürfnisse jeweilig in Betrieb sind. Für die Erreichung des angegebenen Zweckes kommt weiter auch eine zweckentsprechende Regelung des Betriebs in den Ausgabe- und Lieferstuben z. B. in der Richtung in Betracht, daß für die einzelnen Arten der Arbeitserzeugnisse oder auch für die Hausarbeiter je nach dem Anfangsbuchstaben ihrer Namen (z. B. von A bis M und von N bis Z) verschiedene Ausgabe- und Lieferzeiten festgesetzt werden. Mit Rücksicht auf die durch eine solche Regelung eintretende Beschränkung der Lieferfreiheit der Hausarbeiter wird es sich empfehlen, vorher die beteiligten Hausarbeiter zu hören. Auch kann, zumal für Betriebe mit einer erheblichen Zahl von Hausarbeitern, eine Anordnung darüber zweckdienlich sein, daß die an die einzelnen Hausarbeiter neu auszuteilende Arbeit nicht erst nach der Lieferung zusammengestellt, sondern soweit tunlich schon vorher bereitgelegt wird.

Polizeiliche Verfügungen (§§ 6 bis 9), Polizeiverordnungen (§ 10 Abs. 3, §§ 15, 16).

13. Polizeiliche Verfügungen auf Grund des § 6 können insoweit erlassen werden, als sich aus der Art der Beschäftigung Gefahren für Leben, Gesundheit oder Sittlichkeit und zwar nicht nur der Hausarbeiter selbst, sondern auch ihrer nicht gewerblich beschäftigten Familienange-

hörigen ergeben. Der Erlaß der Verfügung ist durch das Gesetz an den Antrag des Gewerbeaufsichtsbeamten geknüpft und damit noch besonders zum Ausdrucke gebracht, daß die Verfügungen in Anpassung an die Eigenart des Gewerbezweigs und unter pfleglicher Berücksichtigung der Lage des Einzelfalls ergehen sollen. Diesem Erfordernis des Gesetzes wird ohne weiteres dann genügt, wenn die Gewerbeinspektoren, wozu sie durch Nr. 2 dieser Anweisung hinsichtlich der Maßnahmen gemäß § 6 Abs. 1 ausschließlich für zuständig erklärt sind, die Verfügungen ihrerseits ohne Inanspruchnahme der Ortspolizeibehörde erlassen. Daß die Fassung des Gesetzes dem nicht entgegensteht, ist bei den Verhandlungen des Reichstags über den ähnlich gefaßten § 120 f Abs. 2 der GewO. (vergl. Gesetz, betreffend die Änderung der §§ 114a usw. der GewO., vom 27. Dezember 1911, RGBl. S. 139) ausdrücklich anerkannt.

Listenführung (§§ 13, 14).

25. Die Bestimmungen über Listenführung gelten ohne weiteres allgemein von dem Zeitpunkte des Inkrafttretens des Gesetzes ab. Vom 1. April 1912 an haben daher zu führen:

1. ein Verzeichnis der beschäftigten Hausarbeiter:
   die Unternehmer und die Leiter von Zweigstellen der Betriebe (§ 32 Abs. 1 des Gesetzes), soweit sie unmittelbar, d. h. nicht durch Zwischenmeister oder Ausgeber (Faktoren, Fergen) Hausarbeiter beschäftigen,
   die sogenannten Zwischenmeister für die von ihnen außerhalb ihrer Arbeitsstätten mit Hausarbeit beschäftigten Personen und
   die sogenannten Ausgeber, Faktoren oder Fergen (Personen ohne eigene gewerbliche Arbeitsstätte) für diejenigen Hausarbeiter, welchen sie für — meist an andern Orten wohnhafte — Gewerbetreibende Hausarbeit übertragen. . .
2. ein Verzeichnis der beschäftigten Zwischenmeister und Ausgeber (Faktoren, Fergen):
   die Unternehmer und die Leiter von Zweigstellen der Betriebe hinsichtlich solcher Personen, durch welche außerhalb der Betriebsstätten für die Betriebe die Übertragung von Arbeit an Hausarbeiter erfolgt, sei es, daß diese Personen — wie die Zwischenmeister — selbst zugleich an der Herstellung der Arbeitserzeugnisse mitbeteiligt sind, oder daß sie — wie die Ausgeber (Faktoren, Fergen) — in der Hauptsache nur die Ausgabe der Arbeit vermitteln.

Zwischenmeister, welche die übernommene Arbeit ausschließlich in ihren eigenen Arbeitsstuben und Werkstätten ausführen lassen, also daneben nicht noch an Hausarbeiter weiterübertragen, sind in das Verzeichnis nicht aufzunehmen.

... Für solche Hausarbeitszweige, welche wegen der aus der Art der Beschäftigung sich ergebenden Gefahren für Leben, Gesundheit oder Sittlichkeit (§ 6 des Gesetzes) die besondere Überwachung durch die Gewerbeaufsichtsbeamten erfordern, werden Kataster der im Gewerbeinspektionsbezirke belegene Hausarbeiterbetriebe nicht wohl entbehrt werden können.

[Schlußbestimmung.]

34. Die nähere Anordnung wegen Errichtung von Fachausschüssen bleibt bis nach Erlaß der im § 24 des Gesetzes vorgesehenen Bestimmungen des Bundesrats über die Errichtung und die Zusammensetzung der Fachausschüsse sowie über das Verfahren bei diesen vorbehalten.

Berlin, den 16. März 1912.

Der Minister für Handel und Gewerbe. Dr. Sydow.

Der Minister des Innern. Im Auftrage. Dr. Freund.

VII. Gewerbegerichtsgesetz. Vom $\frac{\text{29. Juli 1890.}}{\text{29. Sept. 1901.}}$ [44

Textausg.: Reclam u. (im Anh. der GO.) Meyers Volksbibl.; kl. Kommentar: Mugdan-Cuno (Guttentag); Menzinger-Prenner (Beck); größerer: v. Schulz.

Erster Abschnitt. Errichtung und Zusammensetzung der Gewerbegerichte.

§ 1. Für die Entscheidung von gewerblichen Streitigkeiten zwischen Arbeitern einerseits und ihren Arbeitgebern andererseits sowie zwischen Arbeitern desselben Arbeitgebers können Gewerbegerichte errichtet werden.

Die Errichtung erfolgt für den Bezirk einer Gemeinde durch Ortsstatut...

Imgleichen kann ein Gewerbegericht für den Bezirk eines weiteren Kommunalverbandes errichtet werden...

Die Errichtung kann auf Antrag betheiligter Arbeitgeber oder Arbeiter durch Anordnung der Landes-Zentralbehörde erfolgen, wenn ungeachtet einer von ihr an die betheiligten Gemeinden oder den weiteren Kommunalverband ergangenen Aufforderung innerhalb der gesetzten Frist die Errichtung auf dem in Abs. 2 bis 4 vorgesehenen Wege nicht erfolgt ist. Alle Bestimmungen, welche dieses Gesetz dem Statute vorbehält, erfolgen in diesem Falle durch die Anordnung der Landes-Zentralbehörde.

Vor der Errichtung sind sowohl Arbeitgeber als Arbeiter der hauptsächlichen Gewerbezweige und Fabrikbetriebe in entsprechender Anzahl zu hören.

§ 2. Für Gemeinden, welche nach der jeweilig letzten Volkszählung mehr als zwanzigtausend Einwohner haben, muß ein Gewerbegericht errichtet werden. Die Landes-Zentralbehörde hat erforderlichen Falles die Errichtung nach Maßgabe der Vorschriften des § 1 Abs. 5 anzuordnen, ohne daß es eines Antrags betheiligter Arbeitgeber oder Arbeiter bedarf.

§ 3. Als Arbeiter im Sinne dieses Gesetzes gelten diejenigen Gesellen, Gehülfen, Fabrikarbeiter und Lehrlinge, auf welche der siebente Titel der Gewerbeordnung Anwendung findet.

Imgleichen gelten als Arbeiter im Sinne dieses Gesetzes Betriebsbeamte, Werkmeister u. mit höheren technischen Dienstleistungen betraute Angestellte, deren Jahresarbeitsverdienst an Lohn oder Gehalt zweitausend Mark nicht übersteigt.

§ 4. Die Gewerbegerichte sind ohne Rücksicht auf den Werth des Streitgegenstandes zuständig für Streitigkeiten:

1. über den Antritt, die Fortsetzung oder die Auflösung des Arbeitsverhältnisses sowie über die Aushändigung oder den Inhalt des Arbeitsbuchs, Zeugnisses, Lohnbuchs, Arbeitszettels oder Lohnzahlungsbuchs,
2. über die Leistungen aus dem Arbeitsverhältnisse,
3. über die Rückgabe von Zeugnissen, Büchern, Legitimationspapieren, Urkunden, Geräthschaften, Kleidungsstücken, Kautionen und dergleichen, welche aus Anlaß des Arbeitsverhältnisses übergeben worden sind,
4. über Ansprüche auf Schadensersatz oder auf Zahlung einer Vertragsstrafe wegen Nichterfüllung oder nicht gehöriger Erfüllung der Verpflichtungen, welche die unter Nr. 1 bis 3 bezeichneten Gegenstände betreffen, sowie wegen gesetzwidriger oder unrichtiger Eintragungen in Arbeitsbücher, Zeugnisse, Lohnbücher, Arbeitszettel, Lohnzahlungsbücher, Krankenkassenbücher oder Quittungskarten der Invalidenversicherung.
5. über die Berechnung und Anrechnung der von den Arbeitern zu leistenden Krankenversicherungsbeiträge und Eintrittsgelder,
6. über die Ansprüche, welche auf Grund der Übernahme einer gemeinsamen Arbeit von Arbeitern desselben Arbeitgebers gegen einander erhoben werden.

Streitigkeiten über eine Konventionalstrafe, welche für den Fall bedungen ist, daß der Arbeiter nach Beendigung des Arbeitsverhältnisses ein solches bei anderen Arbeitgebern eingeht oder ein eigenes Geschäft errichtet, gehören nicht zur Zuständigkeit der Gewerbegerichte.

§ 5. Zur Zuständigkeit der Gewerbegerichte gehören ferner Streitigkeiten der in § 4 Abs. 1 Nr. 1 bis 5 bezeichneten Art zwischen Personen, welche für bestimmte Gewerbetreibende außerhalb der Arbeitsstätte der letzteren mit Anfertigung gewerblicher Erzeugnisse beschäftigt sind (Heimarbeiter, Hausgewerbetreibende), und ihren Arbeitgebern, sofern die Beschäftigung auf die Bearbeitung oder Verarbeitung der den ersteren von den Arbeitgebern gelieferten Rohstoffe oder Halbfabrikate beschränkt ist. Das Gleiche gilt von Streitigkeiten der in § 4 Abs. 1 Nr. 6 bezeichneten Art zwischen solchen Hausgewerbetreibenden untereinander.

Streitigkeiten derjenigen Hausgewerbetreibenden, welche die Rohstoffe oder Halbfabrikate selbst beschaffen, unterliegen der Zuständigkeit der Gewerbegerichte, soweit dies durch das Statut bestimmt ist.

§ 6. Durch die Zuständigkeit eines Gewerbegerichts wird die Zuständigkeit der ordentlichen Gerichte ausgeschlossen.

Schieds erträge, durch welche die Zuständigkeit der Gewerbegerichte für künftige Streitigkeiten ausgeschlossen wird, sind nur dann rechtswirksam, wenn nach dem Schiedsvertrage bei der Entscheidung von Streitigkeiten Arbeitgeber und Arbeiter in gleicher Zahl unter einem Vorsitzenden mitzuwirken haben, welcher weder Arbeitgeber oder Angestellter eines beteiligten Arbeitgebers, noch Arbeiter ist.

§ 8. Die Grenze der Zuständigkeit (§ 7) sowie die Zusammensetzung des Gerichts nach Maßgabe der Bestimmungen dieses Gesetzes ist durch das Statut zu regeln.

§ 10. Für jedes Gewerbegericht sind ein Vorsitzender und mindestens ein Stellvertreter desselben sowie die erforderliche Zahl von Beisitzern zu berufen; die Zahl der letzteren soll mindestens vier betragen.

Bei Gewerbegerichten, welche aus mehreren Abteilungen (Kammern) bestehen, können mehrere Vorsitzende bestellt werden.

§ 11. Zum Mitglied eines Gewerbegerichts soll nur berufen werden, wer das dreißigste Lebensjahr vollendet und in dem der Wahl vorangegangenen Jahre für sich oder seine Familie Armenunterstützung aus öffentlichen Mitteln nicht empfangen oder die empfangene Armenunterstützung erstattet hat. Als Beisitzer soll nur berufen werden, wer in dem Bezirke des Gerichts seit mindestens zwei Jahren wohnt oder beschäftigt ist.

Personen, welche zum Amte eines Schöffen unfähig sind (Gerichtsverfassungsgesetz §§ 31, 32), können nicht berufen werden.

§ 12. Der Vorsitzende sowie dessen Stellvertreter dürfen weder Arbeitgeber noch Arbeiter sein.

Sie werden durch den Magistrat und, wo ein solcher nicht vorhanden ist oder das Statut dies bestimmt, durch die Gemeindevertretung, in weiteren Kommunalverbänden durch die Vertretung des Verbandes auf mindestens ein Jahr gewählt.

§ 13. Die Beisitzer müssen

zur Hälfte aus den Arbeitgebern, zur Hälfte aus den Arbeitern entnommen werden.

Die ersteren werden mittelst Wahl der Arbeitgeber, die letzteren mittelst Wahl der Arbeiter bestellt. Die Wahl ist unmittelbar und geheim.

Die Wahl erfolgt auf mindestens ein Jahr und auf höchstens sechs Jahre. Eine Wiederwahl ist zulässig.

§ 14. Zur Theilnahme an den Wahlen (§ 13) ist nur berechtigt, wer das fünfundzwanzigste Lebensjahr vollendet und in dem Bezirke des Gewerbegerichts Wohnung oder Beschäftigung hat. Die im § 11 Abs. 2 bezeichneten Personen sind nicht wahlberechtigt...

Mitglieder einer Innung, für welche ein Schiedsgericht in Gemäßheit des § 81 b Nr. 4 und der §§ 91 bis 91 b der Gewerbeordnung errichtet ist, sowie deren Arbeiter sind weder wählbar noch wahlberechtigt.

§ 15. Die näheren Bestimmungen über die Wahl und das Verfahren bei derselben werden durch das Statut getroffen. Es kann insbesondere festgesetzt werden, daß bestimmte gewerbliche Gruppen je einen oder mehrere Beisitzer zu wählen haben. Auch ist eine Regelung nach den Grundsätzen der Verhältniswahl zulässig; dabei kann die Stimmabgabe auf Vorschlagslisten beschränkt werden, die bis zu einem im Statute festgesetzten Zeitpunkte vor der Wahl einzureichen sind.

Ist in dem Statute bestimmt, daß die Gemeindebehörde Wahllisten aufzustellen hat, so sind die Polizeibehörden sowie Krankenkassen, welche im Bezirke des Gewerbegerichts bestehen oder eine örtliche Verwaltungsstelle haben, verpflichtet, der Gemeindebehörde auf Verlangen die für die Fertigung der Wählerliste für Arbeitgeber und Arbeitnehmer erforderlichen Auskünfte zu geben, insbesondere Einsicht der Mitgliederverzeichnisse beziehungsweise der Gewerbeanzeigen zu gewähren.

§ 16. Als Arbeitgeber im Sinne der §§ 12 bis 14 gelten diejenigen selbständigen Gewerbetreibenden, welche mindestens einen Arbeiter (§ 3) regelmäßig das Jahr hindurch oder zu gewissen Zeiten des Jahres beschäftigen. Den Arbeitgebern stehen im Sinne der bezeichneten Vorschriften die mit der Leitung eines Gewerbebetriebs oder eines bestimmten Zweiges desselben betrauten Stellvertreter der selbständigen Gewerbetreibenden gleich, sofern sie nicht nach § 3 Abs. 2 als Arbeiter gelten.

Inwieweit die nach § 5 der Zuständigkeit der Gewerbegerichte unterstellten Hausgewerbetreibenden als Arbeitgeber oder als Arbeiter wahlberechtigt und wählbar sind, wird durch das Statut bestimmt.

§ 17. ... Die Wahl der Vorsitzenden und der Stellvertreter bedarf der Bestätigung der höheren Verwaltungsbehörde, in deren Bezirke das Gewerbegericht seinen Sitz hat. Diese Bestimmung findet auf Staats- oder Gemeindebeamte, welche ihr Amt kraft staatlicher Ernennung oder Bestätigung verwalten, keine Anwendung, solange sie dieses Amt bekleiden.

§ 20. Das Amt der Beisitzer ist ein Ehrenamt. Die Uebernahme kann nur aus den Gründen verweigert werden, welche zur Ablehnung eines unbesoldeten Gemeindeamts berechtigen. ... Wer das Amt eines Beisitzers sechs Jahre versehen hat, kann während der nächsten sechs Jahre die Uebernahme des Amtes ablehnen...

Die Beisitzer erhalten für jede Sitzung, der sie beigewohnt haben, Vergütung etwaiger Reisekosten und eine Entschädigung für Zeitversäumnis. Die Höhe der letzteren ist durch das Statut festzusetzen; eine Zurückweisung derselben ist unstatthaft.

§ 21. Ein Mitglied des Gewerbegerichts, hinsichtlich dessen Umstände eintreten oder bekannt werden, welche die Wählbarkeit zu dem von ihm bekleideten Amte nach Maßgabe dieses Gesetzes ausschließen, ist des Amtes zu entheben. Die Enthebung erfolgt durch die höhere Verwaltungsbehörde nach Anhörung des Betheiligten...

Ein Mitglied des Gewerbegerichts, welches sich einer groben Verletzung seiner Amtspflicht schuldig macht, kann seines Amtes entsetzt werden...

§ 24. Das Gewerbegericht verhandelt und entscheidet, soweit nicht in diesem Gesetz ein Anderes bestimmt ist, in der Besetzung von drei Mitgliedern mit Einschluß des Vorsitzenden.

Durch das Ortsstatut kann bestimmt werden, daß allgemein oder für gewisse Streitigkeiten eine größere Zahl von Beisitzern zuzuziehen ist.

In gleicher Weise ist zu bestimmen, nach welchen Grundsätzen der Vorsitzende die einzelnen Beisitzer zuzuziehen hat.

Arbeitgeber und Arbeiter müssen stets in gleicher Zahl zugezogen werden.

Zweiter Abschnitt. Verfahren.

§ 26. Auf das Verfahren vor den Gewerbegerichten finden, soweit im Nachstehenden nicht besondere Bestimmungen getroffen sind, die für das amtsgerichtliche Verfahren geltenden Vorschriften der Civilprozeßordnung entsprechende Anwendung.

§ 27. Zuständig ist dasjenige Gewerbegericht, in dessen Bezirke die streitige Verpflichtung zu erfüllen ist oder sich die gewerbliche Niederlassung des Arbeitgebers befindet oder beide Parteien ihren Wohnsitz haben.

Unter mehreren zuständigen Gewerbegerichten hat der Kläger die Wahl.

§ 31. Rechtsanwälte und Personen, welche das Verhandeln vor Gericht geschäftsmäßig betreiben, werden als Prozeßbevollmächtigte oder Beistände vor dem Gewerbegerichte nicht zugelassen.

§ 32. Die Zustellungen in dem Verfahren vor den Gewerbegerichten erfolgen von Amtswegen...

§ 35. Die zur Erledigung des Rechtsstreits erforderlichen Verhandlungstermine werden von dem Vorsitzenden von Amtswegen angesetzt...

§ 37. An ordentlichen Gerichtstagen können die Parteien zur Verhandlung des Rechtsstreits ohne Terminsbestimmung und Ladung vor dem Gericht erscheinen.

Die Erhebung der Klage erfolgt in diesem Falle durch den mündlichen Vortrag derselben. Die Klage ist zu Protokoll zu nehmen, falls die Sache streitig bleibt.

§ 39. Erscheint der Kläger im Verhandlungstermine nicht, so ist auf Antrag des Beklagten das Versäumni urt eil dahin zu erlassen, daß der Kläger mit der Klage abzuweisen sei.

Erscheint der Beklagte nicht und beantragt der Kläger das Versäumni urtheil, so werden die in der Klage behaupteten Thatsachen als zugestanden angenommen. Soweit dieselben den Klageantrag rechtfertigen, ist nach dem Antrage zu erkennen; soweit dies nicht der Fall, ist die Klage abzuweisen.

Bleiben beide Parteien aus, so ruht das Verfahren, bis die Ansetzung eines neuen Verhandlungstermins beantragt wird.

§ 40. Die Partei, gegen welche ein Versäumnißurtheil erlassen ist, kann binnen der Nothfrist von dreiTagen seit der an sie bewirkten Zustellung des Urt eils die Erklärung abgeben, daß sie Einspruch einlege...

Erscheint die Partei, welche den Einspruch eingelegt hat, auch in dem neuen Termine nicht, so gilt der Einspruch als zurückgenommen. Anderenfalls wird, sofern der Einspruch zulässig ist, der Prozeß in die Lage zurückversetzt, in welcher er sich vor Eintritt der Versäumniß befand.

§ 41. Erscheinen die Parteien in dem Termine, so hat das Gewerbegericht thunlichst auf eine gütliche Erledigung des Rechtsstreits hinzuwirken. Es kann den Sühneversuch in jeder Lage des Verfahrens erneuern und hat denselben bei Anwesenheit der Parteien am Schlusse der Verhandlung zu wiederholen...

§ 42. Kommt ein Vergleich nicht zu Stande, so ist über den Rechtsstreit zu verhandeln. Die Leitung der Verhandlung liegt dem Vorsitzenden ob. Derselbe hat dahin zu wirken, daß die Parteien über alle erheblichen Thatsachen sich vollständig erklären, die Beweismittel für ihre Behauptungen bezeichnen und die sachdienlichen Anträge stellen. Derselbe kann jederzeit das persönliche Erscheinen der Parteien anordnen und für den Fall des Nichterscheinens eine Geldstrafe bis zu einhundert Mark androhen. Gegen die Festsetzung der Strafe findet Beschwerde nach den Bestimmungen der Civilprozeßordnung statt.

Wird die Fortsetzung der Verhandlung in einem weiteren Termine nothwendig, insbesondere weil eine erforderliche Beweisaufnahme nicht sofort bewirkt werden kann, so ist der weitere Termin alsbald zu verkünden.

Der zur Beweisaufnahme vor dem Gericht anberaumte Termin ist zugleich zur Fortsetzung der Verhandlung bestimmt.

Erscheinen in dem zur Fortsetzung der Verhandlung bestimmten Termine die Parteien oder eine derselben nicht, so finden die Vorschriften der §§ 39, 40 Anwendung, auch wenn eine Beweisaufnahme vorausgegangen war.

§ 43. Die Beweisaufnahme erfolgt in der Regel vor dem Gewerbegerichte. Sie kann nur in den Fällen der §§ 372, 375, 382, 434, 479 der Civilprozeßordnung dem Vorsitzenden des Gerichts oder mittelst Ersuchens einem Amtsgericht übertragen werden.

Die Beweisaufnahme ist auch dann zu bewirken, wenn die Parteien oder eine derselben in dem für die Beweisaufnahme bestimmten Termine nicht erscheinen.

§ 44. Beschließt das Gericht die Vernehmung von Zeugen oder Sachverständigen, so sind dieselben, falls sie nicht von den Parteien zur Stelle gebracht sind, zu laden. Von der Ladung der Sachverständigen kann abgesehen werden, wenn schriftliche Begutachtung angeordnet wird.

Die Beeidigung der Zeugen und Sachverständigen erfolgt nur, wenn das Gericht die Beeidigung zur Herbeiführung einer wahrheitsgemäßen Aussage für not wendig erachtet oder wenn eine Partei dieselbe beantragt. Die Bestimmungen, nach welchen die Beeidigung in gewissen Fällen unzulässig ist (Civilprozeßordnung § 393), bleiben unberührt.

§ 48. Das Urtheil ist in dem Termin, in welchem die Verhandlung geschlossen wird, zu verkünden. Ist dies nicht ausführbar, so erfolgt die Verkündung in einem sofort anzuberaumenden Termine, welcher nicht über drei Tage hinaus anberaumt werden soll.

Die Wirksamkeit der Verkündung des Urtheils ist von der Anwesenheit der Parteien und der Beisitzer nicht abhängig.

§ 52. Die Verpflichtung der unterliegenden Partei, die Kosten des Rechtsstreits zu tragen, erstreckt sich auf die Erstattung der dem Gegner durch die Zuziehung eines Prozeßbevollmächtigten oder Beistandes entstandenen Auslagen nur unter der Voraussetzung, daß die Zuziehung durch besondere Umstände gerechtfertigt war, und nur in Ansehung des Betrags, welchen das Gericht für angemessen erachtet.

§ 53. Die nicht auf Grund einer mündlichen Verhandlung ergehenden Beschlüsse und Verfügungen werden, soweit nicht ein Anderes bestimmt ist, von dem Vorsitzenden allein erlassen…

§ 54. In dem ersten, auf die Klage angesetzten Termine kann die Zuziehung der Beisitzer unterbleiben.

Erscheint in dem Termine nur eine der Parteien, so erläßt der Vorsitzende das Versäumnisurt eil.

Erscheinen beide Parteien, so

hat der Vorsitzende einen Sühneversuch vorzunehmen. Kommt ein Vergleich zu Stande, so ist derselbe in Gemäßheit des § 41 Abs. 2 im Protokolle festzustellen. Das Gleiche gilt, wenn die Klage zurückgenommen oder wenn auf den Klageanspruch verzichtet oder wenn derselbe anerkannt wird; in diesen Fällen hat, sofern beantragt wird, die Rechtsfolgen durch Urtheil auszusprechen, der Vorsitzende das Urtheil zu erlassen.

Bleibt die Sache in dem Termine streitig, so hat der Vorsitzende die Entscheidung zu erlassen, wenn dieselbe sofort erfolgen kann und beide Parteien sie beantragen. Anderenfalls ist ein neuer Verhandlungstermin, zu welchem die Beisitzer zuzuziehen sind, anzusetzen und sofort zu verkünden. Zeugen und Sachverständige, deren Vernehmung der Vorsitzende für erforderlich erachtet, sind zu diesem Termine zu laden.

§ 55. In den vor die Gewerbegerichte gehörigen Rechtsstreitigkeiten finden die Rechtsmittel statt, welche in den zur Zuständigkeit der Amtsgerichte gehörigen bürgerlichen Rechtsstreitigkeiten zulässig sind. Die Berufung ist jedoch nur zulässig, wenn der Werth des Streitgegenstandes den Betrag von einhundert Mark übersteigt. Entscheidungen über die Festsetzung der Kosten einschließlich der gemäß § 52 ergangenen sind nicht anfechtbar.

Als Berufungs- und Beschwerdegericht ist das Landgericht, in dessen Bezirke das Gewerbegericht seinen Sitz hat, zuständig...

§ 56. Die Anfechtung einer Entscheidung des Gewerbegerichts kann auf Mängel des Verfahrens bei der Wahl der Beisitzer oder auf Umstände, welche die Wählbarkeit eines Beisitzers zu dem von ihm bekleideten Amte nach Maßgabe dieses Gesetzes ausschließen, nicht gestützt werden. Diese Vorschrift findet keine Anwendung, wenn die Anfechtung darauf gestützt wird, daß ein Beisitzer zu den im § 11 Abs. 2 bezeichneten Personen gehöre.

§ 57. Aus den Endurtheilen der Gewerbegerichte, welche rechtskräftig oder für vorläufig vollstreckbar erklärt sind, sowie aus den Vergleichen, welche nach Erhebung der Klage vor dem Gewerbegerichte geschlossen sind, findet die Zwangsvollstreckung statt.

Die der Berufung oder dem Einspruch unterliegenden Urtheile sind von Amtswegen für vorläufig vollstreckbar zu erklären, wenn sie die in Nr. 1 des § 4 bezeichneten Streitigkeiten betreffen oder der Gegenstand der Verurtheilung an Geld oder Geldeswerth die Summe von dreihundert Mark nicht übersteigt.

Die vorläufige Vollstreckbarkeit ist nicht auszusprechen, wenn glaubhaft gemacht wird, daß die Vollstreckung dem Schuldner einen nicht zu ersetzenden Nachtheil bringen würde; auch kann sie von einer vorgängigen Sicherheitsleistung abhängig gemacht werden...

§ 58. Für die Verhandlung des Rechtsstreits vor den Gewerbegerichten wird eine einmalige Gebühr nach dem Werthe des Streitgegenstandes erhoben.

Dieselbe beträgt bei einem Gegenstande im Werthe bis 20 Mk. einschließlich 1,00 Mk., von mehr als 20 Mk. bis 50 Mk. einschließlich 1,50 Mk., von mehr als 50 Mk. bis 100 Mk. einschließlich 3,00 Mk. Die ferneren Werthsklassen steigen um je einhundert Mark, die Gebühren um je drei Mark. Die höchste Gebühr beträgt dreißig Mark.

Wird der Rechtsstreit durch Versäumnißurtheil oder durch eine auf Grund eines Anerkenntnisses oder einer Zurücknahme der Klage erlassene Entscheidung erledigt, ohne daß eine kontradiktorische Verhandlung vorhergegangen war, so wird eine Gebühr in Höhe der Hälfte der oben bezeichneten Sätze erhoben.

Wird ein zur Beilegung des Rechtsstreits abgeschlossener Vergleich aufgenommen, so wird eine Gebühr nicht erhoben, auch wenn eine kontradiktorische Verhandlung vorausgegangen war.

Schreibgebühren kommen nicht in Ansatz. Für Zustellungen werden baare Auslagen nicht erhoben. Im Übrigen findet die Erhebung der Auslagen nach Maßgabe des § 79 des Gerichtskostengesetzes statt. Der § 2 desselben findet Anwendung.

Durch das Statut (§ 1 Abs. 2 bis 4) kann vorgeschrieben werden, daß Gebühren und Auslagen in geringerem Betrag oder gar nicht erhoben werden.

Dritter Abschnitt. Thätigkeit des Gewerbegerichts als Einigungsamt.

§ 62. Das Gewerbegericht kann bei Streitigkeiten zwischen Arbeitgebern und Arbeitern über die Bedingungen der Fortsetzung oder Wiederaufnahme des Arbeitsverhältnisses als Einigungsamt angerufen werden.

§ 63. Der Anrufung ist Folge zu geben, wenn sie von beiden Theilen erfolgt und die bet eiligten Arbeiter und Arbeitgeber — letztere sofern ihre Zahl mehr als drei beträgt — Vertreter bestellen, welche mit der Verhandlung vor dem Einigungsamt beauftragt werden.

Als Vertreter können nur Betheiligte bestellt werden, welche das fünfundzwanzigste Lebensjahr vollendet haben, sich im Besitze der bürgerlichen Ehrenrechte befinden und nicht durch gerichtliche Anordnung in der Verfügung über ihr Vermögen beschränkt sind.

Soweit Arbeiter in diesem Alter nicht, oder nicht in genügender Anzahl vorhanden sind, können jüngere Vertreter zugelassen werden.

Die Zahl der Vertreter jedes Theiles soll in der Regel nicht mehr als drei betragen. Das Einigungsamt kann eine größere Zahl von Vertretern zulassen.

Ob die Vertreter für genügend legitimirt zu erachten sind, entscheidet das Einigungsamt nach freiem Ermessen.

§ 64. Erfolgt die Anrufung nur von einer Seite, so soll der Vorsitzende dem anderen Theile oder dessen Stellvertretern oder Beauftragten Kenntniß geben und zugleich nach Möglichkeit dahin wirken, daß auch dieser Theil sich zur Anrufung des Einigungsamts bereit findet.

§ 65. Auch in anderen Fällen soll der Vorsitzende bei Streitigkeiten der im § 62 bezeichneten Art auf die Anrufung des Einigungsamts hinzuwirken suchen und dieselbe den Betheiligten bei geeigneter Veranlassung nahe legen.

§ 66. Der Vorsitzende ist befugt, zur Einleitung der Verhandlung und in deren Verlauf an den Streitigkeiten bet eiligte Personen vorzuladen und zu vernehmen. Er kann hierbei, wenn das Einigungsamt gemäß § 63 oder § 64 angerufen worden ist, für den Fall des Nichterscheinens eine Geldstrafe bis zu einhundert Mark androhen. Gegen die Festsetzung der Strafe findet Beschwerde nach den Bestimmungen der Civilprozeßordnung statt.

Eine Vertretung betheiligter Personen durch allgemeine Stellvertreter (§ 45 der Gewerbeordnung), Prokuristen oder Betriebsleiter ist zulässig.

§ 67. Das Gewe begericht, welches als Einigungsamt thätig wird, besteht neben dem Vorsitzenden aus Vertrauensmännern der Arbeitgeber und der Arbeiter in gleicher Zahl.

Die Vertrauensmänner sind von den Betheiligten zu bezeichnen. Erfolgt die Bezeichnung nicht, so werden die Vertrauensmänner durch den Vorsitzenden ernannt.

Einigen sich die Betheiligten über die Zahl der zuzuzie enden Vertrauensmänner nicht, so ist die Zahl derselben von dem Vorsitzenden auf mindestens zwei für jeden Theil zu bestimmen.

Die Vertrauensmänner dürfen nicht zu den Betheiligten gehören.

Der Vorsitzende ist befugt, eine oder zwei unbetheiligte Personen mit berathender Stimme zuzuziehen; vor der Zuziehung sind die beiden Theile zu hören.

§ 68. Das Einigungsamt hat durch Vernehmung der Vertreter beider Theile die Streitpunkte und die für die Beurtheilung derselben in Betracht kommenden Verhältnisse festzustellen.

Das Einigungsamt oder, im Falle des § 64, der Vorsitzende des Gewerbegerichts ist befugt, zur Aufklärung der in Betracht kommenden Verhältnisse Auskunftspersonen vorzuladen und zu vernehmen.

Jedem Beisitzer und Vertrauensmann steht das Recht zu, durch den Vorsitzenden Fragen an die Vertreter und Auskunftspersonen zu richten.

§ 69. Nach erfolgter Klarstellung der Verhältnisse ist in gemeinsamer Verhandlung jedem Theile Gelegenheit zu geben, sich über das Vorbringen des anderen Theiles sowie über die vorliegenden Aussagen der Auskunftspersonen zu äußern. Demnächst findet ein Einigungsversuch zwischen den streitenden Theilen statt.

§ 70. Kommt eine Vereinbarung zu Stande, so ist der Inhalt derselben durch eine von sämmtlichen Mitgliedern des Einigungsamts und von den Vertretern beider Theile zu unterzeichnende Bekanntmachung zu veröffentlichen.

§ 71. Kommt eine Vereinbarung nicht zu Stande, so hat das Einigungsamt einen Schiedsspruch abzugeben, welcher sich auf alle zwischen den Parteien streitigen Fragen zu erstrecken hat.

Die Beschlußfassung über den Schiedsspruch erfolgt mit einfacher Stimmenmehrheit. Stehen bei der Beschlußfassung über den Schiedsspruch die Stimmen sämmtlicher für die Arbeitgeber zugezogenen Vertrauensmänner denjenigen sämmtlicher für die Arbeiter zugezogenen gegenüber, so kann der Vorsitzende sich seiner Stimme enthalten und feststellen, daß ein Schiedsspruch nicht zu Stande gekommen ist.

§ 72. Ist ein Schiedsspruch zu Stande gekommen, so ist derselbe den Vertretern beider Theile mit der Aufforderung zu eröffnen, sich binnen einer zu bestimmenden Frist darüber zu erklären, ob sie sich dem Schiedsspruch unterwerfen. Die Nichtabgabe der Erklärung binnen der bestimmten Frist gilt als Ablehnung der Unterwerfung.

Nach Ablauf der Frist hat das Einigungsamt eine von sämmtlichen Mitgliedern desselben unterzeichnete öffentliche Bekanntmachung zu erlassen, welche den abgegebenen Schiedsspruch und die darauf abgegebenen Erklärungen der Parteien enthält.

§ 73. Ist weder eine Vereinbarung (§ 70) noch ein Schiedsspruch zustande gekommen, so ist dies von dem Vorsitzenden des Einigungsamts öffentlich bekannt zu machen.

§ 74. Das Gewerbegericht als Einigungsamt ist nicht zuständig, wenn bei der Streitigkeit ausschließlich Innungsmitglieder und deren Arbeiter betheiligt sind, und für die Innung zur Erfüllung der im § 81 a Nr. 2 der Gewerbeordnung bezeichneten Aufgabe ein besonderes Einigungsamt besteht, dessen Zusammensetzung und Thätigkeit durch das Statut entsprechend den Bestimmungen der §§ 63 bis 73 dieses Gesetzes geregelt sind. Rufen beide Theile das Gewerbegericht als Einigungsamt an, so ist dieses auch bei solchen Streitigkeiten zuständig.

Vierter Abschnitt. Gutachten und Anträge der Gewerbegerichte.

§ 75. Das Gewerbegericht ist verpflichtet, auf Ansuchen von Staatsbehörden oder des Vorstandes des Kommunalverbandes, für welchen es errichtet ist, Gutachten über gewerbliche Fragen abzugeben.

Das Gewerbegericht ist berechtigt, in gewerblichen Fragen Anträge an Behörden, an Vertretungen von Kommunalverbänden und an die gesetzgebenden Körperschaften der Bundesstaaten oder des Reichs zu richten.

Zur Vorbereitung oder Abgabe von Gutachten sowie zur Vorbereitung von Anträgen können Ausschüsse aus der Mitte des Gewerbegerichts gebildet werden.

Diese Ausschüsse müssen, sofern es sich um Fragen handelt, welche die Interessen beider Theile berühren, zu gleichen Theilen aus Arbeitgebern und Arbeitern zusammengesetzt sein.

Das Nähere bestimmt das Statut.

Fünfter Abschnitt. Verfahren vor dem Gemeindevorsteher...

Sechster Abschnitt. Schlußbestimmungen.

§ 81. Die Bestimmungen dieses Gesetzes finden keine Anwendung auf Gehülfen und Lehrlinge in Apotheken und Handelsgeschäften sowie auf Arbeiter, welche in den unter der Militär- oder Marineverwaltung stehenden Betriebsanlagen beschäftigt sind.

§ 84. Die Zuständigkeit der Innungen zur Entscheidung von Streitigkeiten zwischen Arbeitgebern und ihren Lehrlingen (Gewerbeordnung § 81 a Nr. 4, § 81 b Nr. 4) sowie die Zuständigkeit der Innungsschiedsgerichte Gewerbeordnung §§ 91 bis 91 b) erleiden durch dieses Gesetz keine Einschränkung.

Durch die Zuständigkeit einer Innung oder eines Innungsschiedsgerichts wird die Zuständigkeit eines für den Bezirk der Innung bestehenden oder später errichteten Gewerbegerichts ausgeschlossen.

45]
VIII. Gesetz, betr. Kaufmannsgerichte. Vom 6. Juli 1904.

Textausg.: Reclam; kl. Kommentar: Apt (Guttentag); größerer: v. Schulz.

Errichtung und Zusammensetzung der Kaufmannsgerichte.

§ 1. Zur Entscheidung von Streitigkeiten aus dem Dienst- oder Lehrverhältnisse zwischen Kaufleuten einerseits und ihren Handlungsgehilfen oder Handlungslehrlingen andererseits können bei vorhandenem Bedürfnisse Kaufmannsgerichte errichtet werden... [a])

§ 4. Auf Handlungsgehilfen, deren Jahresarbeitsverdienst an Lohn oder Gehalt den Betrag von fünftausend Mark übersteigt, sowie auf die in Apotheken beschäftigten Gehilfen und Lehrlinge finden die Vorschriften dieses Gesetzes keine Anwendung.

§ 5. Die Kaufmannsgerichte sind ohne Rücksicht auf den Wert des Streitgegenstandes zuständig für Streitigkeiten der im § 1 Abs. 1 bezeichneten Art, wenn die Streitigkeiten betreffen:

1. den Antritt, die Fortsetzung oder die Auflösung des Dienst- oder Lehrverhältnisses sowie

a) Weiter bis § 3 entsprechend dem GGG.

die Aushändigung oder den Inhalt des Zeugnisses;
2. die Leistungen aus dem Dienst- oder Lehrverhältnisse;
3. die Rückgabe von Sicherheiten, Zeugnissen, Legitimationspapieren oder anderen Gegenständen, welche aus Anlaß des Dienst- oder Lehrverhältnisses übergeben worden sind;
4. die Ansprüche auf Schadensersatz oder Zahlung einer Vertragsstrafe wegen Nichterfüllung oder nicht gehöriger Erfüllung der Verpflichtungen, welche die unter Nr. 1 bis 3 bezeichneten Gegenstände betreffen, sowie wegen gesetzwidriger oder unrichtiger Eintragungen in Zeugnisse, Krankenkassenbücher oder Quittungskarten der Invalidenversicherung;
5. die Berechnung und Anrechnung der von den Handlungsgehilfen oder Handlungslehrlingen zu leistenden Krankenversicherungsbeiträge und Eintrittsgelder (§§ 53 a, 65 des Krankenversicherungsgesetze);
6. die Ansprüche aus einer Vereinbarung, durch welche der Handlungsgehilfe oder Handlungslehrling für die Zeit nach Beendigung des Dienst- oder Lehrverhältnisses in seiner gewerblichen Tätigkeit beschränkt wird.

§ 6. Durch die Zuständigkeit eines Kaufmannsgerichts wird die Zuständigkeit der ordentlichen Gerichte ausgeschlossen.

Vereinbarungen, durch welche der Entscheidung des Kaufmannsgerichts künftige Streitigkeiten, welche zu seiner Zuständigkeit gehören, entzogen werden, sind nichtig.

§ 9. . . . Besteht am Sitze des Kaufmannsgerichts ein auf Grund des § 1 oder des § 2 des Gewerbegerichtsgesetzes errichtetes Gewerbegericht, so sind in der Regel dessen Vorsitzender und seine Stellvertreter, sofern auf sie die im § 11 Abs. 1 bezeichneten Voraussetzungen zutreffen, zugleich zum Vorsitzenden und zu stellvertretenden Vorsitzenden des Kaufmannsgerichts zu bestellen, auch gemeinsame Einrichtungen für die Gerichtsschreiberei, den Bureaudienst, die Sitzungs- und Bureauräumlichkeiten und dergleichen zu treffen.

§ 10. Zum Mitglied eines Kaufmannsgerichts können nicht berufen werden:
1. Personen weiblichen Geschlechts;
2. Ausländer;
3. Personen, welche die Fähigkeit zur Bekleidung öffentlicher Ämter infolge strafgerichtlicher Verurteilung verloren haben;
4. Personen, gegen welche das Hauptverfahren wegen eines Verbrechens oder Vergehens eröffnet ist, das die Aberkennung der bürgerlichen Ehrenrechte oder die Fähigkeit zur Bekleidung öffentlicher Ämter zur Folge haben kann;
5. Personen, welche infolge gerichtlicher Anordnung in der

Verfügung über ihr Vermögen beschränkt sind.

Zum Mitglied eines Kaufmannsgerichts soll nur berufen werden, wer das dreißigste Lebensjahr vollendet und in dem der Wahl vorangegangenen Jahre für sich und seine Familie Armenunterstützung aus öffentlichen Mitteln nicht empfangen oder die empfangene Armenunterstützung erstattet hat.

Zum Beisitzer soll nur berufen werden, wer im Bezirke des Gerichts seit mindestens zwei Jahren seine Handelsniederlassung hat oder beschäftigt ist.

§ 11. Als Vorsitzender und dessen Stellvertreter sollen Personen gewählt werden, welche die Fähigkeit zum Richteramt erlangt haben; auch können Personen gewählt werden, welche die Fähigkeit zum höheren Verwaltungsdienste besitzen. Ausnahmen kann die höhere Verwaltungsbehörde zulassen. Der Vorsitzende und seine Stellvertreter dürfen weder Kaufleute noch Handlungsgehilfen sein.

Sie werden durch den Magistrat und, wo ein solcher nicht vorhanden ist oder das Statut dies bestimmt, durch die Gemeindevertretung, in weiteren Kommunalverbänden durch die Vertretung des Verbandes auf mindestens ein Jahr gewählt.

Ihre Wahl bedarf der Bestätigung der höheren Verwaltungsbehörde, in deren Bezirke das Kaufmannsgericht seinen Sitz hat. Diese Bestimmung findet auf Staats- oder Gemeindebeamte, welche ihr Amt kraft staatlicher Ernennung oder Bestätigung verwalten, keine Anwendung, solange sie dieses Amt bekleiden. Einer Bestätigung bedarf es ferner nicht, wenn im Falle des § 9 Abs. 3 der Vorsitzende des Gewerbegerichts oder sein Stellvertreter zum Vorsitzenden oder zum stellvertretenden Vorsitzenden des Kaufmannsgerichts gewählt werden.

§ 12. Die Beisitzer müssen zur Hälfte aus den Kaufleuten, welche mindestens einen Handlungsgehilfen oder Handlungslehrling regelmäßig das Jahr hindurch oder zu gewissen Zeiten des Jahres beschäftigen, zur Hälfte aus den Handlungsgehilfen entnommen werden.

Die ersteren Beisitzer werden mittels Wahl der im Abs. 1 bezeichneten Kaufleute, die letzteten mittels Wahl der Handlungsgehilfen bestellt. Die Wahl der Beisitzer ist unmittelbar und geheim; sie findet nach den Grundsätzen der Verhältniswahl statt derart, daß neben den Mehrheitsgruppen auch die Minderheitsgruppen entsprechend ihrer Zahl vertreten sind. Hierbei kann die Stimmabgabe auf Vorschlagslisten beschränkt werden, die bis zu einem im Statute festgesetzten Zeitpunkte vor der Wahl einzureichen sind.

Die Wahl erfolgt auf mindestens ein Jahr und höchstens sechs Jahre. Eine Wiederwahl ist zulässig.

§ 13. Zur Teilnahme an den Wahlen ist berechtigt, wer das fünfundzwanzigste Lebensjahr vollendet hat und in dem Bezirke des Kaufmannsgerichts seine Handelsniederlassung hat oder beschäftigt ist.

Zur Teilnahme an den Wahlen sind nicht berechtigt die im § 10 Abs. 1 bezeichneten Personen.

§ 14. Den Kaufleuten im Sinne der §§ 11 bis 13 stehen gleich die Mitglieder des Vorstandes einer Aktiengesellschaft oder eingetragenen Genossenschaft oder einer als Kaufmann geltenden juristischen Person sowie die Geschäftsführer einer Gesellschaft mit beschränkter Haftung. Vorsteher oder Mitglieder eines verwaltenden oder beschließenden Organs einer Gemeinde oder eines weiteren Kommunalverbandes können zum Vorsitzenden eines Kaufmannsgerichts (§ 11 Abs. 1) auch dann gewählt werden, wenn die Gemeinde oder der weitere Kommunalverband ein Handelsgewerbe betreibt.

Verfahren.

§ 16. Auf das Verfahren vor den Kaufmannsgerichten finden die Vorschriften der §§ 26 bis 61 des Gewerbegerichtsgesetzes mit der Maßgabe entsprechende Anwendung, daß die Berufung gegen die Urteile der Kaufmannsgerichte nur zulässig ist, wenn der Wert des Streitgegenstandes den Betrag von dreihundert Mark übersteigt.

Die Vorschrift im § 11 der Civilprozeßordnung über die bindende Wirkung der rechtskräftigen Entscheidung, durch welche ein Gericht sich für sachlich unzuständig erklärt hat, findet auch in dem Verhältnisse der Kaufmannsgerichte und der Gewerbegerichte Anwendung.

Wird bei dem Kaufmannsgericht eine vor das Gewerbegericht gehörige Klage erhoben, so hat das Kaufmannsgericht, sofern für die Verhandlung und Entscheidung derselben ein Gewerbegericht besteht, durch Beschluß seine Unzuständigkeit auszusprechen und den Rechtsstreit an das Gewerbegericht zu verweisen. Eine Anfechtung des Beschlusses findet nicht statt; mit der Verkündung des Beschlusses gilt der Rechtsstreit als bei dem Gewerbegericht anhängig. Die in dem Verfahren vor dem Kaufmannsgericht erwachsenen Kosten werden als Teil der bei dem Gewerbegericht erwachsenen Kosten behandelt. Diese Vorschriften finden entsprechende Anwendung, wenn bei dem Gewerbegericht eine vor das Kaufmannsgericht gehörige Klage erhoben wird.

§ 17. Das Kaufmannsgericht kann bei Streitigkeiten zwischen Kaufleuten und Handlungsgehilfen oder Handlungslehrlingen über die Bedingungen der Fortsetzung oder Wiederaufnahme des Dienst- oder Lehrverhältnisses als Einigungsamt angerufen werden. Auf die Zusammensetzung und das Verfahren des Einigungsamts finden die Bestimmungen der §§ 63 bis 73 des Gewerbegerichtsgesetzes entsprechende Anwendung.

Gutachten und Anträge der Kaufmannsgerichte.

§ 18. Das Kaufmannsgericht ist verpflichtet, auf Ansuchen von Staatsbehörden oder des Vorstandes des Kommunalverbandes, für welchen es errichtet ist, Gutachten über Fragen abzugeben, welche das kaufmännische Dienst- oder Lehrverhältnis betreffen.

Das Kaufmannsgericht ist berechtigt, in den bezeichneten Fragen Anträge an Behörden, an Vertretungen von Kommunalverbänden und an die gesetzgebenden Körperschaften der Bundesstaaten oder des Reichs zu richten.

Zur Vorbereitung oder Abgabe von Gutachten sowie zur Vorbereitung von Anträgen können Ausschüsse aus der Mitte des Kaufmannsgerichts gebildet werden.

Diese Ausschüsse müssen, sofern es sich um Fragen handelt, welche die Interessen beider Teile berühren, zu gleichen Teilen aus Kaufleuten (§ 14) und Handlungsgehilfen zusammengesetzt sein.

Das Nähere bestimmt das Statut...

IX. Beispiele.

46] *Die Kenntnis der Gesetze reicht zur Kenntnis des Arbeiterschutzes nicht aus. Hierzu ist ferner erforderlich eine Kenntnis der Ausführungsbestimmungen; in der Anwendung auf einzelne Orte eine Information darüber, inwieweit Polizei- und Gemeindebehörden von gewissen Rechten der Einengung oder Erweiterung des Arbeiterschutzes Gebrauch gemacht haben, die wirkliche Gestaltung des Arbeitsvertrages in den einzelnen Fabriken, die Einrichtungen der Organisationen, die Vereinbarungen zwischen Arbeitgeber- und Arbeiterverbänden u. a. m. Das gesamte Material hierfür ist unermeßlich. Im folgenden sollen Fingerzeige dafür gegeben werden, welcher Art das hierfür in Betracht kommende Material ist, und wie es im Einzelfalle beschafft werden kann.*

47] **a) Ausführungsbestimmungen.** Die Verordnungen des Bundesrats finden sich in sämtlichen mittleren und größeren Ausgaben der GO. In ihnen dienen als Beispiele staatlicher Ausführungsbestimmungen in der Regel die preußischen (unter ihnen besonders reich an Einblicken in die Verhältnisse vieler einzelner Gewerbe die „Technische Anleitung" von 1895/1907 betr. bauliche Einrichtung). Die für Bayern bietet die Ausgabe von Reger (1911); Württemberg: Brenner (1907); Sachsen: Bernewitz (1901); Baden: Reiß (1905); Elsaß-Lothringen: Rabe (1903) usw.

48] **b) Polizeiverordnungen.** In den meisten größeren und mittleren Städten gibt es Sammlungen der Polizeiverordnungen, die im Buchhandel zu haben sind. So sind neuerdings erschienen für Berlin: Verlag Hayns Erben (Bd. 2: Gewerbepolizei 1910);

Hildesheim (hrsg. v. Gerland: Verlag Lax 1911); Hof (Verlag Grau 1911); Nürnberg (Verlag Schrag 1911) u. a. m.

49] **c) Ortsstatute,** Gemeindebeschlüsse usw. werden von den Ortsbehörden, soweit Einzeldrucke vorhanden sind, an Interessenten auf Wunsch, in der Regel unentgeltlich, abgegeben. In einigen Städten gibt es Sammlungen unter dem Titel „Bürgerbuch" u. ä. In „Berliner Gemeinderecht" (Berlin, Druck von W. u. S. Loewenthal) behandelt Band 7: „Gewerbeangelegenheiten". — Städtezentrale usw. s. u. Nr. 57. — Die wichtigsten Ortsstatute betreffen: Gewerbegericht, Kaufmannsgericht, Arbeitsnachweis, Fortbildungsschulpflicht, Erweiterung der kaufmännischen Sonntagsruhe.

Ein reiches und wichtiges Material bieten in den Städten, die die Verhältnisse ihrer Gemeindearbeiter generell geregelt haben, die einschlägigen Gemeinde- oder Magistratsbeschlüsse. So z. B. in Frankfurt a. M.: „Arbeiterordnung" (nebst Ausführungsbestimmungen und Bestimmungen über Dauer der täglichen Arbeitszeit), „Arbeiterausschußordnung", „Lohnordnung", „Bestimmungen über Entschädigung bei Beschäftigung an entfernten Arbeitsstellen", „Arbeiter-Pensionsbestimmungen" u. a. m.

50] **d) Arbeitsordnungen und Arbeiterausschuß-Satzungen** aus einzelnen Betrieben werden gesammelt in der Zentralst. f. Volksw. (s. u. Nr. 57). Daraus einzelne abgedruckt bei Albrecht, Handb. d. Wohlfahrtspfl., Berlin 1902, II, S. 106, 196—214. Die vielfach als Muster zitierten von Heinrich Freese, Berlin — Berlin-Hamburger Jalousiefabrik — 1907, und der Optischen Werkstätte von Carl Zeiß, Jena, 1906, werden von diesen Firmen an Interessenten auf Wunsch mitgeteilt. — Vgl. vorige u. folg. Nr.

51] **e) Formulare** sind für die Handhabung des Arbeiterschutzes unentbehrlich und geben gleichzeitig (z. B. für Arbeitsordnungen) ein ungefähres Bild davon, was im gewerblichen Leben in dieser Beziehung üblich ist. Umfangreiches „Formular-Magazin" von Carl Heymanns Verlag (Berlin W., Mauerstr. 33/4). Die Formulare betr. Arbeiterschutz sind enthalten in „Liste I"; eine Sammlung davon im Volkswirtschaftlichen Seminar der Handelshochschule Berlin.

52] **f) Gewerkschaftsstatuten, -beschlüsse, -berichte,** zahlreich vorhanden auch in den kleinsten Gewerkschaftsbibliotheken. Besonders bemerkenswert die „Streikreglements" der Zentralverbände der freien Gewerkschaften (z. B. der Sattler und Portefeuiller von 1909).

53] **g) Tarifverträge** (kollektive Arbeitsverträge, Arbeitsnormenverträge). Umfassendste Sammlung: „Der Tarifvertrag im Deutschen Reiche" = Beiträge zur Arbeiterstatistik 3—5, 8 (1906/8). Fortlaufender Abdruck geeigneter Beispiele im „Reichsarbeitsblatt" und im „Gewerbe- und Kaufmannsgericht". Reichhaltige

Sammlung Berliner Beispiele im „Berliner Jahrbuch für Handel und Industrie“ der Ältesten der Kaufmannschaft von Berlin, 1905—1907, je Band I, „Beigaben“. — Zur Charakteristik des ältesten und wichtigsten dieser Verträge, des Deutschen Buchdrucker-Tarifs von 1896/1912 (Text und „Kommentar“ zu beziehen durch das Tarifamt Deutscher Buchdrucker, Berlin SW., Friedrichstr. 239) werden hier Eingangsworte und Inhalt abgedruckt:

„Der Tarif ist der von den Prinzipalen und Gehilfen im deutschen Buchdruckgewerbe anerkannte Ausdruck dafür, was für ihre gegenseitigen Beziehungen und Leistungen allgemein als gerecht und billig anzusehen und rechtens sein soll.“

Übersicht des Inhalts.

I. Allgemeine Bestimmungen. § 1 Deutsche Arbeitszeit — § 2 Englische Arbeitszeit — § 3 Pausen — § 4 Minimallöhne — § 5 Anrechnung unbeschäftigter, Nachholen versäumter Arbeitszeit — § 6 Entschädigung für Überstunden — § 6a Schichtwechsel — § 6b Regelm. Nachtarbeit — § 6c Montagszeitung — § 7 Sonn- und Feiertagsarbeit — § 8 § 616 des BGB. — § 9 Auszahlen des Arbeitslohnes — § 10 Kündigung — § 11 Aushilfskonditionen — § 12 Lokalzuschläge — § 13 Zahl und Überwachung der Lehrlinge — § 14 Unwirksamkeit widersprechender Arbeitsordnungen.

II. Vom Handsatz im Berechnen (§§ 15—45).

III. Vom Maschinensatz.

A. Sonder-Bestimmungen für Maschinensetzer (§§ 46—56).

B. Bestimmungen für das Berechnen (§§ 57—72).

IV. Sonder-Bestimmungen für Maschinenmeister und Drucker (§§ 73 bis 74).

V. Sonder-Bestimmungen für Stereotypeure und Galvanoplastiker (§§ 80—81 a).

VI. Tarifgemeinschaft der Deutschen Buchdrucker (§§ 82—82 c).

VII. Mitgliedschaft bei der Tarifgemeinschaft (§ 82 d).

VIII. Organe der Tarifgemeinschaft: Tarifausschuß, Tarifamt, Kreisämter, Beschwerdeämter und Zentralbeschwerdeamt, Schiedsgerichte, Arbeitsnachweise, Tarifkreise (§ 83—96).

IX. Gültigkeitsdauer des Tarifes (§§ 97—98).

X. Was ist Arbeiterschutz? Von Prof. Dr. J. Jastrow.

54] Abschnitt eines Aufsatzes im: Archiv f. Rechts- u. Wirtschaftsphilosophie. 1912/3.

. . . Für eine Systematik des Arbeiterschutzes steht also fest, daß seine Gegenstände dieselben sind, wie die Gegenstände jedes Arbeitsvertrages. Eigentümlich ist ihm nicht irgendein Gegenstand, sondern nur die Art der Erledigung, nämlich durch gesetzlich zwingende Vorschrift: Arbeiterschutz ist gesetzliche Beschränkung des Arbeitsvertrages zum Schutze des Arbeiters.

Den Hauptinhalt jedes Arbeitsvertrages machen die Bestimmungen über Arbeitszeit und Arbeitslohn aus. Ihnen gegenüber können alle andern noch in Betracht kommenden Gegenstände unter dem unbestimmten Namen Arbeitsweise zusammengefaßt werden. Hiermit ist dann auch die Systematisierung des Arbeiterschutzes gegeben. Solange man an dem polizeilichen Ursprung des Arbeiterschutzes haften blieb, pflegte man die Maßregeln einzuteilen nach den „geschützten Kategorien“, je nachdem sie sich auf Kinder, Jugendliche oder Weibliche, oder mehrere dieser Kategorien zugleich, bezogen und fügte ihnen allenfalls anhangsweise einige Bestimmungen bei, die alle Arbeiter unterschiedslos betrafen. Eine Systematik der Maßregeln konnte auf diese Art niemals entstehen. Jetzt aber werden wir jede Maßregel bei dem Gegenstande buchen, auf den sie sich bezieht, ohne Rücksicht darauf, ob sie bloß für Jugendliche, für Weibliche oder für alle gilt. Hierbei wird sich übrigens herausstellen, daß schon jetzt die Maßregeln des Arbeiterschutzes, die für alle gelten, keineswegs so unbedeutend sind, daß man befugt wäre, sie noch als bloßen Anhang zu betrachten.

An der Spitze aller Bestimmungen über Arbeitszeit steht die weltgeschichtlich älteste Vorschrift allen Arbeiterschutzes: Du sollst den Feiertag heiligen. Schon um der Sonntagruhe willen können die Arbeitszeitbestimmungen nicht mehr als solche bezeichnet werden, die in der Hauptsache nur die geschützten Kategorien betreffen. Eher gilt dies von der Nachtarbeit und vom Maximalarbeitstage, wiewohl von letzterem immer weniger. Denn zur genauen Bestimmung der Arbeitszeit gehört nicht nur ihre Dauer, sondern auch die Festlegung genauer Zeitpunkte für Beginn und Ende, sowie für Pausen. Da Bundesrat und Landeszentralbehörden auf Grund von § 120 f aus hygienischen Gründen die Befugnis zur Festsetzung dieser Punkte haben, so kann dieser sogenannte sanitäre Maximalarbeitstag eine weitreichende Bedeutung gewinnen. Es ist in der Öffentlichkeit wenig bemerkt worden, daß es nach der Novelle von 1911 geltendes Recht geworden ist, daß jedem Betriebe in Deutschland sogar im Wege glatter Polizeiverfügung ein Maximalarbeitstag oktroyiert werden kann. Auf dem Wege der Bestimmung, daß Arbeitern bis zu 18 Jahren die Zeit zum Besuche der Fortbildungsschule gegeben werden muß, sind die Arbeiterschutzbestimmungen über Fortbildungsschulbesuch in diese Kategorie geklemmt worden.

In betreff des Arbeitslohnes herrscht die weit verbreitete Meinung, daß der Arbeiterschutz sich nicht an ihn heranwage. Diese Meinung rührt davon her, daß man gewöhnlich nur an die Bestimmung der Lohnhöhe denkt, die der Staat den Parteien überläßt. Aber außer dieser ziffermäßigen Bestimmung gibt es inbezug auf den Lohn noch manches andere zu regulieren. Zunächst die Fürsorge dafür, daß die Lohnbedingungen bestimmt und klargelegt werden. Die Bestimmungen der Gewerbeordnung über Zeit und Ort der Abrechnung und Lohnzahlung (§§ 134 b, 139 k) sind durch die Vorschriften der Novelle von 1911 über Lohnzettel, Lohntüten, Lohnbücher (§ 134 Abs. 2) und die des Hausarbeitsgesetzes über Lohnverzeichnisse und Lohntafeln stark vermehrt worden. Hierher gehört ferner die Vorschrift, daß die Löhne in Reichswährung berechnet und ausgezahlt werden müssen, sowie alle Einzelheiten des Truckverbots, die umfangreichen Bestimmungen (auch BGB. und HGB.) gegen Lohnbeschlagnahme, über Abzüge und Lohnverwirkungen usw., über Aufrechnung und Zurückbehaltung, sowie über die Möglichkeit ortsstatutarischer Regelung der Lohnfristen und etwaiger bestimmter Löhnungstage — z. B. Freitagslöhnung — (§§ 115—119 b auch BGB., Lohnbeschlagnahme-Gesetz usw.). Aber auch in betreff der Höhe des Lohnes selbst steht der Satz, daß der Staat hier halt machen müsse, keineswegs mehr unerschüttert da. Für eine Systematik des Arbeiterschutzes kommt (ohne daß hier für oder wider Stellung genommen werden soll) in Betracht, daß Neuseeland und Australien der Welt das Schauspiel einer staatlichen Lohnfestsetzung gegeben haben, daß England, kaum daß es sich 1909 entschlossen, für vier schwerbedrängte Hausindustrien diesen Einbruch in die freie Lohnfestsetzung zuzulassen, in dem großen Bergarbeiterstreik von 1912 für eine so umfangreiche Industrie, wie der britische Kohlenbau es ist, den gleichen Schritt tun mußte, und daß Frankreich für Frauenarbeit im Bekleidungsgewerbe eine ähnliche Maßregel berät. Im Reichstage ist bei Beratung des Hausarbeitsgesetzes ein dahingehender sozialdemokratischer Antrag zwar abgelehnt, aber die Einsetzung begutachtender Fachausschüsse wenigstens als ein moralisches Mittel in das Gesetz hineingeschrieben worden. Wer an der Systematisierung besondere Freude empfindet, kann unsere Arbeiterversicherungsgesetze hier anführen unter dem Gesichtspunkte, daß wenigstens die kleinen Teile des Lohnes, die zur Sicherung gegen Krankheit, Invalidität usw. bestimmt sind der Vereinbarung der Parteien entzogen und durch Gesetz festgelegt sind. Wichtiger ist jedoch, daß das Prinzip, der Lohn dürfe zur Arbeit nicht in einem auffälligen Mißverhältnis stehen, durch unsere Wuchergesetzgebung anerkannt ist. Und an einer Stelle, an der man Arbeiterschutzbestimmungen kaum suchen wird, nämlich im Kaligesetz, finden sich sehr originelle Vorschriften zur Verhinderung des Lohndruckes.

Die „Arbeitsweise“, wenn wir den oben vorgeschlagenen Sammelnamen festhalten wollen, kann an sich alle äußeren Bedingungen der Arbeit betreffen. Für jede menschliche Tätigkeit beziehen sich die wichtigsten Regelungen auf Raum und Zeit. Da die Regelung der Arbeitszeit einen besonderen Punkt bildet, so werden weitaus die meisten wichtigen Bestimmungen der Arbeitsweise den Raum und das Verhalten zu räumlichen Gegenständen (Maschinen usw.) betreffen. In der GO. spielt daher in den einschlägigen Arbeiterschutzbestimmungen die Einrichtung der Arbeitsräume, die Fürsorge für Lüftung, Beleuchtung usw. eine große Rolle (§§ 120 a—120e). In der Praxis wird eine wirksame Fürsorge für Innehaltung dieser Rücksichten fast nur bei der Genehmigung von Fabrikbauten zu erzielen sein. Es ist daher durchaus in Ordnung, wenn in Preußen die „Technische Anleitung" vom 15. Mai 1895 darauf aufmerksam macht, daß alle diese Arbeiterschutzbestimmungen (abgesehen von ihrer Erzwingbarkeit durch Polizeiverfügung) ausdrücklich dem Genehmigungsverfahren nach § 18 GO. unterstellt sind. . . Neben den Räumlichkeiten kämen dann noch organisatorische Bestimmungen, d. h. alle Bestimmungen über das Verhalten der Mitglieder der Arbeitsgemeinschaft in Betracht (also z. B. auf Grund § 120 e, für giftige Betriebe Verbot Branntwein mitzubringen). — Geordnet werden die Bestimmungen über Arbeitsweise wohl am besten nach den Rücksichten, die für ihren Erlaß maßgebend sind. Daß Rücksichten auf Gesundheit und Sittlichkeit die Hauptrolle spielen, liegt nach dem gesetzlichen Wortlaut klar zutage. Daneben müßte der Schutz der bürgerlichen Rechte und der Persönlichkeit überhaupt eine vielleicht noch größere Rolle spielen, ist aber in den bisherigen Gesetzgebungen wenig entwickelt, z. B. Vorschriften zur Wahrung des Koalitionsrechts, des staatlichen und kommunalen Wahlrechts usw. Bescheidene Anfänge liegen in gewissen Schutzbestimmungen für die Bekleidung von Ehrenämtern in der Arbeiterversicherung (RVO. §§ 22, 139/40). Prinzipiell wichtiger sind schon die Bestimmungen der Preußischen Bergnovelle (§ 80 fo.) gegen Kündigung der Sicherheitsmänner.

Danach würde sich für eine Systematik des Arbeiterschutzes etwa folgende Skizze ergeben (die selbstverständlich nicht Vollständigkeit erstreben, sondern nur an Beispielen veranschaulichen will):

1. Arbeitszeit. a) Sonntag, b) Nacht, c) Maximalarbeitstag, d) Beginn und Ende, Pausen, sanitärer Maximalarbeitstag. — Anhang: Fortbildungsschule.
2. Arbeitslohn. a) Fürsorge für Bestimmtheit (obligatorischer Bestandteil der Arbeitsordnung), Lohnzettel, Lohntüten, Lohnbuch, Lohnverzeichnisse, Lohntafeln. b) Art der Lohnzahlung: Truckverbot; Beschlagnahme, Abzüge, Aufrechnung, Lohnfristen und Löhnungstage, Ver ot der Lohnzahlung in Wirtshäusern. c) Höhe des Lohnes. Negativ: gegen Exzesse nach unten (Wucherparagraph, und „gute Sitten"). Positiv: australische und englische Lohnämter. In Deutschland allenfalls einige Keime. (s. o.)
3. Arbeitsweise: a) Gesundheitsschutz, (Bau, Lüftung, Unfallverhütung), b) Sittlichkeitsschutz, c) Schutz der bürgerlichen Rechte und der Persönlichkeit überhaupt.

Alles dieses bestimmt nur den Inhalt des Arbeitsvertrages. Seine Formalien werden aber ebenso vom Arbeiterschutz ergriffen. Zunächst sein Zustandekommen. Der Grundsatz von der Formlosigkeit der Verträge ist durchbrochen durch das Institut der Arbeitsordnungen. Früher oder später wird sich auch die Gesetzgebung entschließen müssen, an dieser Stelle die Kollektivverträge in irgendeiner Art einzuschieben. Hier ist der Punkt, wo die Regelung der Stellenvermittlung (Gelegenheit zum Abschluß von Arbeitsverträgen) mit dem ganzen Heer der sich daran schließenden Fragen in den Arbeiterschutz einmündet. Endlich negativ: die Ausrottung von Industrien als Verhinderung von Arbeitsverträgen. So wird das internationale Abkommen von 1906 gegen die Phosphorzündholzindustrie, ganz ebenso wie das gleichzeitige gegen die Frauen-Nachtarbeit, allgemein als Arbeiterschutz-Konvention bezeichnet.

Die dementsprechenden Bestimmungen über die Auflösung des Arbeitsvertrages sind praktisch von so großer Bedeutung, daß weitaus der größte Teil des Arbeiterschutzes, soweit er vom einzelnen Arbeiter geltend gemacht wird, in der Form einer Klage wegen rechtswidriger Entlassung erscheint. Das ist die große Bedeutung der Bestimmungen über Kündigung und kündigungslose Beendigung. Hierher gehören ferner die Bestimmungen über die Folgen der Kündigung oder der Auflösung (darunter auch die viel erörterte Konkurrenzklausel).

Fügt man noch das notwendige über Organe des Arbeiterschutzes hinzu, so würden zu den obigen drei Punkten über den Inhalt des Arbeitsvertrages drei weitere über seine Formalien hinzukommen:

4. Zustandekommen: Arbeitsordnung, Kollektiver Arbeitsvertrag; Bestimmtheit der Lohnverabredung, s. o. (auch Stellenvermittlung). Negativ: Ausrottung.
5. Auflösung: Kündigung, kündigungslose Beendigung, Folgen der Kündigung und der Auflösung (Zeit zum Aufsuchen eines andern Dienstverhältnisses, BGB. § 629, Zeugnis, Konkurrenzklausel), Vertragsbruch.
6. Organe des Arbeiterschutzes: Gewerbegerichte, Kaufmannsgerichte, Einigungsämter, Gewerbeinspektion, Arbeiterausschüsse, Koalitionen (Fachausschüsse, Arbeitsnachweise: s. o.) . . .

Dritter Teil: Beigaben.

I. Amtliche Zeitschriften über Arbeiterschutz.

geordnet nach Sprachgebieten. [55

dtsch., östr., holl., skandin. Reichsarbeitsblatt. Herausgegeben vom Kaiserlichen Statistischen Amte, Abt. f. Arbeiterstatistik. Berlin, Heymann. — seit 1904.

Soziale Rundschau. Hrsg. vom K. K. Arbeitsstatistischen Amte im Handelsministerium. Wien, Hölder, — seit 1900.

Maandschrift van het Centraal Bureau voor de Statistiek. 's Gravenhage, Druckerij Trio, — seit 1906.

Meddelanden från K. Kommers-Kollegii afdelning för Arbetsstatistik. Stockholm, Norstedt, — seit 1903.

Maanedsskrift for Socialstatistik, utg. av det Statistike Centralbyraa, Kristiania. Steen'ske boktrykkeri, — seit 1911 (als ‚Arbeitsmarkedet': 1903 — 1910).

Arbetsstatistik Tidskrift utg. af Industristyrelsen Finland (Revue de Statistique Ouvrière, r d. par l'Administr. Générale de la Finlande). Helsingfors, Senatens Tryckeri, — seit 1907.

engl., canad., austral., neuseeländ. The Board of Trade Labour Gazette, prepared and edited at the offices of the Board of Trade. London, Wyman, — seit 1893.

The Labour Gazette. The Journal of the Department of Labour. Publ. monthly by Order of Parliament — (Dominion of Canada —). Ottawa, Parmelee, — seit 1900/01.

Reports of Proceedings before the Boards of Conciliation and the Court of Arbitration (— Western Australia, The Industrial Conciliation and Arbitration Act 1902—). Publ. under the auth. of the Hon. the Colonial Secretary. Perth, Simpson, — seit 1902.

Journal of the Department of Labour, issued under the direction of the Hon. the Minister of Labour (— New Zealand —), Wellington, N-Z., Mackay, — seit 1893.

Awards, Agreements and Decisions under the Industrial Conciliation and Arbitration Act (— New-Zealand, Department of Labour —). Wellington, N-Z., Mackay, — seit 1902/3.

Bulletin of the Bureau of Labor (— Department of Commerce and Labor —), Washington, Governm. Printing Office, — seit 1896. amerik.

Bulletin of the Bureau of Labor Statistics of the State of New York. New York a. Albany, Crawford, — seit 1899.

Labor Bulletin (— The Commonwealth of Massachusetts, Bu-

reau of Statistics —). Boston, Wright & Potter.

franz., belg. Bulletin de l'office du travail (Ministère du Travail et de la Prèvoyance Sociale). Paris (Berger-Levrault), — seit 1894.

Revue du travail, publ. par l'office du travail de Belgique (Ministère de l'industrie et du travail). Bruxelles (Impr. van Bouggenhoudt), — seit 1896.

ital. Bolletino dell' Uffizio del Lavoro (— Ministero di Agricoltura, Industria e Commercio —). Roma, Officina Poligrafica Italiana, — seit 1904.

Bolletino dell' Ispettorato[a]) del Lavoro (— Ministero ecc., Uffizio del Lavoro —), Roma, Officina Poligrafica Italiana, — seit 1910.

Boletin del Instituto de Reformas Sociales. Madrid, Minuesa de los R os, — seit 1904. span., argentin.

Boletin del Departamento Nacional del Trabajo (— Republica Argentina —). Buenos Aires, Alsina, — seit 1907.

Boletim do Trabalho Industrial. (— Republica Portuguesa. Ministerio do Fomento, Direcçao Geral do Commercio e Industria, Reparteçao do Trabalho Industrial —). Lisboa, Imprensa Nacional. portug.

Bulletin des Internationalen Arbeitsamts [Basel]. Jena, Fischer, — seit 1902. internat.

II. Internationales Verzeichnis zentraler Sammel- und Auskunftsstellen.

56] *Die Sammlung des Nachrichtenstoffes über Arbeiterangelegenheiten ist fast in allen Ländern mit den in der vorigen Nummer aufgezählten Zeitschriften verbunden. Jede dort genannte Amtsstelle ist daher als zentrale Sammelstelle für ihr Land zu betrachten, und, schon dadurch, daß sie sämtlich ihre Veröffentlichungen untereinander austauschen, auch für andere Länder. Daneben gibt es eine große Reihe (meist privater oder halbamtlicher) Zentralen, die in der Beschaffung von Stoff und Rat für Interessenten ihre Hauptaufgabe erblicken. Es ist zwar keine von ihnen dem Arbeiterschutz als solchem gewidmet; aber sie widmen sich entweder umfangreichen Gebieten, in die der Arbeiterschutz mithineingehört, oder einzelnen Institutionen des Arbeiterschutzes.*

57]

Deutschland. Zentralstelle für Volkswohlfahrt. Berlin W., Augsburgerstraße 61.

Ständige Ausstellung für Arbeiterwohlfahrt. Charlottenburg, Fraunhoferstraße 11/12.

Archiv des Verbandes Deutscher Gewerbe- und Kaufmannsgerichte. Berlin W., Motzstraße 69 (Präsidium: Zimmerstr. 90/91).

— des Verbandes Deutscher Arbeitsnachweise. Berlin

a) In den andern Ländern erscheinen die Berichte der Gewerbeinspektoren lediglich als „Jahresberichte".

SO., Am Köllnischen Park 8.

Archiv der Deutschen Abteil. der Internationalen Vereinigung zur Bekämpfung der Arbeitslosigkeit. Berlin SO., Am Köllnischen Park 8.

Zentralstelle des Deutschen Städtetages. Berlin SO., Am Köllnischen Park 8.

Gewerkschafts-Bibliothek im Gewerkschaftshaus. Berlin SO., Engelufer 15 (Privateigentum des Leiters, Herrn Sassenbach; der Benutzung zugänglich: Di Mi Do Sd 9—12).

Soziales Museum. Frankfurt a. M., Jordanstr. 19I (Jügelhaus).

Kgl. Bayer. Arbeitermuseum München, Pfarrstr. 3.

Ausland. Centralstelle für soziale Literatur der Schweiz. Zürich, Seilergraben 31.

Centraal bureau voor sociale adviezen. Amsterdam, Vossuistraat 37.

British Institute for Social Service. London WC., Tavistock Square 4.

Musée Social. Paris, Rue Las Casas 3.

Office du travail législatif et parlementaire. Paris, 36 rue Vasseau.

Office central des oeuvres de bienfaisance. Paris, Boulevard St.-Germain 175.

Office social de Lyon.

Institut de sociologie Solvay. Brüssel, Parc Léopold.

Istituto Cesare Alfieri de Scienze Sociali, Florenz.

Instituto de las Reformas sociales. Madrid, Palacio de Los Consejos Mayor 93.

American Institute of Social Science. New York, 287 Fourth avenue.

Internationales Arbeitsamt. Basel, Rebgasse. internat.

III. Die Fachblätter der Arbeitgeber- und der Arbeiterorganisationen. [58

Für Studien über den Arbeiterschutz und seine praktische Anwendung in den einzelnen Gewerben ist es von höchster Wichtigkeit, sich über die Stellung der Arbeitgeber- und der Arbeiterorganisationen zu unterrichten. Diese gleichmäßige Orientierung wird dadurch erschwert, daß die literarische Vertretung beider Teile sehr ungleich ist. Die Arbeitgeber haben für ihre allgemeinen Berufsinteressen eine weit verzweigte Fachpresse, die aber auf Arbeiterfragen nur ausnahmsweise eingeht; über diejenigen Fachblätter, die speziell die Arbeitgeberseite des Unternehmertuns vertreten, ist kein offizielles Verzeichnis aufgestellt. Immerhin werden die beiden unten genannten Hauptorgane für die wichtigsten beteiligten Gewerbe ausreichende Einsatzpunkte gewähren; einzelne weitere sind genannt in Kulemann, Berufsvereine, Band 3, Jena 1908 (jedoch inzwischen mehrfache Veränderungen). Unter den verschiedenen Richtungen der Arbeiterorganisationen liefern die freien Gewerkschaften (gewöhnlich als sozialdemokratische bezeichnet) die Übersicht über ihre Fachpresse in der ersten Vierteljahrsnummer ihres „Correspondenzbla'tes" in einer „Adressenbeilage", die über das gesamte, diese Organisationen betreffende Adressenmaterial ausgiebig unterrichtet. Aber auch die literarische Vertretung der anderen Richtungen ist reicher und weiter verzweigt, als gewöhnlich angenommen wird. Soweit das Material hierfür von den Organisationen erreichbar war, wird es in folgendem gegeben. — Internationale Ergänzungen können z. T. entnommen werden aus dem „Bulletin périodique du bureau socialiste international". Brüssel. I, 1900, Nr. 5; II, 1911, Nr. 7.

Die Handlungsgehilfen-Zeitschriften sind größtenteils außerhalb dieser Verbände entstanden und sind daher gesondert aufgeführt.

59] **A. Arbeitgeber.**

Die Deutsche Arbeitgeber-Ztg. (Verein Deutsch. Arbeitgeb.-Verbände. Bund d. Arbeitgeberverb. Berlins. Deutscher Arbeitgeberbund f. d. Baugew. Gesamtverb. Deutscher Metallindustrieller. Arbeitgeb.-Verb. d. deutsch. Textilindustrie. Verb. v. Arbeitgeb. im bergischen Industriebezirk. Arbeitgeberverb. Hamburg-Altona. Arbeitgeb.-Verb. Unterelbe. Zentralverb. d. Isolierfirmen Deutschlands. Arbeitgeb.-Verb. f. Binnenschiffanrt u. verw. Gewerbe.) Chefredakt. W. G. H. Frh. v. Reiswitz-Hamburg. Berlin S., Oranienstraße 141. 1901.

Der Arbeitgeber. (Hauptstelle Deutscher Arbeitgeberverb.) Schriftleiter Dr. jur. Tänzler. Berlin C., Wallstr. 17/18.

60] **B. Arbeiter.**

1. Freie Gewerkschaften.

Zentral-Organ: „Correspondenzblatt der Generalkommission d. Gewerkschaften Deutschlands." Berlin SO, Engelufer 15 IV. 1891.

Der Asphaltarbeiter. Berlin SO, Engelufer 15 I.

Deutsche Bäcker- u. Konditoren-Zeitung. Hamburg I, Besenbinderhof 57/66.

(Bauarbeiter.) Der Grundstein. Hamburg 25, Wallstr. 1.

Bergarbeiter-Zeitung. Bochum, Wiemelhauserstr. 38/40.

Bildhauer-Zeitung. Berlin S, Bergmannstr. 68.

Der Blumenarbeiter. Berlin N. Stettinerstr. 30, v. IV.

Deutsche Böttcher-Zeitung. Bremen, Faulenstr. 58/60.

(Brauerei- u. Mühlenarbeiter.) Verbands-Zeitung. Berlin O, Schicklerstr. 6.

Buchbinder-Zeitung. Berlin S 59, Urbanstr. 63 I.

(Buchdrucker.) Korrespondent. Leipzig, Salomonstr. 8.

(Buchdruckerei-Hilfsarbeiter.) Solidarität. Berlin NO 18, Elbingerstr. 19.

Der Bureau-Angestellte. Berlin, C, Kaiser Wilhelmstr. 18a II.
Dachdecker-Zeitung. Hanau, Rhönstr. 6.
Weckruf der Eisenbahner. Berlin SO, Engelufer 21.
(Fabrikarbeiter.) Der Proletarier. Hannover, Nikolaistr. 7.
Der Fleischer. Berlin SO, Muskauerstr. 28 II.
Friseurgehilfen-Zeitung. Berlin N, Stolpischestr. 39.
Allgemeine Deutsche Gärtner-Zeitung. Berlin S, Luisenufer 1.
Der Gastwirtsgehilfe. Berlin N, Gr. Hamburgersrt. 18/19.
(Gemeindearbeiter.) Die Gewerkschaft. Berlin W, Winterfeldtstraße 24. Die Sanitätswarte (für die Krankenpfleger). Berlin W, Winterfeldtstr. 24.
(Glasarbeiter.) Der Fachgenosse, Berlin O, Goßlerstr. 29 II.
Glaser-Zeitung. Karlsruhe i. B., Wilhelmstr. 47.
Handlungsgehilfen - Zeitung. Hamburg 1, Besenbinderhof 57.
(Handels-, Transport- u. Verkehrsarbeiter.) Der Courier. Berlin SO, Engelufer 21. Der Straßenbahner. Berlin SO, Engelufer 21.
(Hausangestellte.) Zentralorgan Berlin SO, Michaelkirchplatz 1 II.
Holzarbeiter-Zeitung. Berlin C, Neue Friedrichstr. 2.
(Hutmacher.) Correspondent. Altenburg, S.-A., Nordstr. 57.
Der Kürschner. Berlin NO, Büschingstr 23.
Der Kupferschmied Berlin N, Gartenstr 101, Sfl. 1.
Lagerhalter-Zeitung. Leipzig, Zeitzerstr 32 II
Der Landarbeiter. Berlin SO, Michaelkirchplatz 1 II.
Lederarbeiter-Zeitung. Berlin SO, Muskauerstr. 30 II.
(Lithographen u. Steindrucker.) Graphische Presse. Friedrichshagen, Viktoriastr. 25.
(Maler.) Vereins-Anzeiger. Hamburg 25, Claus-Grothstr. 1 II.
Deutscher Maschinist u. Heizer. Berlin SO, Skalitzerstr. 47/48.
Metallarbeiter-Zeitung. Stuttgart, Rötestr. 16 A.
Der Notenstecher. Leipzig, Wörthstr. 16 pt.
(Porzellanarbeiter.) Die Ameise. Charlottenburg II, Guerickestraße 43 v. III.
Sattler- u. Portefeuiller-Zeitung. Berlin SO, Brückenstr. 10 b.
Der Schiffszimmerer. Hamburg I, Bankstr. 144.
Schmiede-Zeitung. Hamburg I, Besenbinderhof 57/66.
Fachzeitung für Schneider. Berlin SO, Michaelkirchstr. 42 III.
Schuhmacher-Fachblatt. Gotha, W. Bock.
Der Seemann. Berlin SO, Engelufer 21.
Der Steinarbeiter. Leipzig, Zeitzerstr. 32.
Allgemeine Steinsetzer-Zeitung. Berlin NW, Wiclefstr. 17 I.
Der Tabakarbeiter. Bremen, Faulenstr. 58/60.
Correspondenzblatt für Tapezierer. Berlin SO, Köpenickerstraße 49, Hof I.
Der Textilarbeiter. Berlin O, Andreasstr. 61.
Der Töpfer. Berlin SO, 36, Wienerstraße 7.
Zeitschrift für Xylographen. Schöneberg-Berl., Ebersstr. 68.

Der Zimmerer. Hamburg I, Besenbinderhof 57/66.
Fachzeitung für Zivilmusiker. Berlin N, Stralsunderstr. 36, Hof part.
Für die in Centralverbänden Organisierten erscheinen ferner in italienischer Sprache „L'Operaio Italiano", Hamburg 25, Wallstr. 1, und in polnischer Sprache „Oswiata", Posen, Fischerei 20.

61] 2. Gewerkvereine (Hirsch-Duncker).

* Berlin NO, Greifswalderstr. 221/3.

Der Gewerkverein. (Verband d. deutsch. Gewerkvereine H.-D.)1869*.
Der Regulator. (GV. d. Maschinenbau- u. Metallarbeiter) 1884 *.
Der Fabrik- und Handarbeiter. Burg b. Magdeburg, Franzosenstraße 47. 1905.
Der Schwäbische Eisenbahner. (Verb. d. Württ. Eisenbahn- u. Dampfschiffahrtsunterbeamt.) Stuttgart, Alleenstr. 6. 1900.
Deutsche Textilarbeiter-Zeitung. Spremberg, Jägerstr. 6. 1905.
Die Eiche. (GV. d. Holzarbeiter) 1890 *.
Der Lederarbeiter. (GV. d. Schuhmacher u. Lederarb.) 1888 *.
Der Berichterstatter. (GV. d. Schneider.) 1888 *.
Der Bergarbeiter. Oberhausen (Rhld.), Mülheimerstr. 277. 1898.
Deutscher Tabakarbeiter. Heidelberg, Leopoldstr. 21. 1906.
Der deutsche Töpfer. (GV. Töpfer, Ziegler usw.) Bitterfeld, Zimmerstr. 4. 1908.
Freie Kunst. (GV. d. Maler usw.) 1906 *.
Korrespondenzblatt. (GV. d. Gemeindearbeiter.) Berlin S 59, Kottbuser Damm 41. 1907.
Monatsblätter.) GV. d. deutschen Eisenbahner.) 1910 *.
Der Bauhandwerker. Magdeburg, Katharinenstr. 2/3. 1900.
Die Arbeiterin. (GV. d. Frauen u. Mädchen.) 1905 *.

62] 3. Christliche Gewerkschaften.

Zentralblatt d. christl. Gewerkschaften Deutschlands. (Vertrauensmänner d. d. Gesamtverband angeschlossenen Verb.) Cöln, Eintrachtstr. 147. 1901.

Der Bergknappe. (GV. christlicher Bergarbeiter.) Essen-Ruhr, Schützenbahn 64. 1896.
Gornik Polski. (Polnisch sprechende Bergarbeiter.) Kattowitz, Beatestr. 2. 1903.
Textilarbeiterzeitung. (Zentralverband christl. Textilarb.) Düsseldorf, Kavalleriestr. 22. 1899.
Die Baugewerkschaft. (Zentralverband christl. Bauarbeiter.) Berlin O, Rüdersdorferstr. 60. 1900.
Der deutsche Metallarbeiter. (Christl. Metallarbeiterverb.) Duisburg, Seitenstr. 17. 1900.
Der Eisenbahner. (Bayrischer Eisenbahnerverband.) München, Nußbaumerstr. 30/0. 1898.
Die Gewerkschaftsstimme. (Zentralverband d. Staats-, Gemeinde-, Verkehrs-, Hilfs- u.

sonstiger Industriearb.) Aschaffenburg, Karlstr. 2 I. 1902.
Der Holzarbeiter. (Christl. Holzarbeiterverband.) Cöln, Palmstraße 14. 1900.
Die Heimarbeiterin. (GV. d. Heimarbeiterinnen.) Berlin W, Nollendorfstr. 13/14. 1901.
Deutsche Tabakarbeiterzeitung. (Verband christl. Tabak- u. Zigarrenarbeiter.) Düsseldorf, dorf, Aachenerstr. 62/1. 1904.
Keram- und Steinarbeiterzeitg. (Verb. christl. Keram- u. Steinarb.) Cöln, Palmstr. 14. 1905.
Der Typograph. (Gutenbergbd.) Berlin SO, Kaiser Franz-Grenadierplatz 14 I. 1892.
Deutsche Lederarbeiterzeitung. (Verband christl. Lederarbeit.) Frankfurt a./M., Schnurgasse 73 II. 1904.
Schneiderzeitung. (Verband christl. Schneider u. Schneiderinnen.) Cöln, Palmstr. 14. 1904.
Der deutsche Maler. (Zentralverband christl. Maler usw.) Düsseldorf, Louisenstr. 37. 1904.
Der Telegraph. (Verband deutscher Post- u. Telegraphenarbeiter.) Bochum, Hermannshöhe 5. 1907.
Der Krankenpfleger. (GV. d. Krankenpfleger usw.) Berlin N, Schönhauser Allee 44. 1904.
Graphische Stimmen. (Verband f. d. graphische Gewerbe.) Cöln, Palmstr, 14. 1905.
Die Solidarität. (Verband d. Nahrungs- u. Genußmittel-Industrie-Arb.) Düsseldorf, Helmholzstr. 9. 1905.
Deutsche Gärtnerzeitung. (Deutschnat. Gärtnerverband.) Berlin C, Stralauerstr. 53. 1903.
Zentralorgan deutscher Eisenbahnhandwerker u. -Arbeiter. Elberfeld, Kluserhöhe 19. 1908.
Gastronomische Zeitschrift. (Reichsverband deutscher Kellner-Lokalvereine.) Hannover, Steintorfeldstr. 2. 1906.
Das Flügelrad. (Verband württ. Eisenbahn- u. Dampfschifffahrts-Unterbeamten.) Stuttgart, Urbanstr. 86. 1909.
De christelijke Werkman. (Verschiedene Verbände, holländ.) Enschede (Holland), Bentrostraat 61. 1907.
L'ouvrier alsacien-lorrain. (Verschiedene Verbände, französ.) Straßburg i./E., Dachsteinerstraße 2. 1906.
Zwiazkowiec. (Verschiedene Verbände, poln.) Kattowitz, Beatestr. 2. 1903.
L'Italiano in Germania. (Verschiedene Verb., italien.) Cöln, Eintrachtstr. 147. 1904.

4. Katholische Arbeitervereine. [63

Verlag durchgehends: Berlin C, Kaiserstr. 37.

(Katholische Gewerkschaften s. „Christliche Gewerkschaften".)

Der Arbeiter. Verband d. kath. Arbeitervereine (Sitz Berlin). 1896.
Correspondenzblatt der beruflichen Fachabteilungen Zentr.-Komm. d. Gewerksch. d. Verb. d. kath. Arbeitervereine (Sitz Berlin). 1904.
Robotnik (polnisch). 1901.
Der Arbeiterpräses. Monatsschr. f. d. Leiter u. Freunde d. kath.-sozialen Bewegung. 1905.

Frauenarbeit. (Verband kath. Vereine erwerbtätiger Frauen u. Mädchen.) Frl. Amalie v. Schalscha-Ehrenfeld, Berlin. 1905.

Fachblatt der Berufsorganisation kaufmännischer Gehilfinnen u. Beamtinnen. (Verband kath. Vereine erwerbstätiger Frauen u. Mädchen.) Frl. Amalie v. Schalscha-Ehrenfeld, Berlin. 1910.

Küche und Haus. (Berufsorganisation d. Hausangestellten.) Frl. Amalie v. Schalscha-Ehrenfeld, Berlin. 1911.

64] 5. Evangelische Arbeitervereine.

(Zentrale: München-Gladbach, Lic. Weber).

Anscheinend keine Fachblätter, sondern nur allgemeine: Der Ev. Arbeiter (Fürth-Nürnbg.) Südd. Arbeiterzeitung (Zell i./W.) u. a. m.

65] 6. Gelbe Arbeiterverbände.

Der Bund. (Deutsche Werkvereine.) Berlin N, Invalidenstraße 127. 1907.

Der Werkverein. (Wirtschaftsfriedliche nationale Arbeiterbewegung.) Essen-Ruhr, Altendorferstr. 59. 1911.

Deutsche Treue. (Bund vaterländ. Arbeitervereine.) Berlin SW., Schönebergerstr. 18. 1907.

Südwestdeutsches Arbeiterblatt. (Vaterländische Arbeitervereine u. Werkvereine.) Mannheim, Große Merzelstr. 13. 1911.

Der Feierabend des Arbeiters. (Verband der reichstreuen Bergarbeitervereine Niederschles.) Waldenburg i./Schl., Ring 9. 1869.

Nationale Volkszeitung. (Nation. Arbeiterbund f. d. Kgr. Sachsen.) Crimmitschau, Marienstraße 33. 1908.

Der Seefahrer. (Seemännische Berufsvereine.) Hamburg, Admiralitätsstr. 25. 1908.

Die Wehr. (Gelbe Arbeitervereine.) Augsburg, Zeugplatz B 206. 1907.

Deutsche Fleischergesellen-Zeitung. (Deutscher Fleischergesellenbund.) Berlin NW, Turmstr. 18. 1911.

Der Bergbote f. d. Grafschaft Mansfeld. (Verband reichstreuer Mansfelder Bergarbeiter.) Eisleben, Freistr. 35. 1886.

Der Hafenbote. (Hafenarbeitervereine.) Hamburg, Admiralitätsstraße 25. 1909.

Deutscher Bäcker- u. Konditor-Gehilfe. (Bund d. Bäckerges.) Berlin NW, Turmstr. 18 II. 1906.

Der Militär-Handwerker. (Bund d. Handwerker d. Kais. techn. Institute Deutschlands.) Spandau, Neuendorferstr. 95. 1912.

Kaufmännische Blätter zur Belehrung u. Unterhaltung. (Verband Deutsch. Handlungsgeh.) Leipzig, Harkortstr. 3. 1907.

66] C. Handlungsgehilfen.

Der Handelsstand. (Verein f. Handlungskommis v. 1858. Kaufmännischer Verein.) Hamburg. 1899.

Verbandsblätter. Kaufmännische Reform. (Verband deutscher

Handlungsgehilfen zu Leipzig.) Leipzig, Harkortstr. 3. 1885.
Die Post reisender Kaufleute Deutschlands. (Verband reis. Kaufleute.) Leipzig. 1890.
Handlungsgehilfen-Ztg. s. o. B, 1.
Merkuria. (Verb. kath. kaufmänn. Vereinig. Deutschlands.) Essen (Ruhr), Rüttenscheiderpl. 10.
Deutsche Handelswacht. (Deutschnation. Handlungsgeh.-Verb.) Hamburg, Holstenwall 3/5. 1893.
Zeitschrift f. weibliche Handlungsgehilfen. (Kaufmännisch. Verband f. weibliche Angest.) Berlin SO, Köpenickerstr. 74.
Der Bankbeamte. (Verein d. Bankbeamten in Berlin.) Berl., Französischestr. 57/58. 1892.
Die Bankbeamtenzeitung. (Deutscher Bankbeamten-Verein. E. V.) Berlin NW, Georgenstr. 23. 1895.

D. Sonstige „Angestellte". [67

(Techniker, Ingenieure, Betriebsbeamte usw. und „Privatbeamte" im allg.)
Verzeichnis in Aufstellung begriffen im Deutschen Werkmeisterverb., Düsseldorf (woselbst Bibl. d. gesamten Lit. üb. „Angestellte").

IV. Arbeitgeberverbände in Deutschland 1911. [68

Statistisches Jahrbuch für das Deutsche Reich 1911, S. 450.

	Verbände	mit a) Mitgliedern	Arbeitern
Landwirtschaft, Gärtnerei, Fischerei.	46	12 637	77 082
Bergbau, Hütten, Salinen	10	250	455 401
Steine und Erde	100	3 094	196 511
Metallverarbeitung, Maschinen usw.	183	13 258	749 885
Chemische Industrie, forstwirtsch. Nebenprodukte usw.	4	104	23 858
Textilindustrie	91	3 302	492 829
Papierindustrie	37	869	49 280
Leder	49	1 314	14 839
Holz- und Schnitzstoffe	175	4 986	65 387
Nahrungs- und Genußmittel	132	10 446	184 254
Bekleidung, Reinigung	242	9 140	112 588
Baugewerbe	1 354	51 832	448 845
Polygraphische Gewerbe	129	5 468	75 656
Handel, Verkehr	132	3 985	96 003
Gast- und Schankwirtschaft	4	404	880
Freie Berufe (Theater, Musik)	103	514	25 000
Hierzu: Gemischte Verbände	137	5 821	959 142
Summe überhaupt 1911	2 928	127 424	4 027 440
Summe überhaupt 1910	2 613	115 095	3 854 680

a) Soweit Angaben gemacht sind (von 1846 + 83 Verbänden über Mitglieder, von 1271 + 50 über Arbeiter).

V. Arbeiterorganisationen in Deutschland 1910.

69] Statistisches Jahrbuch für das Deutsche Reich 1911, S. 458—65.

	Mitglieder	Jahreseinnahme Mill. M.	Vermögen Mill. M.
Freie Gewerkschaften	2 128 021	64,4	52,6
Gewerkvereine Hirsch-Duncker	122 571	2,9	4,7
Christliche Gewerkschaften ..	316 115	5,5	6,1
Unabhängige Vereine	705 942	1,9	1,9
Vaterländische Arbeitervereine	33 284	0,25	0,21
Gelbe Arbeiterverbände und Werkvereine	79 991	0,64	0,56
Evangelische Arbeiter- und Arbeiterinnenvereine	159 990	—	—
Katholische Arbeiter- und Arbeiterinnenvereine	493 500	—	— a)

VI. Internationale Übersicht der Gewerkschafts-organisationen 1909.

70] Statistisches Jahrbuch für das Deutsche Reich 1910, Anh. S. 16*.

	Mitglieder	Jahreseinnahme b)	Vermögen b)
Deutschland	2 211 446	57,9	53,5
Großbritannien	2 347 461	52,3	103,2
Italien	783 538	0,5	0,03
Österreich	470 922	7,7	8,5
Schweden	148 649	5,2	1,6
Niederlande...........	143 850	1,5	1,4
Dänemark	121 295	3,9	3,9
Schweiz..............	112 613	1,2	1,3
Ungarn	85 266	1,2	0,96
Norwegen	44 223	1,6	1,0
Finland	19 928	0,31	0,22
Bulgarien	18 753	0,18	0,24
Bosnien-Herzegowina ...	4 470	0,04	0,02
Serbien	4 462	0,05	0,04
Kroatien-Slawonien.....	4 361	0,04	0,01

a) Die im „Verband der katholischen Arbeitervereine Sitz Berlin“ zusammengeschlossenen 129 000 Mitglieder hatten 0,97 Mill. M. Jahreseinnahme und 0,46 Mill. M. Vermögen b) soweit berichtet.

VII. Berichterstattung über den Arbeitsmarkt. [71

Für die Praxis des Arbeiterschutzes in Einigungsämtern und Tarifverhandlungen, für Arbeitslosen-Fürsorge, namentlich Notstandsarbeiten der Städte u. a. m., ist eine möglichst exakte Kenntnis der Lage des Arbeitsmarktes unbedingtes Erfordernis. An der Vervollkommnung der Berichterstattung über den Arbeitsmarkt wird unausgesetzt gearbeitet. Der Verband deutscher Arbeitsnachweise veranstaltete in seiner Monatsschrift im Mai 1912 eine „Sondernummer für Arbeitsmarkt- und Arbeitsnachweis-Statistik", in der sämtliche zurzeit schwebenden einschlägigen Fragen in Einzeluntersuchungen erörtert wurden. Dem einleitenden Artikel des Geschäftsführers des Verbandes, Dr. O. Becker, ist der folgende Überblick entnommen („Der Arbeitsmarkt", Jg. 15, 1912, Sp. 273—277; zur Sache vgl. Jastrow, Sozialpolitik und Verwaltungswissenschaft. Bd. I: Arbeitsmarkt und Arbeitsnachweis, Gewerbegerichte und Einigungsämter. Berlin 1902, S. 62—128).

Seit 1903 ist neben die Berichterstattung des „Arbeitsmarkt" eine amtliche, in dem damals begründeten „Reichsarbeitsblatt", getreten. Diese bringt die Verschiedenheit nach Gewerben und Örtlichkeiten zu ausführlicher Darstellung, während der „Arbeitsmarkt", (dem die unten abgedruckte Probe entnommen ist) auf den allgemeinen Charakter des Monatsbildes das Hauptgewicht legt.

a) Historischer Überblick.

(Aus der Einleitung von Dr. O. Becker.) [72

Der „Arbeitsmarkt" wurde seinerzeit von Professor Dr. Jastrow als das erste Organ begründet, das die Vorgänge auf dem Arbeitsmarkt mit möglichster Genauigkeit verfolgen sollte. Diese Aufgabe wurde dann, der unabweislichen Notwendigkeit der Sache selbst zufolge, wie in den meisten anderen europäischen Staaten so auch in Deutschland von der amtlichen Statistik übernommen, die zu diesem Zwecke das Reichsarbeitsblatt ins Leben rief. Daß Jastrow von Anfang an den richtigen Weg eingeschlagen hatte, kommt deutlich in der Tatsache zum Ausdruck, daß die von ihm entwickelten, zuerst scharf angegriffenen Methoden allmählich auch bei dem Kaiserlichen Statistischen Amt immer mehr Eingang gefunden haben. Seitdem der Begründer des „Arbeitsmarkt" die ersten maßgebenden Richtlinien einer einwandsfreien Arbeitsmarktstatistik gegeben hat, sind bisher keinerlei weitere methodische Fortschritte zu verzeichnen gewesen; noch heute sind wir dem Ideal einer wirklichen Arbeitsmarktstatistik nicht viel näher gekommen. Unsere Aufgabe muß jetzt sein, das von Jastrow begonnene Werk weiterzuführen. Aus dem Bestreben, nach dieser Richtung hin neue Anregungen zu geben und Material für eine künftige Lösung der Probleme zu sammeln, wie mit Rücksicht auf eine geplante Konferenz über eine Reform der amtlichen Arbeitsmarktstatistik und -berichterstattung, ist die vorliegende Sondernummer des „Arbeitsmarkt“ hervorgegangen.

Daß der Jastrowschen Indexzahl (Zahl der Arbeitsgesuche auf 100 offene Stellen) auch in der neueren Arbeitsmarktstatistik unverminderte Bedeutung zukommt, geht aus der Untersuchung hervor, in der ihre Brauchbarkeit durch R. Meerwarth einer kritischen Prüfung unterzogen wird; dasselbe gilt von dem Artikel J. Feigs, der auf eine größere Abhandlung Meerwarths im Archiv für Sozialwissenschaft und Sozialpolitik eingeht. Eine Verbesserung der bisherigen Arbeitsmarkt- und Arbeitsnachweisstatistik kann von verschiedenen Gesichtspunkten her erfolgen...

Die Zusammenstellungen des Reichsarbeitsblattes waren ursprünglich als Arbeitsmarktstatistik gedacht, deren Aufgabe also darin besteht, Angebot und Nachfrage in ihren Veränderungen zahlenmäßig möglichst genau festzulegen. Gegenwärtig bringt das Reichsarbeitsblatt dagegen in erster Linie eine Arbeitsnachweisstatistik, d. h. eine Summe von Betriebsstatistiken. Auch als Arbeitsnachweisstatistik angesehen, sind indessen die vom Kaiserlichen Amt gegebenen Daten noch äußerst unvollständig; vor allem wird über die ganze nicht-öffentliche Arbeitsvermittlung nur überaus lückenhaft und unregelmäßig berichtet. Um hier Wandel zu schaffen, wäre vor allem zu erwägen, ob nicht auf Grund von Ausführungsbestimmungen zum Stellenvermittlergesetz nach dem Vorgang Bayerns, Badens, Württembergs, Elsaß-Lothringens die Berichterstattung über die nicht-öffentlichen Arbeitsnachweise nach einheitlichen Grundsätzen obligatorisch zu machen wäre...

73] **b) Probe einer Berichterstattung: Juni 1912.**

Der Arbeitsmarkt, Jg. 15, Sp. 377—79.

Die Entwicklung des deutschen Arbeitsmarktes bietet im laufenden Jahr ein ganz eigenartiges Bild. Während nämlich die Beschäftigtenziffer [a]) in flottem Tempo gestiegen, ist, weist der Arbeitsmarkt im Vergleich zum vergangenen Jahr eine erhebliche Verschlechterung auf. Vom Mai zum Juni dieses Jahres läßt sich zwar aus den von den Arbeitsmarktnachweisen gemeldeten Ziffern eine Erleichterung der Andrangsziffer um 1,6 errechnen, doch ist die Spannung gegen das Vorjahr wieder im Wachsen begriffen. Die Entwicklung des Verhältnisses von Angebot und Nachfrage in den einzelnen Monaten dieses Jahres gestaltete sich im Vergleich mit 1911 folgendermaßen:

	Jan.	Febr.	März	April	Mai	Juni
1911	136,9	131,8	108,7	107,6	112,6	109,9
1912	141,0	128,2	109,9	118,9	120,7	119,1
Geg. d. Vorjahr	+4,1	—3,6	+1,2	+11,3	+8,1	+9,2

a) ermittelt nach den Mitgliederlisten der Krankenkassen.

..Die Reserve von Arbeitskräften, die in den letzten Monaten vor allem aus kleinbürgerlichen und kleinbäuerlichen Kreisen den Arbeitsmarkt belastet hat, konnte trotz der dauernd gestiegenen Nachfrage nicht ganz untergebracht werden. Im Durchschnitt der ersten sechs Monate des Jahres 1911 betrug der Andrang bei den an den „Arbeitsmarkt" berichtenden Nachweisen 117,9; in der Parallelzeit des laufenden Jahres stieg er auf 123,0.

Von den 154 Arbeitsnachweisen mit vergleichbaren Daten, deren Berichte rechtzeitig bei der Redaktion des „Arbeitsmarktes" eingingen, weisen im Vergleich zum Juni vorigen Jahres 102 (darunter 4 ausländische) eine Zunahme und 51 (darunter 2 ausländische) eine Abnahme des Andranges auf. In 1 Orte war die Andrangsziffer in beiden Jahren gleich. Nach Weglassung der ausländischen bleiben zur Vergleichung der Summenzahlen 148 Orte des Deutschen Reiches übrig, aus denen vergleichbare Daten gemeldet werden:

Jahr	Offene Stellen			Arbeitsuchende			Auf 100 offene Stellen kamen Arbeitsuchende		
	männl.	weibl.	zus.	männl.	weibl.	zus.	männl.	weibl.	zus.
1911	95999	46948	142947	119305	37858	157163	124,28	80,64	109,94
1912	98873	48876	147749	130504	45513	176017	131,99	93,12	119,18

Auf 100 offene Stellen kamen Arbeitsuchende:

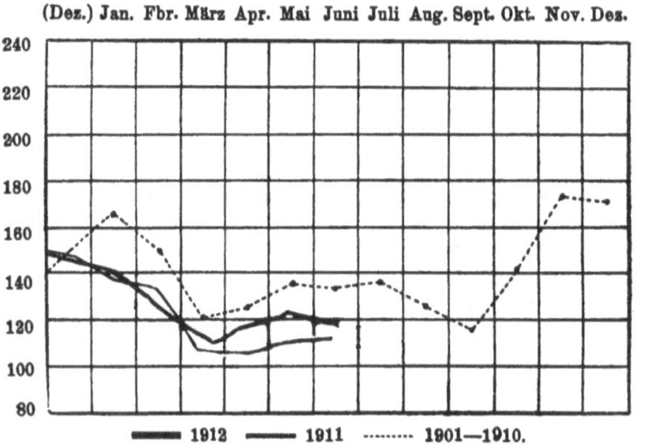

Register.

In das Register sind aufgenommen: sämtliche Personen-, Orts- und Ländernamen; Waren-, Gewerbe- und Berufsbezeichnungen; Behörden u. Einrichtungen der Arbeiterpolitik und des öffentlichen Lebens überhaupt (z. B. Sonntagsruhe. Maximalarbeitstag, Arbeitsordnung, Arbeiterausschuß, Gewerbeinspektion, Gewerbegericht, Polizei, Bundesrat), endlich auch Schlagwörter und oft gebrauchte Zitate. — Vor dem Gebrauch empfiehlt es sich, die Artikel unter „**Arbeiter-**“, „**Arbeits-**“ und „**Gewerbe-**“ anzusehen.

Die Zahlen bedeuten die Seiten (römische die des Vorworts). — Bei gespaltenem Satz: l = linke Spalte; r = rechte Spalte.

	19.....	19.....	19.....	19.....	19.....	19.....	19.....	19.....	19.....

	Januar	Februar	März	April	Mai	Juni

Juli	August	Sept.	Okt.	Nov.	Dez.	

FSC
www.fsc.org
MIX
Papier | Fördert
gute Waldnutzung
FSC® C083411

Kolibri 360 GmbH
Ferdinand-Jühlke-Straße 7
99095 Erfurt, Deutschland
produktsicherheit@kolibri360.de